2020년 가야학술제전 학술총서 02
영남의 지석묘 사회 가야 선주민의 무덤

2020년 가야학술제전 학술총서 02
영남의 지석묘 사회 가야 선주민의 무덤

초판 1쇄 발행 | 2021년 8월 31일

지 은 이 | 윤호필, 이수홍, 이제현, 이동희
기   획 | 이정근, 이제현(국립김해박물관)
편집·진행 | 김민철(국립김해박물관)
발   행 | 국립김해박물관
　　　　　 50911 경상남도 김해시 가야의 길 190 국립김해박물관
　　　　　 T. 055-320-6800　F. 055-325-9334
　　　　　 http://gimhae.museum.go.kr
출   판 | 진인진
　　　　　 13837 경기도 과천시 별양상가 1로 18, 614
　　　　　 T. 02-507-3077　F. 02-507-3079

ISBN 978-89-6347-477-9 94910 / 978-89-6347-475-5 94910(세트)

ⓒ 2021 Gimhae National Museum of Korea All rights reserved.

* 이 책의 저작권은 국립김해박물관이 소유하고 있습니다.
* 이 책에 담긴 모든 내용은 국립김해박물관의 허가를 받아 사용할 수 있습니다.

2020년 가야학술제전 학술총서 02

영남의 지석묘 사회
가야 선주민의 무덤

윤호필 이수홍 이제현 이동희 ──── 지음

국립김해박물관

2019년 가야학술제전

	주제	개최일
1	문자로 본 가야	2019. 6. 1.
2	삼한의 신앙과 의례	2019. 7.12.
3	삼국시대 마주·마갑 연구 성과와 과제	2019. 8.30.
4	가야사람 풍습연구-편두	2019. 9.27.
5	가야 직물 연구	2019.10.25.

2020년 가야학술제전

	주제	개최일
1	가야의 기록, 「가락국기」를 이야기하다	2020. 7.11.
2	영남의 지석묘 사회 가야 선주민의 무덤	2020. 8.14.
3	삼국시대 금동관 비교연구	2020.10.16.
4	가야의 비늘 갑옷	2020.11.20.
5	가야의 주거문화	2020.12. 4.

2021년 가야학술제전

	주제	개최일
1	가야의 말과 말갖춤	2021. 4. 9.
2	가야 전사의 무기	2021. 7.23.
3	가야 선주민의 바닷길과 대외 교류	2021. 8.20.
4	창원 다호리유적 재조명 I -금속기	2021.10.22.
5	가야지역 출토 수정의 과학적 조사 연구	2021.11. 5.

차례

1 영남지역 지석묘의 기원과 출현
　　윤호필

　I. 머리말 · 11
　II. 청동기시대 전기 분묘 연구현황 및 연구성과 · 12
　　1. 전기 분묘의 연구현황 · 12
　　2. 전기 분묘의 연구성과와 향후 과제 · 16
　III. 한반도 지석묘의 출현 배경 · 17
　　1. 전환기의 분묘 양상 · 17
　　2. 지석묘의 출현 배경 · 19
　IV. 영남지역의 지석묘 기원 · 22
　　1. 전기 분묘 현황과 지석묘 양상 · 22
　　2. 전기 취락 분포로 본 지석묘의 기원과 출현 · 34
　V. 맺음말 · 42

2 영남지역 지석묘 문화의 변화와 사회상
　　이수홍

　I. 머리말 · 51
　II. 청동기시대 전기: 무덤 문화의 시작 · 53
　　1. 무덤의 출현시점과 양상 · 53
　　2. 무덤 출현과 전개의 의미 · 55
　III. 청동기시대 후기: 지석묘 문화의 전성기 · 57
　　1. 무덤문화의 지역성 · 57
　　2. 후기 사회의 성격 · 61
　IV. 초기철기시대: 목관묘의 등장과 지석묘문화의 종말 · 63
　　1. 초기철기시대 무덤의 양상 · 64
　　2. 불평등사회의 지배자 등장 · 67
　V. 취락과 무덤으로 본 우두머리의 변화 －통시적 검토－ · 69
　　1. 우두머리의 성격과 명칭 · 69
　　2. 취락 · 무덤 · 우두머리의 변화 · 71
　VI. 맺음말 · 78

3 김해지역 지석묘 축조의 지속과 사회적 의미
　이제현

　　I. 머리말 · 91
　　II. 김해지역 지석묘의 입지와 특징 · 92
　　　1. 지석묘의 분포양상과 의미 · 92
　　　2. 입지와 특징 · 96
　　　3. 지석묘와 취락의 관계 · 99
　　III. 김해지역 지석묘의 변천 과정 · 108
　　　1. 마제석검 · 109
　　　2. 적색마연호 · 110
　　　3. 매장주체부 · 111
　　　4. 단계별 특징 · 113
　　IV. 김해의 지석묘 사회 · 114
　　　1. 지석묘 사회는 어떤 사회였는가 · 114
　　　2. 초기철기시대 지석묘의 사회적 기능 · 115
　　V. 맺음말 · 119

4 고 대산만 지석묘 사회와 다호리 집단
　이동희

　　I. 머리말 · 133
　　II. 고 대산만의 지석묘 사회 · 135
　　　1. 고 대산만의 지석묘 개요 · 135
　　　2. 군집도에 따른 지석묘군의 성격 · 137
　　　3. 발굴된 지석묘군의 검토 · 140
　　　4. 고 대산만의 지석묘 사회 · 150
　　III. 고 대산만 지석묘집단과 다호리 세력과의 관련성 · 166
　　　1. 다호리 유적 개요 · 166
　　　2. 다호리 세력의 出自 · 167
　　　3. 덕천리 지석묘군의 분석을 통해 본 다호리세력과의 관련성 · 170
　　　4. 다호리 세력의 성장 배경과 그 기원 · 174
　　IV. 맺음말 · 177

편집 후기 · 187

1

영남지역 지석묘의 기원과 출현

윤호필 상주박물관

I. 머리말
II. 청동기시대 전기 분묘 연구현황 및 연구성과
   1. 전기 분묘의 연구현황
   2. 전기 분묘의 연구성과와 향후 과제
III. 한반도 지석묘의 출현 배경
   1. 전환기의 분묘 양상
   2. 지석묘의 출현 배경
IV. 영남지역의 지석묘 기원
   1. 전기 분묘 현황과 지석묘 양상
   2. 전기 취락 분포로 본 지석묘의 기원과 출현
V. 맺음말

I. 머리말

우리나라 청동기시대의 묘제는 지석묘, 석관묘(상형석관묘, 석축석관묘), 석개토광묘, 목관묘, 옹관묘, 토광묘, 주구묘 등 다양하며, 이중 지석묘는 청동기시대를 대표하는 분묘 양식이다. 또한, 지석묘는 독특한 외형적인 특징과 많은 분묘 수, 밀집도 등으로 인해 일찍부터 널리 알려져 왔으며, 현재까지도 많은 관심을 받고 있다.

지석묘에 관해서는 지표조사와 발굴조사를 통해 분포, 구조, 출토유물 등 많은 고고 자료가 확보되었으며, 관련 연구도 청동기시대의 어떤 연구 못지않게 진행되어 많은 연구성과를 내고 있다. 하지만 중요한 문제점 중의 하나가 시기적으로 청동기시대 중기(송국리형문화 단계)에 조사와 연구가 편중되어 있어 상대적으로 전기(조기)와 후기(초기철기시대)의 자료와 연구는 매우 부족한 편이다. 특히, 청동기시대 전기의 분묘 연구는 기본적으로 관련 자료가 부족하여 깊이 있는 연구가 진행되지 못하고 있으며, 나아가 신석기시대에서 청동기시대로 이어지는 전환기 분묘에 관한 연구도 거의 이루어지지 않아 전반적으로 전기 분묘연구는 아직 초기 단계로 생각된다. 따라서 본 논문은 기존의 연구성과를 바탕으로 크게 3가지 방향으로 진행하고자 한다. 첫째, 기존의 연구현황과 연구성과를 정리하여 청동기시대 전기 분묘에 대한 특징과 문제점을 살펴본다. 둘째, 한반도 지석묘의 출현 배경에 대해 살펴본다. 지석묘는 신석기시대 분묘와는 형태와 구조, 부장유물, 장송의례 등이 전혀 다른 묘제로서 출현 배경에 대해 생계경제 및 사회적 변화의 관점에서 살펴본다. 셋째, 영남지역의 전기 분묘(지석묘)의 수가 매우 적기 때문에 분묘만으로는 기원과 출현 배경을 파악할 수 없다. 따라서 앞서 살펴본 내용을 바탕으로 전기 분묘 및 분묘와 매우 밀접한 관련성이 있는 전기 취락, 전기의 표지적 유물 등을 통해 간접적으로 기원과 출현 배경을 추론해 보고자 한다.

II. 청동기시대 전기 분묘 연구현황 및 연구성과

1. 전기 분묘의 연구현황

청동기시대 전기 분묘연구는 자료의 부족으로 인해 소수의 연구자만 종합적인 연구를 일부 진행하였다. 이중 대표적인 연구자의 연구현황을 간략하게 살펴보고자 한다.

먼저 이영문(2011)은 청동기시대 전기의 묘제 양상을 파악하기 위해 전기 주거지에서 출토된 유물을 부장한 묘제를 중점적으로 검토하였다. 이는 기존에 중기로 알려진 유물들이 전기부터 출현하고 있음을 밝히고자 한 것이다. 즉, 전기 주거지에서 출토되는 유물이 부장된 묘제와 유물의 공반상을 비교하여 전기 묘제가 지석묘, 석곽묘, 석관묘, 토광묘, 주구묘, 옹관묘 등 다양한 분묘들이 있음을 확인하였다. 또한, 이들 묘제가 한반도 전 지역에 분포하고 있음을 제시하고, 그 특징들을 파악하였다. 전기 묘제의 특징은 단독 또는 독립되거나 소군집을 이룬 입지, 정교한 석실의 대형화와 소형 석실의 등장, 장방형 묘역시설과 저분구형 묘역의 조성, 실생활에서 사용하던 유물을 무덤에 부장하는 풍습 유행, 검+촉+호 또는 검+촉의 유물세트가 거의 전 지역에 공통적으로 부장, 부장유물인 석검과 석촉의 파검과 파촉 행위, 관외 부장과 목관의 성행, 석검과 비파형동검의 크기 규격화 등으로 보았다. 또한, 부장양상과 대형화된 석곽, 단독 조성 등을 통해 전기 사회에서 유력한 지배자도 등장한다고 파악하였다. 전기 묘제의 시작은 전기 주거지의 편년과 절대연대 측정 자료로 보아 기원전 12세기부터 조성되었으며, 절대연대 측정치의 중심연대는 기원전 900년에서 800년대(보정연대 기원전 1100~800년)로 보았다.

배진성(2011)은 전기 분묘를 크게 토광묘, 석관묘, 지석묘, 주구묘로 구분하고 이를 살펴본 결과 모두 전기 후반에 속하며 그 속에서도 토광묘와 석관묘가 조금 이른 시점에, 지석묘와 주구묘는 다소 늦은 시점에 출현하는 것으로 판단하였다. 군집과 입지는 일부 주구묘를 제외하면 단독 혹은 2기 배치가 많고, 충적지와 같은 평지도 있지만, 주위를 조망하기 좋은 구릉 정상부 및 능선과 이어지는 말단부에 입지하는 것으로 보았다. 매장주체부는 다양하지만, 목관의 존재 가능성이 갈수록 커지며, 분묘에서 의례와 관련된 흔적도 전기 분묘부터 확인된다. 또한, 전기 분묘의 부장습속은 동일한 양상이 종류별·지역별 편중 없이 전국적으로 확인되어, 어느 특정 지역을 기점으로 확산하였다기보다는 남한 전역에서 거의 동시에 개시되었던 것으로 판단하였다.

남한 전기 분묘의 기원 및 원류 문제에 대해서는 재지에서 이전 시기와 연결되지 않고 동일한 부장습속과 전기 분묘의 전국적인 분포로 볼 때 외부의 영향을 받은 것으로 보고, 그곳을 중국 동북지역으로 생각하였다. 최근 화성 동화리유적과 광주 역동유적의 분묘에서 굵은 목탄과 인골편이 출토된 바 있고, 요동지역의 지석묘에서도 화장 인골이 상당수 확인되고 있어 양 지역 간의 관련을 생각해 볼 수 있다. 또한, 선사~고대의 분묘 축조 개시는 해당 사회의 큰 획기로서 한반도에서 전기 후반의 분묘 축조뿐만 아니라 대규모 취락의 형성, 동검의 출현, 횡대구획문토기의 등장 등 여러 가지 새로운 요소들이 나타난다고 하였다.

배진성(2012)은 한반도 청동기시대 분묘의 기원·출현을 파악하기 위한 다른 논문에서 남한 및 북한의 전기 분묘와 더불어 비슷한 시기인 서주(西周)~춘추조기(春秋早期)의 중국 동북지역 요령~길림지역의 분묘를 형태·구조 및 유적 내 분포 양상 등을 비교 검토하였다. 그 결과 서로 직접적으로 연결되지 않음을 파악하고 종래의 연구와 달리 부장습속의 구분에 주목하여 새롭게 검토하였다. 세부적으로 보면, 남한의 전기 분묘는 후기처럼 군집하지 않고 종류별로 지역 편중 없이 전국적으로 분포한다. 북한의 전기 석관묘는 대부분 단판석식이며 바닥에 대형판석과 자갈을 이중으로 설치하였는데, 이는 동북아시아의 다른 지역에서는 확인되지 않는다. 또 단독 축조와 군집이 모두 확인되어 남한과도 다른 양상이다. 그리고 전기 후반과 상당 부분 병행하는 서주~춘추조기의 중국 동북지역 사례로는 요서의 석곽묘, 요동반도의 적석묘, 요동의 지석묘, 요령~길림의 석관묘 등이 있는데, 이중 한반도와 대비할 수 있는 것은 지석묘와 석관묘이다. 요동의 지석묘 가운데 쌍타자 Ⅲ기~상마석상층기의 소석붕(小石棚)은 군집하며 불탄 인골노 출토되었다. 봉성 동산 대석개묘에서도 화장 인골은 일반적이며, 묘실 구조가 다양하고 검(劍)과 촉(鏃)은 부장되지 않는다. 요동 길림지역의 석관묘는 부장품은 말할 것도 없고 벽면을 축조하는 방식도 한반도보다 다양하다. 한반도의 분묘 출현은 중국 동북지역의 영향이 중시되어왔지만, 구조·축조방식·배치양상 등에서 공통점보다는 차이점이 더 크게 표출된다. 또한, 그러한 원인을 청동기시대사회가 요동지역으로부터 특정 석관묘를 채용했다기보다는 분묘를 축조하는 습속 혹은 문화 자체를 수용하여 지역에 맞게 적용시켰기 때문으로 보았다.

중국 동북지역에서 남한에 이르기까지 요령식동검의 부장은 공통되지만, 부장품 조합상은 요서·요동·길림·한반도가 각기 다른데, 중국은 각 지역과 시기마다 차이가 있지만, 한반도는 劍·鏃·土器의 부장품 조합이 청천강 이남 지역 전역에서 공통성을 보인다. 또한, 양지역에 나타나는 화장 장법도 요동, 북한, 남한 전체를 흐르는 공통의 매장 관념을 시사하기도 한다. 따라서 청동기시대 분묘의 출현은 중국 동북지역으로부터 특정 형식의 분묘가 전파되어 이것이 한반도 전체에 확산하였다기보다는, 분묘를 축조하는 습속의 영향으로 판단하였다. 나아가 한반도 내에서도 지역적인 차이는 있겠지만 크게 볼 때 청동기시대 사회에 분묘 축조가 시작될 당시에 청천강 이남 지역은 분묘와 매장에 대한 공통의 관념이 작용하고 있었음을 추론하였다.

平郡達哉(2012)는 청동기시대 묘제의 출현 배경을 신석기시대 묘제와의 비교를 통해 살펴보았다. 군집양상에서는 신석기시대는 군집된 분묘양상을 보이지만 청동기시대 전기는 독립적인 분묘양상을 보이는 것을 차이점으로 보았다. 부장품의 종류에서도 양자 간에 공통되는 요소, 신석기시대 묘제에서만 보이는 요소, 청동기시대에 새로 나오는 요소 등 3가지로 구분하여 검토하였다. 이중 청동기시대에 새롭게 확인되는 것은 석관축조, 목관사용, 저분구형 묘역구축, 비파형동검 부장, 석검+석촉+적색마연토기 세트, 가지문토기 부장, 벽옥제 관옥 부장 등으로 파악하였다. 다만, 신석기시대 묘제와 청동기시대 묘제의 계승성과 단절성에 대해서는 언급하기 어렵다고 보았으며, 청동기시대 전기를 묘제 변천의 큰 획기로 파악하였다.

배진성(2018)은 前考(裵眞晟 2011)에 대한 보완과 그때 다루지 못한 사항에 대해 약간의 견해를 덧붙이기 위해 추가로 검토하고 청동기시대 전기의 분묘에 대해 다섯 가지 논점을 제안하였다. 첫째, 직립구연호를 이용한 옹관묘의 시기 논란에 대한 의견. 둘째, 조기 분묘 부재에 대한 의견. 이는 남한의 청동기시대 개시와 관련 깊은 중국 동북지역~압록강유역의 분묘가 현재부재(現在不在)일 가능성, 남한 재지민들의 선택적 수용 등으로 이들 지역의 분묘가 탈락하였을 가능성, 현재 확인되기 어려운 다른 형태의 葬法으로 변화하였을 가능성 등을 추측하였다. 셋째, 전기 분묘의 원류에 남한지역과 중국 동북지역과의 관련성을 추정하였다. 이는 火葬 습속의 확인과 가지무늬토기의 원류와 함께 광주 역동에서 강상묘 출토품과 유사한 이형청동기가 출토된 점을 들었다. 넷째, 대부분의 전기 분묘는 전기 후반에 해당하며, 전기 전반의 분묘는 극소수에 불과하다고 보았다. 또한, 본격적인 분묘 축조 사회의 개시를 전기 후반으로 보았다. 다섯째, 전기 분묘의 유적 내 배치양상을 통해 대형주거 1동과 중·소형 주거 2동이 분묘 1기를 반원상으로 에워싸듯이 배치된 모습을 전기 분묘에 대한 새로운 배치상으로 파악하였다.

2. 전기 분묘의 연구성과와 향후 과제

이상 청동기시대 전기 분묘에 대한 주요 연구현황을 간략하게 살펴보았다. 이외에 청동기시대 분묘 기원과 관련하여 대표적 묘제인 지석묘의 기원 문제를 다룬 연구들이 있다. 이들 연구는 청동기시대 분묘 기원에 관한 초창기 연구들로서 크게 4가지 정도이다. 첫째, 유럽 기석묘의 전파설. 둘째, 지석묘의 밀집도와 수량으로 인한 한반도 자생설(梅原末治 1946, 三上次男 1961). 셋째, 중국 동북지역의 석관묘를 기원으로 하는 북방기원설(金元龍1974·1986, 金貞姬 1988). 넷째, 동남아시아로부터 도작문화와 함께 기반식지석묘가 전래되었다는 남방기원설(八幡一郎 1952, 도유호 1959·1960, 金秉模 1981) 등이 있다. 이들 기원론은 이후 추가적인 논의나 지속적인 연구가 이루어지지 못해 현재로서는 여러 가지 가능성만을 제기하는 수준에서 머물고 있다. 다만, 자생설과 북방기원설은 석관묘와 관련된 것으로 지석묘의 매장주체부와 관련성이 깊고 지역적으로도 한반도와 인접한 중국 동북지역에 위치하고 있어 전기 분묘연구에 도움이 될 것으로 생각된다.

앞서 살펴본 연구성과들을 정리하면, 다음과 같다. 청동기시대 분묘는 신석기시대 분묘와는 전혀 다른 분묘형태로서 하나의 중요한 획기로서 구분할 수 있으며, 축조 개시는 전기 전반으로 볼 수 있는 분묘도 일부 있지만, 대부분은 전기 후반에 축조된다. 전기 분묘의 종류는 지석묘, 석곽묘, 석관묘, 목관묘, 토광묘, 주구묘, 옹관묘 등 다양하며, 일부 형태는 묘역시설과 저분구형 묘역을 조성한 것도 있다. 배치와 입지는 단독, 독립, 소군집 형태로 조망권이 좋은 구릉부나 능선부에 입지한다. 부장양상은 검+촉+호 또는 검+촉의 세트형태로 주로 부장되며, 한반도 전 지역에서 비슷한 부장양상을 보인다. 분묘의 기원에 대해서는 이전 시기인 신석기시대와 연결되지 않고 전국적인 분포를 보이며, 동일한 부장습속을 가지고 있는 것으로 볼 때 외부의 영향을 받은 것으로 생각된다. 외부의 영향은 한반도와 인접한 중국 동북지역인 요령~길림지역이 주목되나, 유구와 유물의 검토 결과 직접적으로 연결하는 것은 어렵다. 다만, 여러 가지 정황과 장법 중 화장의 존재, 출토유물 중 일부가 서로 비슷한 것 등으로 볼 때 큰 맥락에서 분묘를 축조하는 습속의 영향을 받았을 가능성은 크다고 생각한다.

이러한 연구성과에도 불구하고 아직 전기 분묘의 기원 문제는 한반도 내의 자료가 적기도 하지만 주변지역 분묘에 대한 자료도 부족하여 체계적인 정리나 연구는 매우 부족한 편이다. 따라서 향후 부족한 분묘자료에 대한 증가도 요구되지만 보다 다양한 관점에서 분묘의 기원 문제를 살펴보는 것이 필요할 것으로 생각한다. 즉, 분묘는 인간이 죽으면 그 시신을 처리하는 구조물로서 전제 조건은 인간이 존재하여야만 축조가 이루어진다. 따라서 인간 활동 영역에 관한 연구(취락연구나 유물분포권 등)를 분묘 축조의 관점에서 살펴보는 것도 한 방법으로 생각한다.

III. 한반도 지석묘의 출현 배경

1. 전환기의 분묘 양상

신석기시대에서 청동기시대로 전환하는 시기의 묘제는 현재로서는 확인된 것이 없다. 따라서 전환기의 분묘양상을 정확히 파악하는 것은 불가능하며, 신석기시대 후기 묘제와 청동기시대 조기(전기) 묘제를 서로 비교하여 대략적인 변화상을 유추해 보고자 한다.

신석기시대 묘제에 대한 검토는 임학종과 유태용에 의해 정리된 바 있다(임학종 2008, 유태용 2010). 지금까지 알려진 신석기시대 분묘유적은

19곳으로 매장유구 또는 무덤으로 판단된 분묘는 124기이다.[1] 분묘의 종류는 토광묘, 동굴묘, 적석묘, 석곽묘, 옹관묘, 패각묘 등이며, 장법은 앙와신전장, 굴지장, 세골장, 화장, 합장(單葬, 二人葬, 三人葬, 多人葬(集葬)) 등이 확인된다. 이렇듯 신석기시대 분묘도 다양한 형태로 확인되며, 장법 또한 다양하다. 하지만 전체적으로 볼 때 토광이 가장 많고, 형태는 정형화되지 않았다. 구조는 얕은 토광에 시신을 안치하고 흙이나 돌로 간난히 덮은 형태이다. 따라서 신석기시대는 분묘가 축조되기는 하지만 일부 유적(부산 장항유적, 통영 연대도유적)을 제외하면 소규모이며 정형화되지 못한 형태와 구조를 가진다. 또한, 확인된 분묘의 대부분이 전기와 중기에 축조된다. 신석기시대 후기 유적은 울진 후포리유적, 통영 산등유적, 김해 예안리유적, 부산 동삼동유적 등이며, 묘제는 토광묘, 패각묘, 적석묘, 석곽묘 등이 확인되었다. 신석기시대 말기 유적은 웅기 용수동유적, 웅기 송평동유적, 부산 금곡동 율리유적 등이 있으며, 묘제는 토광묘와 적석묘가 확인되었다. 따라서 신석기시대가 끝나는 시점에서는 토광묘와 적석묘가 주된 묘제였을 것으로 생각된다.

청동기시대 조기(전기) 묘제는 앞서 살펴본 대로 다양한 묘제와 더불어 정형화된 형태로 축조된다. 배치는 신석기시대 분묘와 비슷한 단독, 독립, 소군집 형태이나 입지에서 구릉부를 더 선호하는 것이 약간의 차이이다.

전체적으로 신석기시대 분묘와 청동기시대 분묘는 형태와 구조, 입지, 부장양상 등에서 확연한 차이가 있으며, 특히 분묘의 정형화 양상에서 큰 차이가 있다. 즉, 청동기시대에 들어서면서 분묘는 입지와 배치, 형태와 구조, 부장품 등이 정형화·체계화되며, 이는 분묘조성 방식이나 장

....
1 유태용(2010)이 정리한 분묘유적(18곳에 76기)에서 부산 가덕도 장항유적 1곳을 추가하였다. 장항유적은 인골 48개체가 확인된 곳으로, 인골은 모두 정형화된 분묘에서 출토된 것이 아니라 아주 얕은 토광이나 평면에 시신을 안치하고 흙은 덮은 경우가 많다. 따라서 인골의 수를 모두 분묘 수로 하였다. 인골이 확인된 묘역은 신석기시대 전기에 해당한다.

송의례, 내세관 등이 전혀 다른 양상으로 이루어짐을 알 수 있다. 따라서 아직 관련자료가 부족한 상태지만 신석기시대 분묘와 청동기시대 분묘는 계승적 관계보다는 단절적인 관계로 보는 것이 합리적인 추론으로 생각된다.

2. 지석묘의 출현 배경

1) 생계경제의 변화

'생계'란 먹는 일을 해결하며 살아가는 일 또는 그 방도를 말하는데, 이는 인간활동에서 가장 중요한 일로 생각된다. 생계활동이 인간의 생명을 유지해줄 뿐만 아니라 사회를 지탱하는 가장 중요한 경제활동으로 사회와 문화를 변화시키는 원동력이자 배경이 된다. 따라서 청동기시대 분묘의 축조 배경도 이러한 생계경제의 변화가 바탕에 깔려 있다고 생각한다. 신석기시대의 생계경제는 기본적으로 수렵, 채집, 어로가 중심이 되며 농경활동은 미약하게 이루어진다. 이러한 생계경제 방식은 구석기시대부터 이어져 온 원초적인 식량확보 수단으로 자연 상태에서 식량을 확보하는 것으로, 각각의 생업수단 만으로는 생계를 유지하기 어렵다. 그것은 식량의 안정적 확보가 쉽지 않으며, 각각의 수단으로 확보된 식량도 전체적인 영양 균형이 맞지 않기 때문이다.

청동기시대로 들어서면서 미약한 농경활동이 생계경제의 중심축으로 등장하게 된다. 청동기시대 전기는 농경관련 자료가 적지만 확인된 자료를 바탕으로 검토하면, 신석기시대와 비교해 경작지가 다양화되며, 특히 밭경작[2]과 더불어 논경작이 시작된다. 논경작은 집약적농경을 의미하

---

[2] 밭은 소규모 텃밭이나 화전경작이 주가 되었을 것으로 생각된다. 화전경작은 아직 구체적인 고고자료는 확인되지 않았지만, 세계사적인 관점에서 볼 때 신석기시대부터 나타나는 초기의 농경형태로(안승모 2005) 산지가 많은 우리나라 지형에도 유리한 농경형태이다. 따라서 농경이 발달

는 것으로 밭경작과 더불어 새로운 식량생산체계로서 중요한 생계경제 수단이 된다. 즉, 신석기시대와 달리 인위적인 수단을 통해 인위적 자연 공간(농경지)을 만들어 식량을 확보하는 방법으로, 식량을 안정적으로 확보할 수 있으며 영양 균형도 인위적으로 조절할 수 있다. 따라서 자연 상태에서 식량을 확보하는 것보다 진일보한 생업경제방식으로 바뀐 것이다. 또한, 점차 사회구성원들도 수렵·채집민에서 농경민으로의 전환이 이루어지게 된다. 하지만 청동기시대 전기는 아직 생산성이 특화되거나 완전한 전업화는 이루어지지 못한 것으로 보인다. 따라서 전기의 생업경제방식은 각각의 생업수단들이 상호 복합적인 관련성을 가진 "복합생업경제" 방식으로 생각된다. 하지만 농경의 비중이 증가하면서 생계경제방식이 점차 농경민으로서의 활동이 두드러지게 나타나기 시작한다. 이는 신석기시대와는 다른 체계적인 식량생산 방식인 '농경활동시스템'이 만들어지게 되며, 작물의 다양성과 더불어 체계적인 곡물조성도 이루어지게 된다.[3] 즉, 청동기시대 전기는 수렵·채집단계(자원획득 단계)에서 집약적 농경단계(자원생산 단계)로 변화하는 시점으로 농경이라는 경제적 기반을 통해 사회의 구조적 변화는 가속화되었다.

2) 사회구조적 변화

청동기시대 전기의 사회는 기본적으로 정주성의 강화와 농경기술의 발전을 통해 취락이 발전하기 시작하는 단계이다. 전기 취락은 산지, 구릉, 충적지 등에 입지하며, 대부분 소규모로 조성되지만, 일부 대규모 취락도 확인된다. 취락구성은 주거지를 중심으로 한 주거공간이 중심이 되며, 별도의 분묘공간, 생산공간, 저장공간, 의례공간 등은 설치가 미미

하지 못한 청동기시대 전기에 성행했을 가능성이 크다. 전기 취락은 구릉에 입지하는 경우가 많으며, 안재호의 연구에서는 '山地型 聚落'을 화전경작의 취락형태로 파악하였다(안재호 2000).

[3] 청동기시대의 기본적인 곡물조성은 벼+잡곡(조, 기장)+맥류(밀, 보리)+두류(콩, 팥)의 형태로 '무문곡물조성'으로 지칭된다. 또한 여기에 복숭아, 박, 외(참외?), 들깨 등이 추가되어 보다 다양한 작물이 재배되었다(안승모 2014).

한 편이다. 주거지는 대부분 대형으로 내부에 노지(판석부위석식, 수혈식)와 저장시설(저장공, 대형호)을 갖추는 것이 특징이다. 이는 주거지 내부공간에 생계경제 활동과 관련된 대부분의 시설물이 있는 것으로 전체적으로 가족 중심의 생계경제 활동이 이루어졌음을 알 수 있다.

정주취락의 증가는 일부지만 중·대형 취락의 조성과 취락간 네트워크가 만들어지게 되고 인구 및 경작지의 증가도 이루어진다. 따라서 신석기시대에 비해 정주성과 안전성이 강화되면서 취락시스템이 갖춰지는 단계라 볼 수 있다. 또한, 취락시스템의 발달은 취락의 성장과 더불어 취락과 구성원들의 사회구조적 변화도 만들어낸다. 즉, 취락을 중심으로 다양한 구성요소들이 조성되고 발전하면서 위계화도 함께 진전되는 것이다.

3) 분묘 및 지석묘의 출현 배경

청동기시대로 들어서면서 새롭게 나타난 생계경제 시스템과 사회의 구조적 변화는 청동기시대의 새로운 분묘 출현에 원동력이 되었다. 분묘의 출현은 특별한 장법을 제외하면, 인간이 죽음을 맞이하는 순간 만들어지게 된다. 즉, 분묘의 출현은 인간활동과 밀접한 관련성이 있으며, 시신이 안치되는 구조물인 분묘는 다양한 사회적 요구 함께 만들어진다. 그것은 분묘의 축조가 단순히 시신만을 처리하기 위한 목적이 아니라 사회적 존재로서 죽음을 맞이한 인간의 통과의례와 더불어 집단의 사회구조 속에서 다양한 사회적 변화가 함께 수반되기 때문이다. 따라서 분묘는 죽음을 통해 발생한 사회적 변화를 최소화하는 물리적 장치로서 피장자와 더불어 분묘 축조자를 표현하는 구조물이다. 또한, 인간의 죽음으로 나타난 사회적 변화의 질서를 무덤축조를 통해 다시 재정립하는 것이다.

이는 취락의 발전으로 나타난 계층화의 진전이 분묘에도 적용되어 개인 분묘 간의 계층화나 분묘군 간 계층화의 진전이 나타난다. 즉, 분묘의 규모와 부장품의 내용 및 조합을 통해 분묘를 조성한 개인 및 분묘군 간의 차별성이 나타난다. 분묘의 규모와 구조는 분묘축조에 동원된 노동력의 양과 질을 추정할 수 있고, 부장품은 단순히 피장자를 위한 장송의 례품에서 벗어나 위신재로서 상징성과 희귀성을 통해 피장자의 권위를 표현한다. 따라서 이러한 관점에서 보면 청동기시대 전기 분묘는 전기 취락의 조성과 더불어 출현했을 가능성이 매우 크다. 분묘 계층화의 양상은 기본적으로 분묘종류에 따라 구분되며,[4] 분묘내에서는 규모와 부장유물을 통해 계층화를 파악할 수 있다. 이는 청동기시대 분묘가 개인이 축조하기에는 어려움이 있으며, 기본적으로 많은 인원과 사회적 비용이 소요되기 때문에 축조자에 따라 다양하게 만들어지게 된다. 물론 분묘가 가지는 강한 전통성으로 인해 기본적인 속성 변화는 느리지만, 다양한 사회적 변화와 더불어 축조자의 사회적 지위와 능력에 따라 분묘축조에 다양한 요소들이 반영되었을 것으로 생각한다. 청동기시대 분묘의 주재료는 석재로서 신석기시대 분묘에 비해 많은 노동력과 기술력이 필요하다. 또한, 한국 청동기시대 분묘는 기본적으로 집장묘가 아닌 개인묘로서 개인의 영향력을 표현한다. 따라서 청동기시대 분묘의 출현은 사회적, 문화적, 정치적, 경제적 측면이 반영된 새로운 묘제의 출현을 의미한다.

IV. 영남지역의 지석묘 기원

1. 전기 분묘 현황과 지석묘 양상

한반도에서 확인된 전기 분묘는 〈표 1〉~〈표 3〉에 정리되어 있다.

---

[4] 청동기시대의 분묘 종류는 지석묘, 석관묘, 석개토광묘, 목관묘, 토광묘, 옹관묘 등이 있다. 이중 규모가 크고 구조적으로 복잡하고 중심적·독립적 입지에 있는 지석묘는 다른 분묘들 보다 차별화된 양상을 보이다. 따라서 이러한 형태의 지석묘는 상위집단의 분묘로 생각할 수 있다.

[표 1] 이영문 정리 : 전기 묘제(2011에서 인용)

〈지석묘〉

지역	형식	상석	묘역시설		개석	묘실구조		부장유물	출토상태	문헌
			규모	형태		크기	형태			
북한 은천 약사동	탁자식		165×75×4			160×60		청동촉1, 석촉10, 관옥1	동촉-서북쪽위부분, 구슬-중앙 석촉-동북벽아래모서리2~3개	1
충북 제천 황석리 2호	개석식	180×160×30		장방		100×50×25	석관	이단병검1 석촉10	석실위 상석 하	2
충남 대전 비래동 1호	개석식		780×540	타원	1매	210×70	석곽	동검1, 삼각만입5, 적색호1	동검-남장벽 부근 석촉- 배부근 호- 가슴부근	3
충남 대전 비래동 3호	개석식					165×80		적색호편1, 관옥1	홍도-북단벽 관옥-동남쪽 교란토	3
전북 진안 여의곡A-Ⅰ 30호	개석식		490×330 (480)	방형		170×60×25	판석	이단병식1, 유경촉	석검-모서리부분 병부파손 석촉-중앙 동쪽 치우친바닥	4
전북 진안 안자동 9호	개석식		520×526	방형		188×72 68~87	지하 석곽 할석	적색호1, 삼각만입8 이단병검1	토기-북동모서리바닥 석촉-동남모서리,중앙바닥 석검-북서장벽,병부 남서쪽	5
전북 진안 풍암 14호	개석식		1150×850	장방		185×60×30	석곽 판석	삼각만입1, 석검병부편	병부-바닥출토 석촉-바닥	6
전북 진안 풍암 16호	개석식		1100×560	장방		210×65×30	석곽 판석	석촉3	삼각만입촉-묘역 부분 이단촉,유경촉-서쪽바닥	6
전북 진안 안자동 1호	개석식		800×900	장방		220×72×24	석곽	이단병식1 삼각만입5 적색호1	석검- 중앙 장벽쪽 석촉- 배부근 산재 호- 단벽하	7
전북 진안 수좌동 1호	개석식		800×900	장방		220×72×24	석곽	이단병식1, 삼각만입2	중앙부근	8
전남 나주 랑동 1호	개석식	340×180×50			대형 1매	154×60×52	할석	유경식석검1	석검-모서리부분 2등분	9
전남 순천 복성리2	개석식					232×56×74	반지하식 ㅍ자형	채문토기1 일단석촉13	채문토기-남단벽석아래 석촉-중앙부·3점 세트로9	10
전남 고흥 석봉리2호	개석식	143×117×52				194×40×44	할석 판석	채문토기1, 환옥	토기-북동벽14cm떨어진곳 환옥-단벽80cm,장벽20cm	11
충북 제천 구룡리 1호	개석식	262×54~18 4×45	340×380			190×40×50	3~5단	석촉12, 적색호편1	묻힌 사람의 머리쪽과 다리쪽 (4곳에 나뉘어서 출토)	12
경남 합천 저포리E7호	개석식		290×240	장방		43×26×40	소형 석관	일단검검1, 일단석촉2	석검-모서리 향해 대각선 석촉-석검 부근	13
경남 합천 저포리E8호	개석식		1008×440 (10m×6m)	장방		265×100×85	석곽	이단검검1, 삼각석촉5, 적색호1	석검- 중앙 장벽하 석촉 - 산재 호 - 단벽하	13
경남 진주 이곡리16호	개석식	120×105×18	330×260	방형	1매	184×37×25 ~30	석관	채문1, 옥1	채문- 남단벽 관외부장칸 옥-관내	14
경남 진주 이곡리27호	개석식		335~380×40 (높이)	원형		90×27×20	지상 석관	채문편1, 검편1	토기편-서장벽부근 적석하부 석검편-북단벽외부	14
경남 진주 이곡리30호	개석식	225×1701×3	895×550×65	장방		230×100×58	횡구식 석곽	이단병식1, 유경촉1	석검-서쪽단벽부근/ 봉부가 서쪽	14
경남 진주 이곡리33호	개석식		390×350×25 ~40	방형		159×60×36	지상 석곽	채문1, 옥2	토기 - 남단벽부근 옥-남단벽부근. 중앙부	14
충북 제천 능강리	기반식	350×200~220 ×62~66				252×126	석곽	삼각만입2, 이단촉2, 일단촉1,	일단-관자돌근처(바닥추정) 이단-남동쪽굄돌부근 삼각만입1-남동쪽굄돌부근	15

〈석곽묘〉

지역	개석	규모	형태	부장유물	출토상태	문헌
경기 광주 역동	무	192×85	석곽-자연할석	비파형동검1,원형검파두식1 삼각만입촉1,환옥	석촉-동단벽1, 남장벽중앙12	16
강원 홍천 외삼포리		200×90×130	석곽-천석13단	무경식석촉1점		17
강원 홍천 철정리II	10매	232×64×68	석곽-천석7~8단	무경촉1, 이단경촉3, 일단경촉1		18
강원 정선 아우라지3호	7~8매	160×65×85	석곽-천석8단	홍도1점,무경촉9점, 이단경촉2		19
충북 괴산 사창리다1호		150×55×20	석곽-할석2단	일단병식검1 일단경촉1,이단경촉4, 삼각만입촉10	석검-중앙부 남쪽에치우쳐 석촉-중앙부북쪽에치우쳐따로확인	20
충남 대전 신대동		토광 270×190×30		이단병식석검1, 석촉13, 적색호1	석검-장벽쪽 중앙, 촉, 호-중앙부근	3
충남 청원 황탄리 401		183×82×60	석곽	이단병식석검1 삼각만입촉편15 적색호 1	호-북쪽단벽장판석위 석검,석촉-동쪽장벽의북쪽끝부분 석촉-석검주위와아래깨진채	21
충남 서천 오석리		200×90×?	석곽	이단경촉 2	석촉-서장벽쪽 바닥	22
경주 월산리		83×25×19	석관	이단병식석검1, 삼각만입촉17 환옥4	석검-중앙바닥,대각선 석촉-남단벽쪽에 2~3겹 포개진채 환옥-북벽 1/3지점 바닥	23
전남 순천 남가리		(160)53~58×52	석곽-할석	이단병식석검1삼각만입촉3 이단경식1	석검,석촉-남단쪽 장벽과 나란하게	24
황해 신평 선암리 1호	1매	140×50~60×60		동검1, 석촉4, 돌구슬2		25
황해 신평 선암리 2호		138×50×50		석촉4		25
황해 배천 대아리	1매	160×60		동검1, 청동촉1, 석촉10, 옥1		26
황해 봉산 어수구		169.2×48 ~59×49	석관	이단석검1 이단 3, 관옥1,		27
북한 상매리 2호	1매	136×42×58		동촉1,석촉1,유공해나곡2		28
강원 강릉 방내리	4매	140×40×40	석관	대부소호1	토기-남서 모서리 외곽	29
강원 춘천 우두동				동검1, 동촉2, 이단경7,관옥1		30
경북 해평 월곡리 1호		토광 170×63×30	할석, 1~2단	석검1,석촉6, 적색호1	석검,석촉-북단변쪽 주변 토기-남단벽쪽모서리부분	31
경북 경주 덕천리		80×40(유실)	판석	적색편1,석검편1 석촉-삼각2×이단1		32
경남 고성 두호리 2호		21×88×13	각 판석 1매	채문 2점, 환옥1점	채문-남단벽 관외부장공간, 환옥- 서장벽쪽	33
경남 진주 옥방8-15호	판석1 할석	155×35×35	장-판석2매 단-판석3매	채문2 삼각1, 이단1	채문-동쪽편 별도부장공간 석촉-남장벽모서리부근	34
경남 진주 옥방8-16호	8매 2중	130×30×42	측벽-판석4매 ㅍ자형석관	채문1,무문1	토기 - 동단벽과 묘광사이 빈공간/부장공간으로 파악	34
경남 진주 옥방8-20호	2매	160×90	석관	채문1, 환옥3	토기-동쪽묘광모서리 환옥-바닥석위	34
경남 사천 이금동 A-11호	4매			환옥2점	옥- 동벽쪽 바닥15cm떠서	35
경남 진주 이곡리 41호	3매	65×25×14	ㅍ자형 석관 각 판석1매	채문토기1	토기-북단벽석과 묘광사이	14
진주 신당리 죽산		135×43×27	석관	채문토기1, 삼각만입촉2		36

〈주구묘〉

지역	규모	형태	개석	묘실구조		부장유물	출토상태	문헌
				크기	형태			
홍천 철정리2-1	432.8×396×76	세장방형		122×35	석관	무경식석촉		18
홍천 철정리2-2	432.8×396×76	세장방형		119×38	석관	이단경촉		18
춘천 천전리 4호	외-218×81 내-177×52~59	세장방형		182×82×23	석관	삼각만입1×능형1 이단경촉5	석촉-관내부	37
춘천 천전리 6호	외-425×55 내-403×33	장방형		162×49	석관	무경촉,이단경13	석촉-관외측	37
춘천 천전리 7호	외-390×370 내-400×345					이단경촉	석촉-주구내	37
천안 운전리	408×548	'ㄱ'형		90×32	석관	대부소호1점	장단벽 모서리	38
사천 이금동A10호	?100~140×20	'ㄷ'형 (세장방)	1매		석곽	적색호 2점	토기-단벽하	35
사천 이금동 47호	?90×20		1매		석곽	채문 2, 옥1점	채문-단벽개석아래 옥-서장벽아래	35
진주 옥방8-3호	232×74×40			175×45×50	석관	이단병검1,채문2 삼각2,이단1	토기-관외 석관사이	34
진주 옥방8-5호	232×74×40		여러매	165×40×60		채문2,석검편1, 삼각4,이단1,일단1	토기-목관과 석관사이 석촉,검편-목관내	34
진주 옥방8-7호	600×40~60×20		6매	102×30×23	석관	채문1	토기-관외 부장공간	34
진주 옥방8-9호	730×40~60~10	말각방형 (원형)		185×40×70	석관	채문1	토기-목관의 충전토내	34
충남 서천 오석산						동검1,관옥11,이단4		39

〈토광묘〉

지역	개석	규모(묘광)	형태	부장유물	출토상태	문헌
강원 양양 송전리		185×70×25		삼각만입촉9	중앙 치우쳐 포개어진상태	40
경북 울산 굴화리Ⅱ-2호		175×107×40		이단병검1, 적색호1,삼각1	석검-중앙부 장벽쪽 석촉,토기-서장벽 중앙부	41
경북 해평 월곡리 2호		166×61×33	할석	적색호1 삼각7, 일단3	토기-단벽1cm떠서 석촉-중간 포개진채	31
경남 사천 이금동 48호				채문1, 적색호1	토기-동단벽 아래	35
경남 사천 이금동51호	5매			유경석검1, 삼각2 이단3, 적색호1	석검-중앙바다 석촉-석검서쪽 토기-동단벽아래	35
경남 진주 이곡리 29호		227×75×23		채문2점, 이단촉1, 삼각만입2	채문-동단벽, 석촉- 남단벽	14
경남 고성 두호리 1호		(220×72~ 90×15~23)		채문 2점	남단벽 관외 소형할석 부장공간	33
진주 소문리				이단병검1,삼각5 이단3, 채문2		42
나주 장동리				삼각만입7, 채문1?		43

[표 2] 배진성 정리: 전기 묘제(2011에서 인용)

종류	유적명		벽면	바닥	배치	입지	출토유물(매장주체부)	참고문헌
토광묘	襄陽 松田里		토광	생토	단독(?)	砂丘	무경식석촉9	예맥문화재연구원 2008
	泗川 梨琴洞 51호		석개 토광	점토(?)	단독	緩傾斜面	유경식석검1, 무경식석촉2, 이단경식석촉3, 球玉(천하석제)1, 적색마연호1, 구순각목문장경호1	慶南考古學硏究所 2003
	晋州 耳谷里 29호		토광	점토	단독	충적지	채문토기2, 무경식석촉2, 이단경식석촉1	東亞細亞文化財硏究院 2007
	馬山 網谷里 10호		석개 토광	생토	단독(?)	충적지	채문토기2	慶南發展硏究院 歷史文化센터 2009
	浦項 三政1里 1호		토광	생토	단독	구릉	적색마연호2, 토제방추차1	慶尙北道文化財硏究院 2007
	蔚山 屈火里		토광	생토	단독	구릉 말단부	적색마연호1, 이단병식석검1, 무경식석촉1	中央文化財硏究院 2006
	海平 月谷里	1호	토광(목관)	생토	小群(2기)	구릉 말단부	이단병식석검1, 무경식석촉6, 적색마연호1	慶尙北道文化財硏究院 2004a
		2호	토광				무경식석촉7, 유경식석촉3, 적색마연호1	
	金泉 新村里	1호	토광	생토	小群(2기)	구릉 정상부	적색마연호1, 무경식석촉3, 합인석부1, 석검봉부편1	中央文化財硏究院 2008a
		2호	토광				유경식석검1, 합인석부1	
	金泉 玉栗里 1호		토광	생토	단독	구릉	무경식석촉1, 석검편1	中央文化財硏究院 2008b
	華城 桐化里 1호		토광	생토	단독	구릉	무경식석촉2	기호문화재연구원 2008
석관묘	固城 頭湖里	1호	판석	점토	小群(2기)	구릉 정상부	채문토기2	慶南考古學硏究所 2000
		2호	판석	판석1매			채문토기2, 飾玉1	
	玉房8地區 15호		판석	판석	?	충적지	채문토기2, 무경식석촉1, 이단경식석촉1	李柱憲 2000
	慶州 月山里		할석	판석	단독	구릉	이단병식석검1, 무경식석촉17, 환옥4	嶺南文化財硏究院 2006
	慶州 汶山里 II나-2호		할석?(목관?)	생토	단독	구릉	무경식석촉7, 적색마연호1	聖林文化財硏究院 2010
	慶州 隍城洞		판석	판석	단독	충적지	무경식석촉3, 일단경식석촉3	韓國文化財保護財團 2001
	浦項 馬山里 1호		할석, 판석	사질 점토	단독	小丘陵	석검1(劍身片), 무경식석촉1	慶尙北道文化財硏究院 2005a
	蔚山 孝門洞·蓮岩洞		할석	생토(?)	?	?	이단병식석검1, 무경식석촉2, 유경식석촉1	한국문화재조사 연구기관협회 2010
	倭館 洛山里	석관1	·	·	小群(2기)	구릉능선		韓國文化財保護財團 2007
		석관2	·	·			무경식석촉17	
		석관3	·	·	단독	구릉사면	적색마연토기편1, 무경식석촉14, 유경식석촉2	

종류	유적명	벽면	바닥	배치	입지	출토유물(매장주체부)	참고문헌
석관묘	大田 新岱洞	할석	할석	단독	구릉사면	이단병식석검1, 무경식석촉10, 이단경식석촉3, 적색마연호1	성정용 1997
	靑原 黃灘里 401호	할석	자갈돌	단독(?)	구릉 정상부	이단병식석검1, 무경식석촉15, 적색마연호1	高麗大學校 埋藏文化財研究所 2001
	丹陽 安東里	판석	판석	?	구릉	무경식·이단경식석촉	金元龍 1967
	廣州 驛洞	할석	할석	단독	구릉	요령식동검1, 이형청동기1, 석촉12(무경식, 유경식), 환옥	박천택 2010
	洪川 外三浦里	할석	할석	단독	충적지	무경식석촉1	江原文化財研究所 2008b
	旌善 아우라지 3호	할석	할석	단독	충적지	석촉11(무경식, 유경식), 적색마연호1	江原文化財研究所 2008c
	漆谷 深川里	·	·	단독(?)	구릉사면	이단병식석검1, 무경식석촉12, 적색마연토기(수습불가)1	慶尙北道文化財研究院 2004b
	晋州 新塘里	판석(수습)	생토	?	구릉	무경식석촉 2, 채문토기 1	韓永熙 1987
	義昌 平城里	판석(수습)	·	·	구릉	이단병식석검, 환상석기(?)	沈奉謹 1984
	彦陽 東部里	·	·	·	·	이단병식석검	有光敎一 1959
지석묘	迎日 仁庇洞 16호	·	·	?	구릉	(上石 岩刻-이단병식석검2, 무경식석촉1)	국립경주박물관 1985
	大田 比來洞 1호	할석, 판석	판석	?	구릉사면	요령식동검1, 무경식석촉5, 적색마연토기1	성정용 1997
주구묘	春川 泉田里	판석	생토 or 판석	?	충적지	무경식석촉, 유경식석촉, 석제방추차, 환상석기	江原文化財研究所 2008a
	洪川 哲亭里 II	할석	할석	?	충적지	무경식석촉, 이단경식석촉	김권중·박용근 2007
	玉房 8地區 3호	판석(목관)	생토	周溝內 一列 配置	충적지	이단병식석검1, 무경식석촉2, 유경식석촉1, 채문토기2	李柱憲 2000
	玉房 8地區 5호	판석(목관)	생토	周溝內 一列 配置	충적지	일단병식석검1(?), 무경식석촉4, 유경식석촉2, 채문토기2	李柱憲 2000
	泗川 梨琴洞 A-10호	할석	판석	?	완경사면	적색마연호2, 일단경식석촉1	慶南考古學研究所 2003
	浦項 虎洞	·	·	단독(?)	구릉		慶尙北道文化財研究院 2005b
	蔚山 中山洞 藥水 I	·	생토	단독	구릉정상	석부2	蔚山文化財研究院 2007
	蔚山 泉谷洞 가재골 III	·	생토	小群(2기)	구릉		蔚山文化財研究院 2009
	舒川 烏石里	할석	할석	단독	구릉	요령식동검1, 이단경식석촉3, 미완성석촉1, 벽옥제관옥11	忠淸文化財研究院 2008
	天安 云田里	판석, 할석	생토, 판석2매	단독	구릉사면	적색마연대부소호1	忠淸文化財研究院 2004

[표 3] 平郡達哉 정리 : 전기 묘제(2012에서 인용)

番號	유적	유구	무덤형식	묘역 평면	길이	넓이	높이	매장주체부 구조	길이	넓이	깊이	출토유물
1	양양 송전리		토광묘					토광	185	70	25	삼촉9
2	강릉 방내리		석관묘					판석석관	140	40	40	대부소호1(남서 모서리 외곽=묘광 내)
3	홍천 철정리2	1호	주구묘	장방형 주구	4328	396	76	할석석관	122	35		삼촉
4	홍천 철정리2	2호	주구묘	장방형 주구				할석석관	119	38		이촉
5	홍천 외삼포리		석관묘					할석석관	200	90	130	삼촉1
6	홍천 철정리Ⅱ		석관묘					할석석관	232	64	68	삼촉1, 이촉3, 일촉1
7	정선 아우라지	3호	석관묘					할석석관	160	65	85	적1, 삼촉9, 이촉2
8	춘천 우두동											비, 동촉2, 이촉7, 관옥1
9	춘천 천전리	1호	주구묘	장방형 주구	1735	690	60	?				삼.이촉
10	춘천 천전리	3호	주구묘	장방형 주구	2120	720	65	?				
11	춘천 천전리	4호	주구묘	장방형 주구	2180	810	85	판석석관	173	58		삼.일체.이촉
12	춘천 천전리	5호	주구묘	세장방형 주구?	2270	530	40	판석석관		46		삼.이촉
13	춘천 천전리	6호	주구묘	세장방형 주구	4260	550-830	85	판석석관	162	49		삼.이촉
14	춘천 천전리	7호	주구묘	세장방형 주구?	390	370	55	?				
15	광주 역동 마지구	1호	석관묘					할석석관	192	85		비1, 검파두식1,삼촉1, 환옥
16	제천 황석리	2호	개석식 지석묘	장항병	180	160	30	판석석관	100	50	25	이검1, 삼촉7, 유촉3
17	제천 구룡리	1호	개석식 지석묘					할석석관	190	40	50	유, 삼촉 12, 적편1
18	제천 능강리	1호	개석식 지석묘?					할석석관?	256	126		삼촉2, 이촉2, 일촉1
19	괴산 사창리	다 1호	석관묘					할석석관	150	55	20	일석1,삼촉10,이촉4,일1,
20	청원 황탄리	KM 401	석관묘					할석석관	183	82	60	이검1, 삼촉15, 적1
21	천안 운전리		주구묘	ㄱ자 주구	548	408		판석석관	90	32		대부소호1
22	대전 비래동	1호	개석식 지석묘	타원	780	540		할석석관				비1, 삼촉5, 적1
23	대전 비래동	2호	개석식 지석묘					할석석관				적
24	대전 비래동	3호	개석식 지석묘					할석석관	165	80		적1, 관1
25	대전 신대동		석관묘						270	190	30	이검1, 석촉13, 적1
26	서천 오석리	25호						할석석관	170	50		이촉2
27	서천 오석리 오석산	1-1호	주구묘	ㄷ자 주구	2550	824		할석석관	160*	64	40	비1, 이촉4, 관옥11
28	진안 여의곡 A-1	30호	개석식 지석묘	방형	490	330		판석석관	170	60	25	이검1, 유촉
29	진안 안자동	1호	개석식 지석묘	장항병	900	800		할석석관				
30	진안 안자동	9호	개석식 지석묘	방형	520	526		할석석관	188	72	87	이검1, 삼촉8, 적1
31	진안 풍암	14호	개석식 지석묘	장항병	1150	850		할석석관	185	60	30	삼촉1,검 병부편
32	진안 풍암	16호	개석식 지석묘	장항병	1100	560		할석석관	210	65	30	이촉, 유촉 3
33	진안 수좌동	1호	개석식 지석묘	장항병	900	800		할석석관	220	72	24	이검1, 삼촉2
34	합천 저포리 E지구	8호	개석식 지석묘	장항병	1008	440		할석석관	265	100	85	이검1, 삼촉4, 유촉1, 적1

35	진주 옥방 8지구	15호						판석석관	155	35	35	채2
36	진주 옥방 8지구	16호						판석석관	130	30	42	채1, 호1
37	진주 옥방 8지구	20호						판석석관(목관?)	110	50	25	채1, 환3
38	진주 옥방 8지구	3호	주구묘	장방형 주구	232	74	40	판석석관(목관?)	175	45	50	이검1, 삼촉2, 유촉1, 가2
39	진주 옥방 8지구	5호	주구묘	장방형 주구	232	74	40	판석석관(목관?)	165	40	60	일검1, 삼촉4, 유촉2, 가2
40	진주 옥방 8지구	7호	주구묘	원형? 주구	600			판석석관	102	30	23	가1
41	진주 옥방 8지구	9호	주구묘	말각방형 주구	730			판석석관(목관?)	185	40	70	가1
42	진주 이곡리	30호	개석식 지석묘	장항병	895	550	65	할석석관	230	100	58	이석1, 유촉1
43	진주 신당리		석관묘					판석석관	135	43	27	가1, 삼촉2
44	사천 이금동	51호	석개토광묘					석개토광	200*	60	40	유검1, 삼촉2, 이촉3, 球玉1, 적1, 구옥1
45	사천 이금동	45호	석관?석곽?					할석석관(목관)	80	20	40	
46	사천 이금동	46호	석관?석곽?					할석석관(목관)	110	15	20	
47	사천 이금동	47호	주구묘					할석석관(목관)	190	32		球玉1, 채2
48	사천 이금동	48호	토광묘					?	160	70		채2, 적1
49	사천 이금동	D-17호	석관?석곽?					할석석관(목관)	146	60		동촉(?)
50	사천 이금동	A-10호	주구묘					할석석관(목관)	205	90	40	유촉1, 적2
51	사천 이금동	A-11호	석관묘					판석, 할석석관	130	40	35	球玉2
52	사천 이금동	A-12호	석관?석곽?					할석석관(목관)	66	40	20*	
53	고성 두호리	1호	석관묘					판석석관	220	90	23	가2
54	고성 두호리	2호	석관묘					판석석관	88	21	13*	가2, 飾玉1
55	고성 두호리	3호	석관묘					판석석관	77	33	20	
56	순천 남가리								160	58	52	이섬1, 삼촉3, 이촉1
57	해평 월곡리	1호	석관묘?					할석석관?				이검1, 삼촉6, 적1
58	해평 월곡리	2호	토광묘					토광				삼촉7, 유촉3, 적1
59	칠곡 심천리								?				이검1, 삼촉12, 적1
60	경주 월산리	1호	석관묘					할석석관	83	25	19	이검1, 삼촉17, 환옥4
61	경주 덕천리	1호	석관묘					판석석관	80	40		석검편1, 삼촉2, 이촉1, 적편1
62	울산 굴화리	II-2호	토광묘					토광	175	107	40	이검1, 적1, 삼각1

이영문(2011)은 전기 분묘를 지석묘 21기, 석곽묘 26, 주구묘 13기, 토광묘 9기 등으로 총 69기로 파악하였으며, 배진성(2011)은 토광묘 11기, 석개토광묘 1기, 석관묘 21기, 지석묘 2기, 주구묘 10기 등으로 총 45기로 파악하였다. 平郡達哉(2012)은 토광묘 4기, 석개토광묘 1기, 석관묘 25기, 주구묘 16기, 지석묘 14기, 기타 2기 등으로 총 62기를 파악하였다. 이렇듯 연구자마다 유구의 수량이 차이가 나는 것은 유구를 정리하는 시점이 다를 수도 있지만, 기본적으로는 각 분묘에서 출토된 유물과 유구에 대한 편년관의 차이로 발생한 것이다. 유물과 유구에 대한 편년을 신중히 보는 연구자는 배진성이며, 좀 더 폭넓게 보는 연구자는 이영문과 平郡達哉(2012)이다. 본고는 일반적으로 청동기시대 전기의 표지적 유물이 출토된

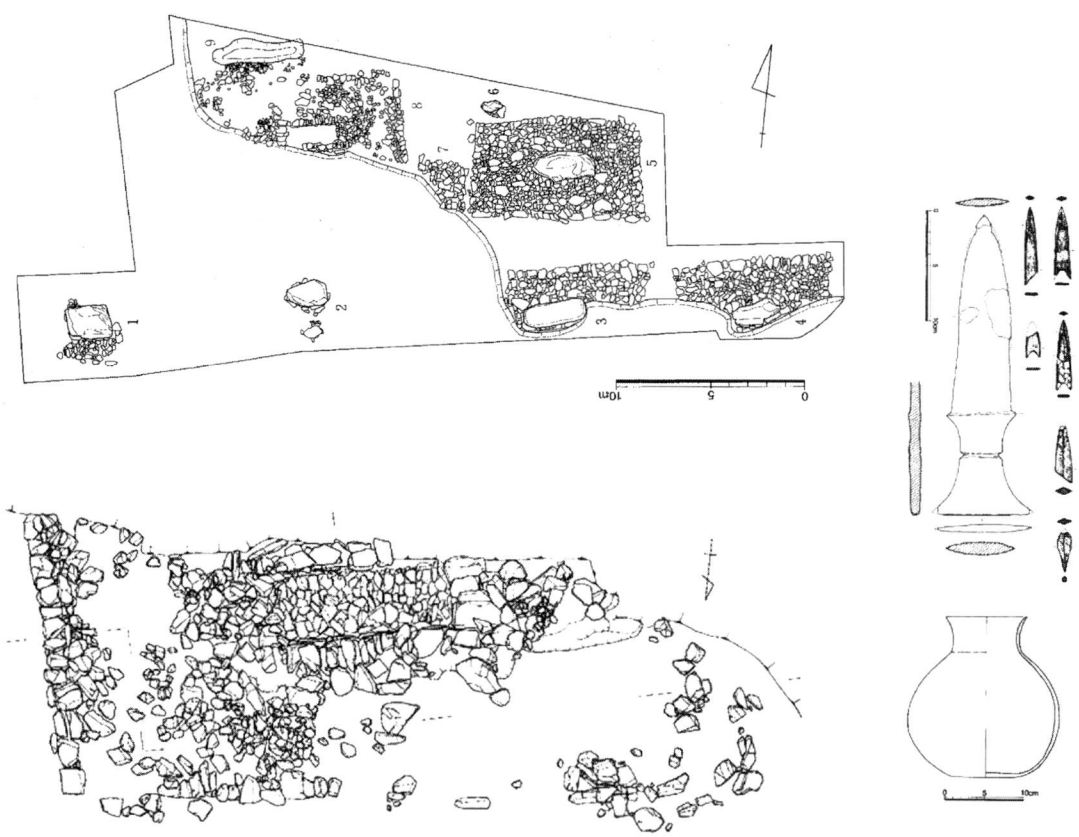

[도면 1] 합천 저포리 E지구 지석묘군 및 저포리 8호 지석묘

것과 탄소연대 측정치를 바탕으로 살펴보고자 한다. 〈표 1〉, 〈표 2〉, 〈표 3〉은 연구자별 전기 묘제를 정리한 내용이다.

전체적으로 석관묘의 비중이 40% 전후로 가장 높고 토광묘의 비중이 가장 낮다. 지석묘는 연대관에 따라 수량의 폭이 큰데 발표문에서는 확인된 지석묘 전부를 정리하고자 한다. 전기 지석묘 현황을 보면, 북한 지역은 은천 약사동유적(1기), 충북 제천 황석리유적(1기), 충북 제천 구룡리유적(1기), 충북 제천 능강리유적(1기), 충남 대전 비래동유적(2기), 전북 진안 여의곡유적(1기), 전북 진안 안자동유적(2기), 전북 진안 풍암유적(2기), 전북 진안 수좌동유적(1기), 전남 나주 랑동유적(1기), 전남 순천 복성리유적(1기), 전남 고흥 석봉리유적(1기), 경남 합천 저포리유적(2기), 경남

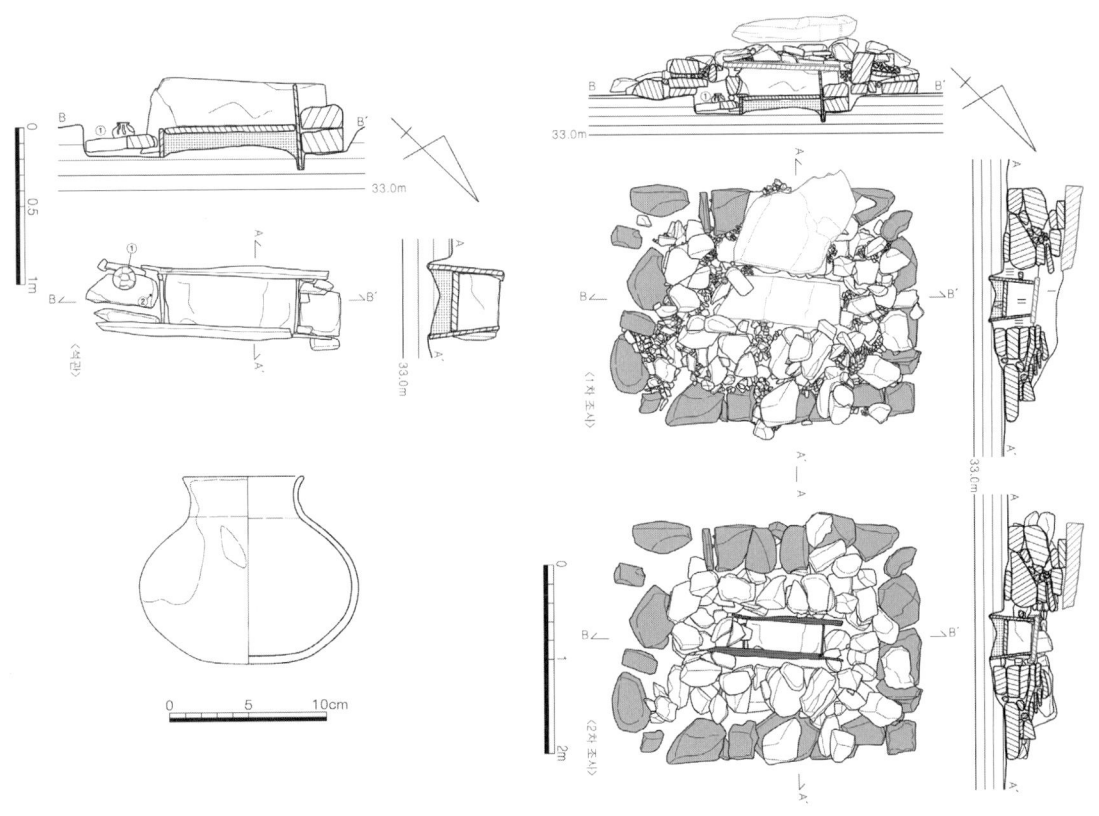

[도면 2] 진주 이곡리유적 16호 지석묘 및 출토유물

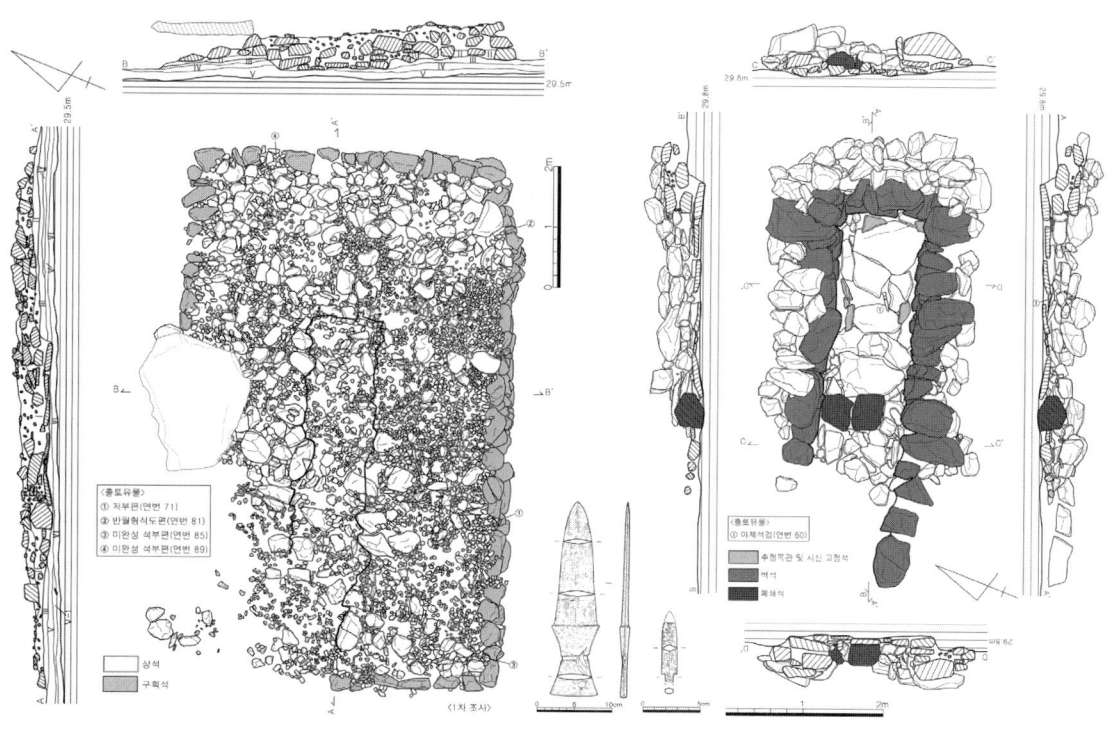

[도면 3] 진주 이곡리유적 30호 지석묘 및 출토유물

진주 이곡리유적(4기), 경북 영일 인비동유적(1기) 등 총 15곳에 22기 정도이다. 이중 탁자식 지석묘는 북한에서 확인된 은천 약사동유적으로 청동촉 1점, 석촉 10점, 관옥 1점이 출토되었다. 기반식 지석묘는 충북 제천 능강리유적으로 매장주체부는 석축석관이며, 삼각만입촉 2점, 이단석촉 2점 일단석촉 1점이 출토되었다. 나머지 유적들은 모두 개석식 지석묘로, 매장주체부는 대부분 석축석관이며, 일부 상형석관을 채용하였다. 영남지역에서 확인된 지석묘는 경남 합천 저포리유적(2기), 경남 진주 이곡리유적(4기), 경북 영일 인비동유적(1기) 등 3곳에 7기가 확인된다. 따라서 영남지역의 청동기시대 전기 분묘는 유적 및 분묘의 수가 현저히 적음을 알 수 있다. 하지만 이는 남한지역 전체 분포양상으로 볼 때는 다른 지역과 비슷하다 하겠다(도면 4, 도면 5 참조).

〈도면 4〉, 〈도면 5〉에서 보면 청동기시대 전기 분묘의 분포가 중부

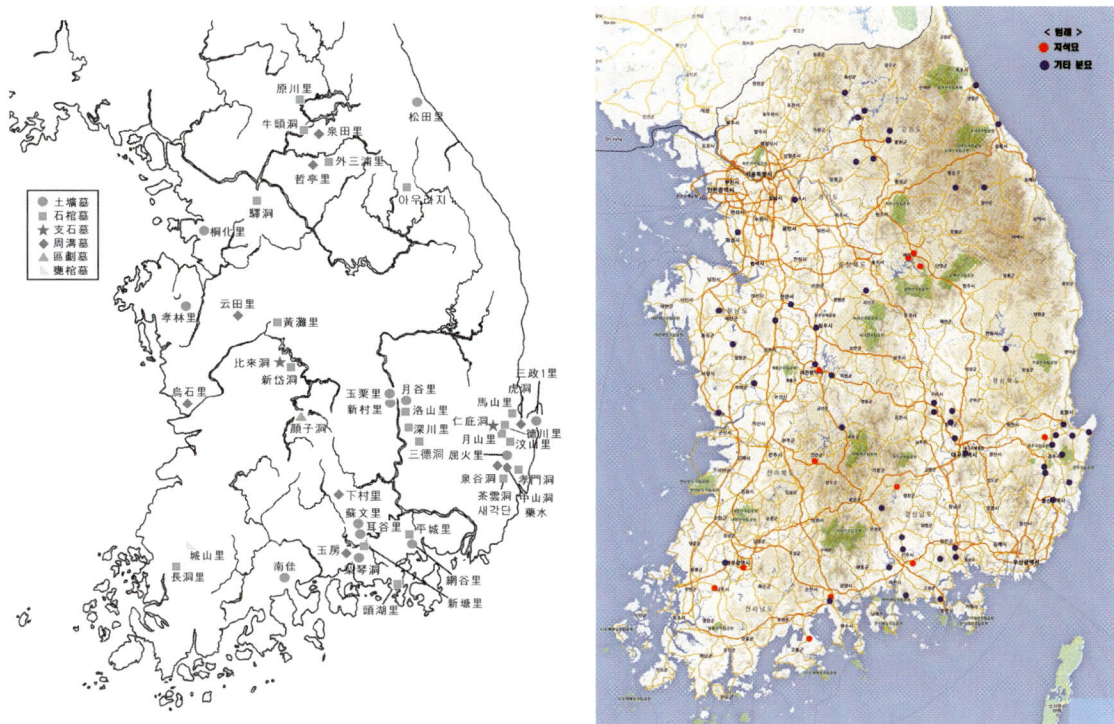

[도면 4] 청동기시대 전기 분묘의 분포도(배진성 2018에서 인용) [도면 5] 청동기시대 전기 분묘의 분포도

의 동해안지역과 남서쪽 남해안 지역 일부를 제외하면 대부분 지역에 분포하고 있음을 알 수 있다. 또한, 전기 지석묘의 분포도 고루 확인된다. 이러한 분포양상에 대해 배진성(2011)은 어느 특정 지역을 기점으로 확산하였다기보다는 남한 전역에서 거의 동시에 개시되었던 것으로 판단하였다. 이는 확인된 전기 분묘의 구조나 출토유물로 볼 때 세부적인 시기를 구분하기 어려운 부분이 있고 분포상에서도 흐름의 방향성이 보이지 않아 일부 동의하는 부분도 있다. 하지만 보다 세부적으로 생각해보면 청동기시대 분묘는 전 시대와 단절성이 강한 묘제로서 외부에서 유입되었을 가능성이 크다고 한다면 전기 분묘의 유입과 확산의 흐름은 존재할 것이다. 다만 현재의 자료만으로는 세부적으로 검토하는 것이 어렵다고 생각한다. 따라서 전기 분묘의 분포상 특징을 통해 대략 살펴보고자 한다.

전기 분묘의 분포상 특징은 남하 전역에 고루 분포하는 것도 특징이지만 세부적으로 보면, 남한의 중부지역과 호남지역은 유적 간의 분포가 넓지만, 남동지역인 영남지역은 유적 간의 분포가 상대적으로 좁고 약간의 군집형태를 보이는 것을 알 수 있다. 이는 영남지역의 전기 분포가 다른 지역과 출현 양상에서 차이가 있음을 보여주는 것으로 생각된다. 즉, 유적 간의 거리는 서로의 존재를 인식하는 데 중요한 문제로 거리가 멀다는 것은 서로의 존재를 인지하기 어렵다는 것이며, 상대적으로 가깝다는 것은 서로를 인지할 가능성이 크다고 볼 수 있다. 이런 관점에서 보면, 영남지역 전기 분포는 경남서부권(진주-사천권), 경북서부권(대구-구미권), 경북동부권(경주-포항권)의 3권역으로 구분되며, 이들 지역의 전기 분묘들은 상대적으로 밀접한 분포를 보여준다. 이는 영남지역은 3권역이 중심이 되어 전기 분묘들이 먼저 조성되고 주변으로 확산하였을 가능성이 있다고 생각된다. 이는 전기 취락의 분포와도 비슷한 양상으로 의미하는 바가 크다고 생각한다. 또한, 위치적으로도 남해안의 입구(진주-사천권), 중부내륙의 입구(대구-구미권), 동해안의 입구(경주-포항권)에 주로 분포하고 있어 흐름이 영남지역 내부에서 외부로 진행한 것이 아니라 외부에서 들어오는 양상임을 알 수 있다. 즉, 영남지역으로 들어오는 주요 길목에 주로 분포하는 것이다.

2. 전기 취락 분포로 본 지석묘의 기원과 출현

앞서 기술한 대로 분묘의 출현과 인간활동 영역이 밀접한 관련성이 있다고 할 때 검토할 수 있는 고고자료는 취락 및 표지적 유물이다. 따라서 영남지역의 지석묘 기원을 파악하기 위해 한반도 전역에 분포하는 전기 분묘와 더불어 전기 취락 및 표지적 유물의 분포양상을 검토하고자 한다.

전기 취락과 관련된 것은 주거지의 구조나 취락구조 같은 세부적

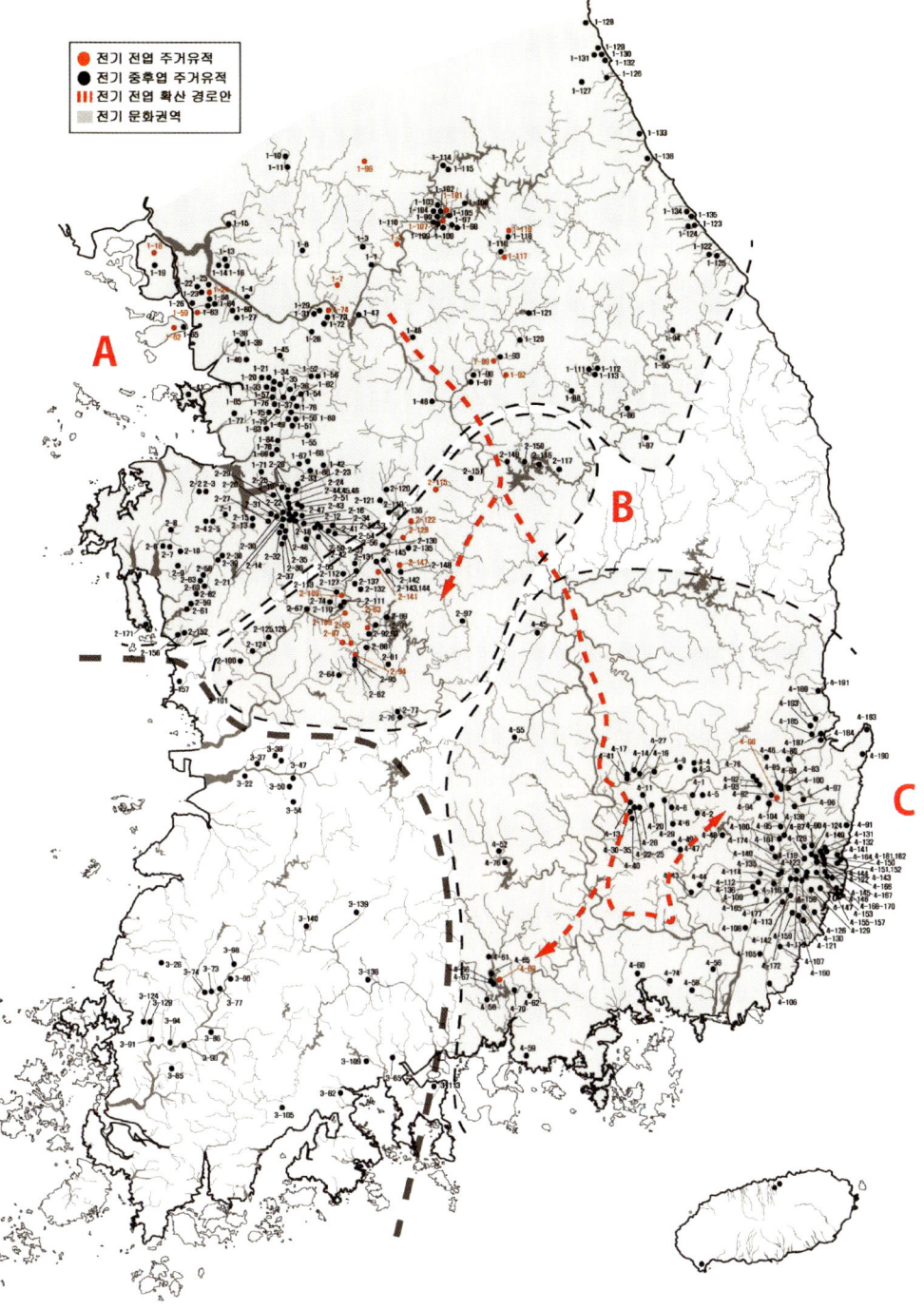

[도면 6] 남한의 전기 취락유적 분포도와 문화권의 흐름(박성희 2015에서 인용)

인 것은 생략하고 전체적 분포양상을 중심으로 살펴본다. 전기 취락과 관련된 연구는 주로 지역 단위의 연구나 유물이나 권역권을 중심으로 이루어졌는데, 최근에 남한 전역을 다른 연구성과들이 발표되어 이를 참고하여 살펴보고자 한다. 박성희(2015)는 청동기시대의 중심적 유물·유구 복합체를 5개의 유형으로 파악하고 이를 검토하여 세부적인 시기별로 정리하여, 문화권의 흐름을 파악하였다. 이 연구성과를 참고하여 남한의 전기 취락유적 분포도와 문화권의 흐름을 통해 전기 분묘 및 전기 지석묘를 살펴보고자 한다(도면 6 참조).

청동기시대 전기의 문화유형은 미사리유형, 가락동유형, 역삼동유형이 해당하며, 연대로는 기원전 14세기~기원전 9세기 정도이다. 세부적인 시기구분은 전기 전엽(기원전 14~13세기), 전기 중엽(기원전 12~11세기), 전기 후엽(기원전 10~19세기)의 3시기로 구분된다. 전기 전엽은 미사리유형이 대표적으로 영남지역에서도 2곳이 확인된다. 한 곳은 경남서부지역의 진주 옥방유적과 경북동부지역의 경주 충효동유적이다. 전기 전엽은 신석기시대 말기와 이어지는 시기로 유적 수는 적지만 영남지역에서 확인된 것에 의미가 있으며, 특히, 청동기시대에 중심적인 역할을 하는 지역인 남강유역과 경주지역에서 확인되어 의미하는 바가 크다. 또한, 영남지역에 청동기시대 분묘가 처음 유입되었을 가능성이 큰 지역으로 생각된다. 이는 기본적으로 취락환경이 다른 지역에 비해 좋고 향후 이어지는 시기에도 많은 취락들이 형성되는 곳이기 때문이다. 전기 중엽은 남한 전역에서 청동기시대 취락이 확인되며, 주로 가락동유형과 역삼동유형으로 영남지역은 67개소로 급증하게 된다. 두 유형 중 역삼동유형의 비율이 2배정도 높으며, 전기 전엽의 문화가 성장과 확산하는 양상을 보인다. 특히, 호서 차령산지 북부와 영남지역을 중심으로 확산된다. 미사리·가락동유형은 일부 확인되지만 상대적으로 소멸하는 단계이다. 전기 후엽은 역삼동유형이 성행하는 시기이다. 미사리유형은 점차 소멸하고 가락동유형은 호서 차령산지 남부지역 일부에만 분포하여, 역삼동유형과는 다른 지역권역을 형성한다. 호서 서해안과 호남지역은 전기 취락이 확인되기는 하지만, 아직 성장·성행하지 못한 공백지대와 같은 양상을 보인다. 영남지역도 역삼동유형이 108개소로 약 2배 증가하며 다른 유형들은 줄어들었다.

전체적으로 보면 취락은 전기 전엽에는 일부 지역에만 형성되다가 전기 중엽부터 급증하기 시작하여 주변으로 확산하는 것을 알 수 있다. 이러한 취락의 전개는 분묘의 출현과 확산에도 중요한 영향을 미쳤을 것으로 생각된다. 즉, 취락의 전개과정을 통해 분묘의 출현과 확산을 간접적으로 유추해 볼 수 있는 것이다. 〈도면 6〉에서 보면 영남지역은 전기 전엽에 동쪽과 서쪽의 일부 지역에 취락이 형성되며, 전기 중엽에 취락이 급증하는데, 취락의 분포양상을 보면, 전기 전엽의 취락지역과 인접한 지역에서 집중적으로 분포하는 것을 알 수 있다. 특히, 경북동쪽지역인 경주-포항지역을 중심으로 취락이 급증하는 것을 볼 수 있다. 전기 전엽의 확산경로를 추정한 박성희(2015)의 연구에 의하면, 중부내륙지역에서 남쪽으로 남하하는 경로를 추정하였다. 세부적으로 보면, 중부내륙지역에서 내륙중앙부를 통해 남하하다 일부는 호서지역으로 확산하고 일부는 계속 남하하여 영남지역에서 일부는 경남서부지역으로, 일부는 경북동부지역으로 확산한다고 보았다. 이러한 확산경로에 대해서는 대체로 동의하지만, 전기 전엽에 영남의 북부지역과 호남지역이 공백지대가 된 이유에 대해서는 의문이 든다. 또한, 전기 중엽과 후엽 시기에도 이들 지역은 일부를 제외하면 대부분이 공백지대로 남아 있어 청동기시대 전기의 인간 활동은 지역적 편중이 심하였다는 것을 알 수 있다.[5] 이러한 전기 취락 양상은 분묘의 분포양상에도 많은 영향을 준 것으로 생각된다. 앞서 살펴

---

5 청동기시대 전기에 취락과 무덤이 조성되지 않은 공백지대가 존재한다는 것은 중부권에서 남쪽으로 확산되는 과정에서 이들 지역을 그대로 지나쳤든지, 보다 좋은 조건의 취락환경을 찾기 위해 이동 과정 중 짧은 기간 취락이 형성되었기 때문일 수도 있다. 다만 중요한 것은 영남지역에 정착한 취락들은 시간이 지날수록 다른 곳에 비해 취락의 수가 급증한다는 것이다.

본 <도면 5>의 청동기시대 전기 분묘의 분포도와 비교하여 보아도 비슷한 분포 양상임을 알 수 있다. 이를 다시 도면으로 정리하면 <도면 7>과 같다. <도면 7>의 분묘분포와 취락분포 양상을 보면 박성희(2015)가 추정한 확산경로에 분묘들이 집중적으로 분포하고 있는 것을 알 수 있다. 또한, 지석묘의 분포와도 일치한다. 따라서 취락의 확산과 분묘의 확산은 비슷한 시기에 비슷한 경로를 통해 확산하였을 것으로 추정된다.

그렇다면 영남지역에 정착한 취락집단의 분묘가 영남지역 분묘의 기원이 될 수 있을 것이다. 앞서 연구성과를 보면, 전기의 문화유형은 미사리유형, 가락동유형, 역삼동유형이 해당되며, 이중 가장 이른 시기의 유형은 미사리유형으로 2곳이 확인된 바 있다. 하지만 취락의 분포에서도 알 수 있듯이 분묘를 축조하였다고 하더라도 미미했을 가능성이 크며, 더더욱 지석묘의 축조도 이루어지기 힘들었을 것으로 보인다. 따라서 전기 중엽 이후에 취락이 본격적으로 만들어지기 시작하는 단계에 무덤 또한 본격적으로 축조된다고 보는 것이 타당할 것이다. 지석묘의 출현 역시 이러한 맥락과 같다고 할 수 있다. 하지만 지석묘의 경우 한 가지 의문점이 생긴다. 영남지역에서 확인되는 전기 지석묘뿐만 아니라 중기 지석묘도 대부분 개석식 지석묘이거나 기반식 지석묘로 한반도 북쪽에 주로 위치한 탁자식 지석묘와는 외형적 형태나 구조에 많은 차이가 있다. 앞선 검토에서 전기 취락의 확산은 북쪽에 위치한 전기취락이 남쪽으로 확산하는 과정을 설명한 것인데, 그렇다면, 북쪽에 위치한 탁자식 지석묘의 양식이 남쪽으로 취락과 함께 내려왔다면 영남지역에도 탁자식 지석묘가 분포하여야 하는데, 실제 그렇지 않기 때문이다. 이 부분에 대해선 설명이 필요한데, 현재로서는 마땅한 대안이 없는 것도 사실이다. 다만 추정해 본다면 확산되는 과정에서 탁자식 지석묘를 비롯한 다양한 분묘들이 축조되었을 것인데, 그러한 모티브만을 가지고 간소하게 만든 것이 기반식이나 개석식 지석묘일 가능성도 있다. 여기서 중요한 것은 분묘의 형태 보다는 지석묘라는 모티브를 이해하고 이를 분묘 축조에 적용하려

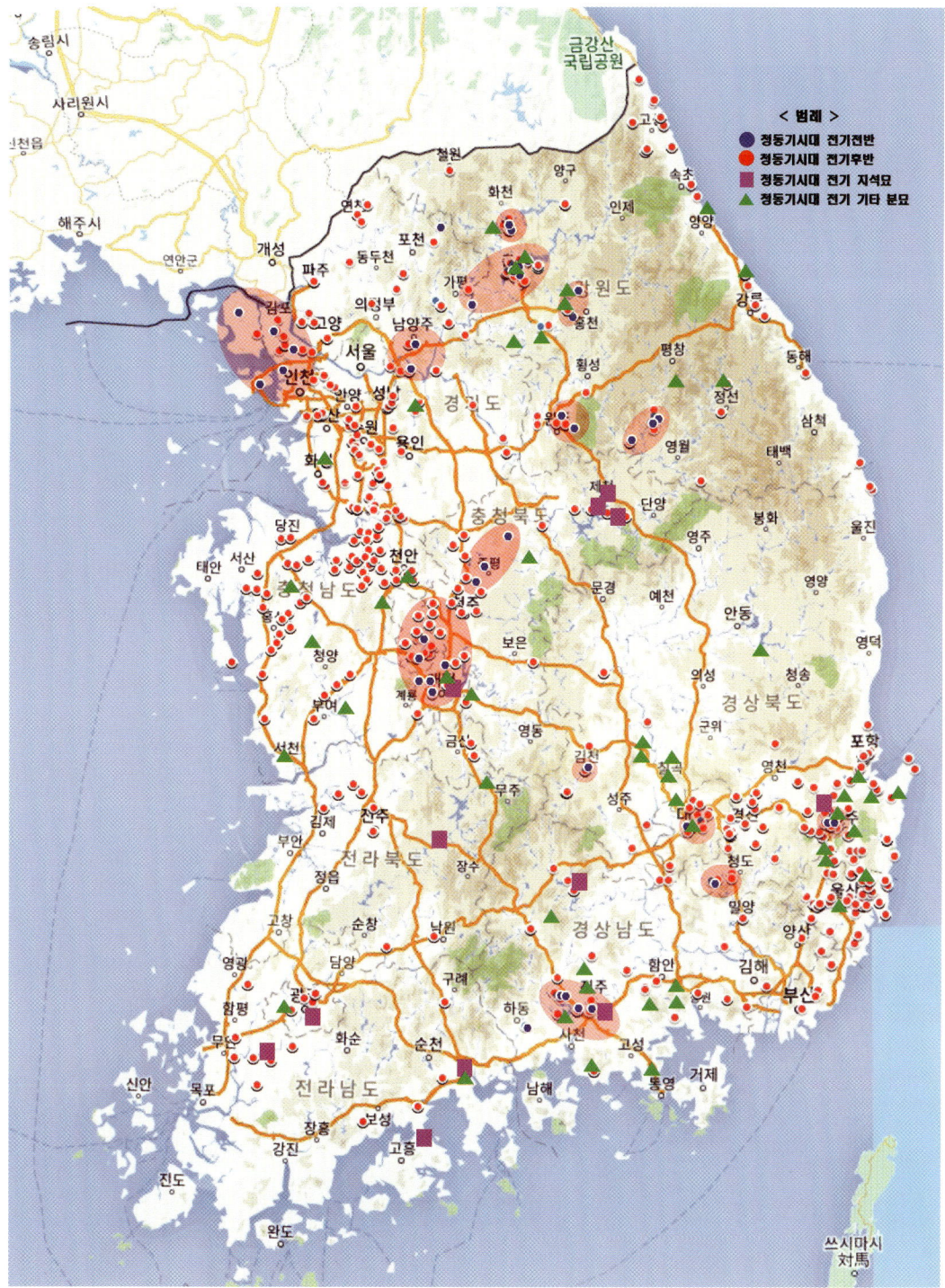

[도면 7] 남한 청동기시대 전기 취락유적 및 분묘 분포도

고 했을 가능성이 높다. 즉, 지석묘는 다른 분묘와 달리 무덤의 기능 이외에 다양한 의례적 기능을 수행할 수 있기 때문이다. 아직 구체적인 논의는 할 수 없지만 개인적으로는 지석묘의 가장 중요한 모티브가 '거석'이기 때문에 '거석문화'와 연결된 분묘형태를 만들었을 가능성이 크다고 생각된다. '거석문화'는 '거석숭배(巨石崇拜)' 사상이 배경에 깔려 있다. '돌(石)'은 단단하며(堅固性) 영원히 변하지 않는 성질(永遠性)의 의미가 있다. 또한, 돌에 초자연적인 힘이 있다고 믿는 주술적 성격과 영혼이나 신령 등이 깃들어 있다는 '애니미즘(animism)' 사상도 지석묘의 중요한 사상적 배경이다. 즉, 청동기시대인들은 돌을 이용한 분묘를 축조함으로서 그들의 정신세계와 내세관을 표현한 것으로 보인다. 이러한 분묘에 대한 관념들이 취락의 발전과 맞물려 상호 발전했을 것으로 생각된다.

영남지역내에서 전기 분묘와 전기 취락의 분포를 보면 지역적으로 경남서부와 경북동부에 편중되어 있으며, 양지역 사이인 남해안의 남동

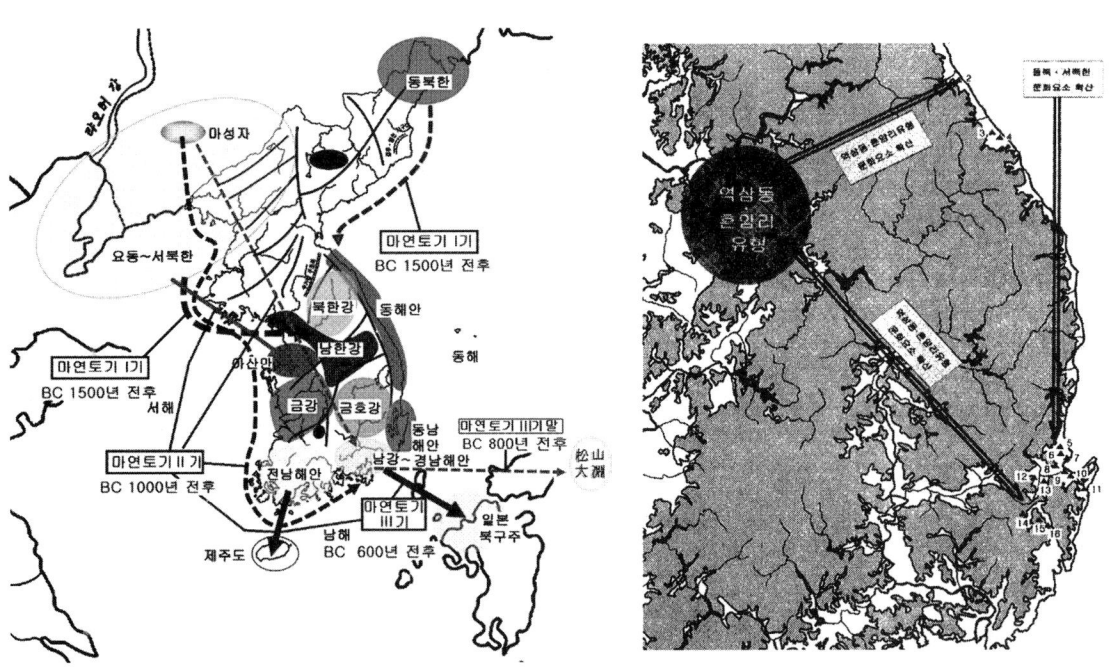

[도면 8] 한반도 마연토기의 유입과 확산 모식도(송영진 2016에서 인용)   [도면 9] 전기후반 동남해안으로의 취락확산(박영구 2015에서 인용)

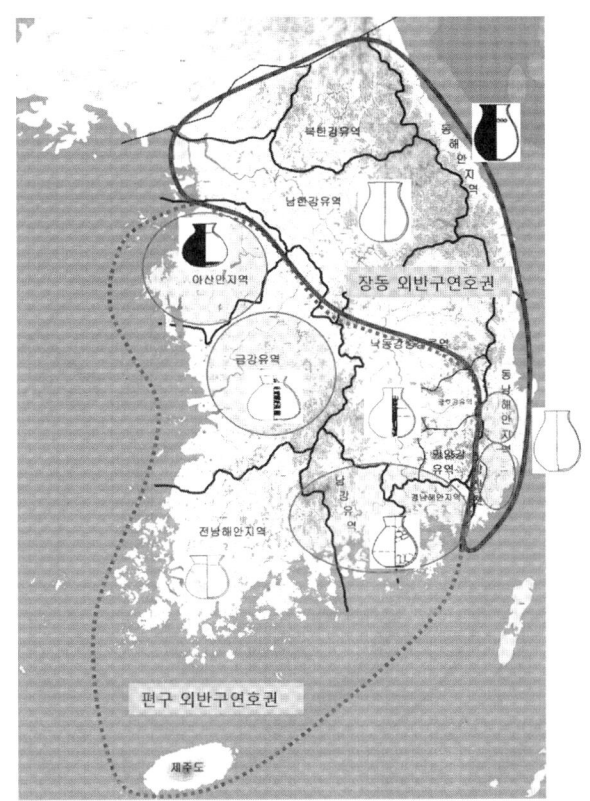
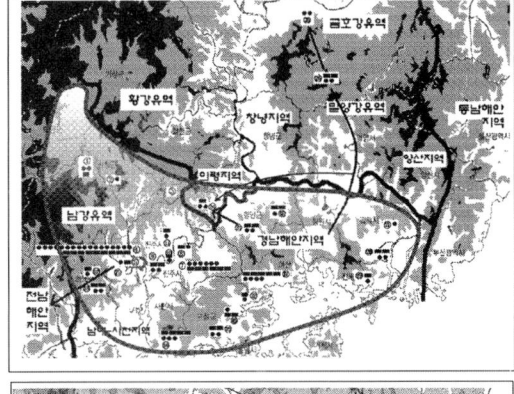

[도면 10] 마연토기 Ⅱ기의 지역색(송영진 2016에서 인용)　　[도면 11] 상:Ⅱ기 채문토기 분포권(송영진 2015), 하: 전기 돌류문토기 분포권(김병섭 2010)

쪽 끝부분인 창원-김해-부산지역과 경북북부지역이 거의 공백지대로 존재한다. 이러한 지역적 편중은 취락의 환산과정에서도 나타나는 현상이며, 이는 분묘의 출현과 확산에도 비슷한 영향을 미쳤을 것으로 보인다. 이들 공백지대의 형성은 양 지역이 발전하는 과정에서도 빨리 메워지지 않고 서서히 변화하다, 청동기시대 중기가 되면 공배지대는 거의 없어진다. 이러한 양상은 최초 양 지역에 취락이 독립적으로 정착하고 발전과 확산하는 과정에서 인접한 주변지역에만 교류하면서 성장하였기 때문으로 생각된다. 이러한 결과는 마연토기, 채문토기, 돌류문토기 등의 분포 및 확산양상과 동해안지역의 취락확산 등을 연구한 박영구(2015), 송영진(2015, 2016), 김병섭(2010) 등의 연구성과를 통해 양 지역의 문화양상이 전기부터 달랐다는 것을 확인할 수 있다. 따라서 양 지역은 현재는 영남지역으로 함께 묶여 있지만, 청동기시대 전기 취락이 정착되는 단계부터 문화양상이 달랐기 때문에 독자적으로 발전한 것으로 보인다. 따라서 청동기시대 분묘나 지석묘의 기원과 출현시기는 비슷할 수 있겠지만, 발전과정에 많은 차이가 난다고 생각된다. 또, 한 가지는 양 지역과 원거리로 교류하는 네트워크망도 경남서부지역은 서남해안과 내륙교통망을 중심으로 한 호남권역과 남부내륙지역이며, 경북동부지역은 동해안과 내륙교통망을 중심으로 한 동해안과 중부내륙지역이다. 따라서 양 지역이 지리적 위치나 문화권역에서도 차이가 있으며, 각각 독자적인 발전을 한 것으로 생각할 수 있다.

V. 맺음말

지석묘의 기원과 출현과 관련해서 지금까지의 연구성과를 보면 뚜렷한 기원지나 출현배경을 정확히 설명할 수 있는 연구성과는 없다고 볼 수 있다. 이는 앞서 설명하였지만, 기본적으로 청동기시대 전기의 고고자료 부족한 것이 가장 큰 걸림돌이다. 한국의 지석묘는 세계적으로도 널리 알려져 있으며, 많은 연구도 진행되었지만, 그 뿌리를 찾는 연구는 소홀한 감이 있다. 본 고에서도 이러한 문제점을 인식하고 다양한 관점에서 접근하였지만 부족한 내용과 설명되지 못한 부분이 많다. 다만, 영남지역에 분포하는 초기 지석묘에 대해 전체적으로 살펴볼 좋은 기회가 되었고, 지석묘뿐만 아니라 청동기시대 분묘의 기원에 대해서도 여러 가지 문제점과 향후 과제를 파악할 수 있어서 많은 도움이 되었다.

청동기시대 분묘는 현재까지 60여 개 정도가 확인되지만 편년관에 따라 차이가 크며, 세부적으로도 정형화된 특징을 파악하기 어려운 부분이 있다. 특히, 지석묘도 수량이 작고 확인된 지석묘들의 구조가 다양하여 정형화된 특징이나 성격을 도출하기가 쉽지 않다. 다만, 기존의 지석묘 연구를 바탕으로 세부적인 특징을 통해 기원을 다양한 관점에서 찾을 수 있는 최소한의 자료는 있다고 생각한다. 지금까지는 기원지를 주로 중국에서 찾고 있지만, 거석문화의 관점에서 보면 보다 폭넓은 관점이 필요할 것으로 생각한다. 배진성(2011)의 연구처럼 직접적인 연결은 쉽지 않지만, 분묘축조의 습속이나 모티브를 받아들여 분묘축조에 사용했다면 연구에 따라 의미 있는 결과도 나올 것으로 생각한다.

영남지역 지석묘의 기원은 현재로서는 정확히 파악되지 않지만, 같은 시기의 취락의 분포와 확산을 검토한 결과 한반도 북부지역에서 취락의 확산 과정에서 함께 유입된 것으로 볼 수 있다. 또한, 영남지역에서는 경남서부와 경북동부라는 2개의 지역에 각각 유입된 것으로 보이며, 분묘의 발달도 양 지역이 상호교류가 없어서 각각 발전하였을 것을 파악하였다. 향후 자료증가와 더불어 보다 의미 있는 연구성과가 나오길 기대한다.

참고문헌

金秉模, 1981, 「韓國巨石文化源流에관한硏究(1)」, 『韓國考古學報』10·11, 韓國考古學會.
김병섭, 2010, 「영남 중서부지역 전기 무문토기의 양상」, 『전기 무문토기의 지역양식 설정』, 한국청동기학회 토기분과 워크숍 발표요지.
김원룡, 1974, 『한국의 고분』교양국사총서2, 세종대왕기념사업회.
김원룡, 1986, 『韓國考古學 槪說』第三版, 一志社.
김정희, 1988, 「東北아시아 支石墓의 硏究」, 『崇實史學』第5輯, 崇實大學校 史學會.
도유호, 1959, 「조선 거석문화 연구」, 『문화유산』2.
도유호, 1960, 『조선 원시고고학』, 과학원출판사
박성희, 2015, 「남한 청동기시대 주거 연구」, 고려대학교대학원 박사학위논문.
朴洋震, 2006, 「韓國 支石墓社會 "族長社會論"의 批判的 檢討」, 『湖西考古學』14, 湖西

考古學會.
박영구, 2015, 『東海岸地域 靑銅器時代 堅落 硏究』, 영남대학교대학원 박사학위논문.
裵眞晟, 2011, 「墳墓 築造社會의 開始」, 『韓國考古學報』80. 韓國考古學會.
裵眞晟, 2012, 「청천강 이남지역 분묘의 출현에 대하여」, 『嶺南考古學』60, 嶺南考古學會.
裵眞晟, 2018, 「靑銅器時代 前期墳墓에 대한 補論」, 『湖南考古學』40. 湖南考古學會.
송영진, 2015, 「경남 해안지역 마연토기의 전개」, 『中央考古硏究』16, 中央文化財硏究院.
송영진, 2016, 「韓半島 靑銅器時代 磨硏土器 硏究」, 경상대학교대학원 박사학위논문.
안승모, 2005, 「韓國 南部地方 新石器時代 農耕硏究의 現狀과 課題」, 『韓·日新石器의 農耕問題』第6回新石器時代 共同學術大會發表資料集, 韓國新石器硏究會·九州繩文硏究會.
안승모, 2014, 「작물」, 『청동기시대의 고고학1-인간과 환경-』, 한국고고환경연구소 학술총서 12, 서경문화사.
안재호, 2000, 「韓國 農耕社會의 成立」, 『韓國考古學報』43, 韓國考古學會.
안재호, 2012, 「墓域式支石墓의 出現과 社會相」, 『湖西考古學』26, 湖西考古學會.
李榮文, 2011, 「韓國 靑銅器時代 前期 墓制의 樣相」, 『문화사학』35, 한국문화사학회.
임학종, 2008, 「신석기시대의 무덤」, 『한국신석기연구』제15호, 한국신석기학회.
유태용, 2010, 「한국 신석기시대 무덤의 검토」, 『백산학보』제88호, 백산학회.
윤호필, 2013, 「축조와 의례로 본 지석묘사회연구」, 목포대학교대학원박사학위논문.
梅原末治, 1946, 『朝鮮古代の墓制』.
三上次男, 1961, 『滿鮮原始墳墓の硏究』, 吉川弘文館.
田村晃一, 1990, 「東北アジアの支石墓」, 『アジアの巨石文化』, 六興出版.
八幡一郞, 1952, 「北九州ドルメン見聞記」, 『考古學雜誌』38-4.
平郡達哉, 2012, 「무덤자료로 본 남한지역 청동기시대 사회 연구」, 부산대학교대학원 박사학위논문.

「영남지역 지석묘의 기원과 출현」에 대한 토론문

김병섭 극동문화재연구원

　　청동기시대 전기 분묘 유적의 수는 지금까지 조사된 청동기시대 전체 분묘 수에 비하면 극히 미비한 상황입니다. 그 속에서 지석묘를 포함한 청동기시대 전기 분묘의 연구성과와 전환기 양상에 대한 정리를 일목요연하게 해주셨습니다. 그리고 지석묘를 포함한 전기 분묘는 영남지역에서 진주-사천, 대구-구미, 경주-포항 등 3권역으로 유적의 분포가 구분된다고 하셨습니다. 이러한 분포권의 구분은 전기 취락의 분포권에서도 확인되는데, 영남지역의 전기 취락의 분포에서 경남서부지역과 경북동부지역에 편중되어 있으며, 경남서부지역은 서남해안과 내륙교통망을 통해 호남권역과 남부내륙지역, 경북동부지역은 동해안과 내륙교통망을 통해 중부내륙지역과 동해안지역과의 교류했을 것으로 보았습니다. 영남지역 내에서 양 지역은 전기부터 문화양상이 달라 독자적으로 발전하였기 때문에 지석묘를 비롯한 분묘도 기원과 출현시기는 비슷해도 발전과정에서 차이가 있을 것으로 보았습니다.

　　청동기시대 전기 분묘에 대해서는 이미 배진성(2011·2012), 이영문(2011), 히라고리(2012), 송영진·하용인(2014) 선생님들의 연구를 통해 그 성과와 한계가 제시되었고, 그 이후 한층 더 나갈 수 있는 새로운 자료가 확인되지 않았기 때문에 발표자의 견해에 상당부분 공감합니다. 발표주제의 지역을 벗어난 부분도 있지만 두 가지 정도만 간략히 질문을 드리고자 합니다.

　　먼저 발표자께서는 지석묘를 비롯한 전기 분묘가 동시에 등장한 것으로 보고 있는 듯합니다. 전기 지석묘의 경우 편년관에 따라 차이가 있습니다. 영남지역에서는 합천 저포리유적과 진주 이곡리유적의 지석묘를 전기에 두는 연구와 그렇지 않은 연구가 있습니다. 전국의 사례에서도 마찬가지인데, 보다 신중한 배진성(2011)의 편년관에 따르면 전기의 지석묘 사례는 극히 드물게 됩니다. 그렇다면 축조와 구조가 보다 용이한 토광묘나 석관묘의 모티브가 지석묘보다 먼저 전해졌을 가능성은 없을까요?

두 번째는 전기 분묘의 연구성과를 보면 부장유물에서 검, 촉, 호의 부장양상의 공통성이 보인다고 합니다. 그런데 중북부지역과 달리 남부지역에서도 영남지역을 중심으로 특히 호의 부장양상이 두드러지고, 진주-사천지역을 중심으로 채문호의 부장이 집중(송영진 2015)되는 현상이 나타납니다. 채문호를 중심으로 경견간횡침선문 평저장경호, 내경구연단의 이중구연완, 토광묘를 기본으로 하는 전기무덤을 마성자문화와의 유입(송영진·하용인 2014)으로도 보고 있습니다. 부장유물에 있어 호의 부장 유무에 따른 분포권설정이 가능할 것 같으며, 부장유물의 차이를 분묘 기원과 출현, 분묘축조 집단의 문화 차이까지 연결시키는 것도 가능하지 않을까 생각됩니다.

참고문헌

배진성, 2011, 「분묘 축조사회의 개시」, 『한국고고학보』80, 한국고고학회.
배진성, 2012, 「청천강 이남지역 분묘의 출현에 대하여」, 『영남고고학』60, 영남고고학회.
송영진, 2015, 「경남 해안지역 마연토기의 전개」, 『중앙고고연구』 16, 중앙문화재연구원.
송영진·하용인, 2014, 「청동기시대 전기 마성자문화요소의 한반도 유입 일 양상」, 『한국고고학보』 92, 한국고고학회.
平郡達哉, 2012, 「무덤자료로 본 남한지역 청동기시대 사회 연구」, 부산대학교대학원 박사학위논문.

2

영남지역 지석묘 문화의
변화와 사회상

이수홍 울산문화재연구원 연구실장

※ 이 글은 2020년 8월 국립김해박물관에서 개최한 가야학술제전 "가야 선주민의 무덤-영남의 지석묘 사회"에서 동일한 제목으로 발표한 원고를 수정, 보완한 것으로, 『한국상고사학보』 第110 號에 게재하였음을 밝혀둔다.

I. 머리말
II. 청동기시대 전기: 무덤 문화의 시작
   1. 무덤의 출현시점과 양상
   2. 무덤 출현과 전개의 의미
III. 청동기시대 후기: 지석묘 문화의 전성기
   1. 무덤문화의 지역성
   2. 후기 사회의 성격
IV. 초기철기시대: 목관묘의 등장과 지석묘문화의 종말
   1. 초기철기시대 무덤의 양상
   2. 불평등사회의 지배자 등장
V. 취락과 무덤으로 본 우두머리의 변화 -통시적 검토-
   1. 우두머리의 성격과 명칭
   2. 취락·무덤·우두머리의 변화
VI. 맺음말

I. 머리말

고고학에서 시대 혹은 시기를 구분하는 것은 연속적인 문화를 절단하기 위한 것이 아니라 커다란 변화를 구분함으로써 각 분기별 문화적인 특징을 잘 이해하기 위한 것이다(최성락 2004). 특정한 고고학적 유물이나 유구의 변화가 획기의 기준이 되겠지만 실제 중요한 것은 어떠한 사회적 현상이 고고학적인 유물 혹은 유구를 그렇게 변화하게 했는가 하는 점이다(이수홍 2015).

지석묘[1] 역시 한반도에 출현한 이후 전성기를 지나 점차 쇠퇴하다가 결국 역사 속으로 사라졌는데 출현 → 증가 → 극성 → 쇠퇴 → 소멸의 과정마다에는 사회 변화가 원인으로 작용하였을 것이다. 사실 무궁무진한 고고자료 중 무덤은 일부에 불과하지만 장례습속이 선사시대에 가지는 의미는 결코 작지 않았을 것이다. 본고에서는 어떤 사회적인 동인이 지석묘 문화의 양상을 변화시켰는지 취락의 변화와 연동하여 검토해 보고자 한다.

사회 변화에 대해서는 많은 연구가 진행되었는데 청동기시대와 초기철기시대에 걸쳐서는 우두머리의 성격에 대한 연구가 대표적이다. 청동기시대 우두머리의 위상에 대해서는 여러 견해가 있지만 크게 두 가지로 압축된다. 하나는 지석묘가 계급사회의 산유물이기 때문에 청동기시대를 불평등사회로 보는데, 지석묘에 안치된 사람은 불평등사회의 지배자라는 견해이다(崔夢龍 1981 등). 또 하나는 초기철기시대가 되어야 불평등사회가 시작되고, 그렇기 때문에 청동기시대는 아직 혈연에 기반한 평등사회라는 견해이다(朴洋震 2006 등). 필자는 위 두 견해 중 후자의 입장

---

[1] 청동기시대에는 지석묘 이외에도 다양한 무덤이 존재하였지만 지석묘는 이미 청동기시대를 상징하는 명칭이 되었다. 따라서 제목은 지석묘 문화라고 하였지만 다른 무덤도 함께 검토하였다.

이며 청동기시대 사회를 불평등사회로 나아가는 계층화의 과정으로 생각한다. 각 시기별로 무덤의 변화와 우두머리의 성격이 어떻게 변화하였는가에 대해서 살펴보겠다.[2]

　　무덤을 통해 청동기시대 사회상의 통시적인 변화에 대한 연구는 김승옥의 연구(2006)가 대표적이다. 김승옥의 연구에 의하면 청동기시대 전기(I기)에 통합과 차별화가 태동되었다. 후기 전반(II기)에 유력 세대공동체가 등장하였고, 후기 후반(III기)에 유력 세대공동체가 성장하고 지역적 차별화가 심해졌다. 초기철기시대(IV기)에는 지역 지배자와 족장사회가 등장하였다고 한다. 그는 한반도 남부지역 전체를 대상으로 검토하였는데, 전반적인 흐름은 영남지역도 동일하다고 할 수 있다. 최근 자료가 증가하였고, 또 편년에서 필자와 약간의 차이[3]가 있기 때문에 영남지역만을 중심으로 집중적으로 검토해 보고자 한다.

　　지석묘는 청동기시대를 대표하는 무덤이지만 매장주체부만으로는 석관묘와 구별할 수 없고, 또 이 시대에는 지석묘 외에 다양한 무덤이 존재하였기 때문에 지석묘에 한정하지 않고 무덤문화라는 입장에서 접근하겠다. II장에서 IV장까지는 각각 청동기시대 전기, 후기, 초기철기시대의 양상에 대해서 살펴 볼 것이다. V장에서는 IV장까지의 논지를 바탕으로 피장자인 우두머리의 성격 등에 대해 취락과의 관계 속에서 검토해 보겠다.

---

[2] 본고의 청동기시대 시기구분은 조기-전기-후기로 분기한 안재호의 안(2006)을 따른다. 조기는 미사리유형, 전기는 가락동유형과 역삼동·흔암리유형, 후기는 송국리유형, 검단리유형, 천전리유형 등을 말한다. 지석묘가 초기철기시대에도 계속 축조된다는 견해는 이제 일반적인 견해가 되었고, 지석묘의 종말에는 목관묘의 확산이 직접적인 영향을 끼쳤기 때문에 목관묘가 등장하고 확산된 초기철기시대까지 가시권에 두고 검토해야 한다.

[3] 김승옥은 진동유적이나 이금동유적 등 경남 일대 대형 지석묘를 초기철기시대로 파악하고 있다. 필자는 진동유적이나 이금동유적 초기철기시대 관련 유물이 출토되지 않았기 때문에 청동기시대에 축조된 것으로 판단한다.

II. 청동기시대 전기: 무덤 문화의 시작

이 시대는 무덤문화가 시작되었다는데 가장 큰 의미가 있다. 무덤 축조 시기 및 전기 무덤의 양상과 함께 무덤이 출현하게 된 원인에 대해서 살펴보겠다. 청동기시대 무덤 등장 시점을 전기 후반으로 확정할 필요는 없다고 생각하지만, 출토유물이나 무덤의 구조를 통해 정확하게 시기를 특정할 수 없기 때문에 본 장에서는 전기를 전반과 후반으로 구분하지 않고 검토하겠다.

1. 무덤의 출현시점과 양상

정확하게 언제부터 무덤이 축조되었는지에 대해서는 알 수 없지만 청동기시대 전기 후반에 시작되었다는 견해가 우세한 것 같다. 비파형동검, 마제석검, 횡대구획문토기와 함께 중국 동북지역에서 호서지역으로 전파되어 전기후반 사회 변화의 원인이라고 한다(裵眞晟 2008, 2011).

전기무덤이라고 시기를 특정하는 유물은 이단병식석검, 무경식석촉, 채문토기이며 분포 양상은 1~3기씩 산발적으로 확인되는 점이다(김승옥 2006, 金賢 2006, 裵眞晟 2011). 하지만 채문토기는 최근의 연구에 의하면 후기 전반까지 출토된다(平郡達哉 2012). 이단병식석검, 무경식석촉 또한 전기문화의 전통이 강하게 이어지는 송국리문화 비분포권에서는 후기에도 계속 제작되었을 것이다. 즉 채문토기나 이단병식석검, 무경식석촉이 출토되었다고 무조건적으로 전기로 판단하는 것에는 신중할 필요가 있다. 마찬가지로 전기 후반에 무덤이 출현한다는 견해에도 재고의 여지가 있다. 무덤의 구조 혹은 출토유물의 검토를 통한 결론이 아니라 당시 사회적 정황에 의한 판단이기 때문이다. 청동기시대 전기부터 무덤의 매장주체부는 다양한데, 땅을 굴착하고 별다른 시설 없이 바로 시신을 매납하는 토광묘도 그 중 하나이다. 이러한 시신 매납방법은 통영 연대도 패총(韓永熙·任鶴鐘 1993)의 토광묘에서 볼 때 신석기시대부터 이어져 내려온 전통일 가능성이 있다(金賢 2006). 따라서 청동기시대 무덤 출현 시점을 전기 후반으로 고정할 필요는 없을 것 같다.

현재까지 영남지역에서 조사된 전기 무덤은 30여 곳에 이른다. 대부분 1~3기씩 독립되어 분포한다. 유적이 적고 유구의 숫자가 적음에도 불구하고, 매장주체부의 구조는 토광, 할석석관, 판석석관, 석개토광 등 다양하며 지석묘와 주구묘도 확인된다. 무덤 출현기부터 다양한 구조가 동시에 존재하고 있어 매장주체부의 구조 차이가 시간성을 반영하지 않는 것을 알 수 있다.

지석묘 중 전기에 속하는 것은 포항 인비동지석묘(이건무·최종규 外 1985)와 합천 저포리 'E'지구(鄭澄元 外 1987)와 진주 이곡리유적(배덕환·이해수 外의 2007) 묘역식지석묘이다.[4] 포항 인비동지석묘는 정식으로 발굴조사가 이루어지지 않았지만 상석에 전기의 표지적인 유물인 무경식석촉이 이단병식석검과 함께 새겨져 있다. 이단병식석검에는 구멍이 새겨진 것이 표현되었는데,[5] 이단병식의 병부에 원형장식이 새겨진 장식석검을 나타낸 것으로 보인다. 장식석검의 분포는 암각화의 분포범위와 일치한다는 견해(黃昌漢 2008)가 있어 흥미롭다. 진주 이곡리유적 30호와 합천 저포 'E'지구 5호 묘역식지석묘는 묘역의 평면형태가 방형 혹은 장방형이며 매장주체부의 구조는 할석형석관인데 위치가 지상이거나 반지하

---

[4] 합천 저포리 'E'지구와 진주 이곡리유적의 묘역식지석묘 군집양상은 후기 무덤의 특징이다. 이곡리유적 30호무덤에서 이단병식석검이, 합천 저포 'E'지구 8호에서는 이단병식석검과 무경식석촉이 출토되었기 때문에 전기로 편년하였다. 이곡리유적 30호 출토 이단병식석검의 경우 병부의 마디부분이 전형적인 형태에서 벗어났기 때문에 전기라고 단정하기에 어려운 부분도 있다. 전기에 축조된 무덤이 아니라 하더라도 후기에서 가장 이른 시기의 무덤은 확실하다. 즉 묘역식지석묘 중 시기가 이르다는 점은 분명하다.

[5] 그림 1-1의 실측도에는 구멍이 아니라, 병부의 마디로 표현되었다.

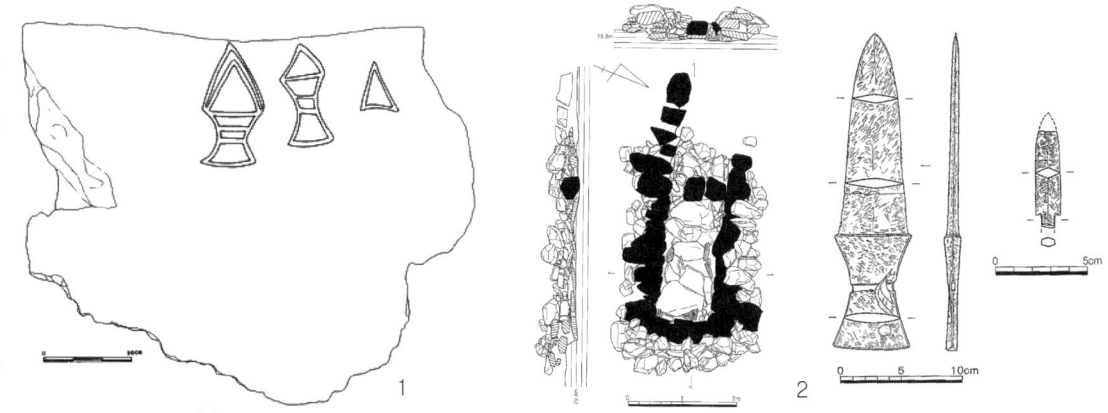

[그림 1] 전기의 지석묘(1: 포항 인비동 지석묘 상석 암각화, 2: 진주 이곡리유적 30호묘와 출토유물)

이다. 호남지역의 이른 시기 묘역식지석묘인 진안 여의곡유적(김승옥·이종철 2001) 3호, 안자동유적(신대곤·김규동 2001) 1호 지석묘 등에서도 동일한 양상인 것을 볼 때 묘역식지석묘의 매장주체부는 지상 혹은 반지하에서 점차 지하화한 것을 알 수 있다. 단, 묘역식지석묘에 한정되는 경향일 뿐 이러한 변화를 모든 무덤에 적용시킬 수는 없다.

2. 무덤 출현과 전개의 의미

전기에는 무엇보다 무덤이 출현하는 것이 특징이다. 물론 호모사피엔스가 등장한 이후 죽음에는 남겨진 자의 어떤 행위가 반드시 동반되었을 것이다. 그것이 단순히 시신을 처리하는 과정일 수도 있고, 죽은 자를 기리는 의식이었을 수도 있다. 실제 유럽에서는 네안데르탈인의 장송의례 흔적이 발견될 뿐만 아니라 후기 구석기시대가 되면 명확하게 땅을 굴착해 시신을 매장하고 장신구를 부장한 무덤이 조사되기도 하였다(마이크 파크 피어슨(이희준 역) 2009). 영남지역만 하더라도 통영 연대도 패총의 토광묘, 부산 가덕도 장항유적(정의도·김상현 외 2014)의 집단무덤, 울진 후포리유적(이난영 외 1991)의 집단무덤, 진주 상촌리유적(沈奉謹·李東注 外 2001)의 토기를 이용한 가옥묘 등 신석기시대에 해당되는 다양한 무덤이 조사된 사례가 있다. 그럼에도 청동기시대에 무덤이 출현한다는 표현에는 단순히 시신을 처리하기 위한 시설이나 구조물이 아니라 '기념물'로서의 무덤이 축조되기 시작하였다는 의미가 내포되어 있다. 무덤 축조 세대뿐만 아니라 후손들까지 무덤과 그곳에 묻힌 피장자의 존재를 기억하는 데서 공동체 공동의 신화가 등장하기 시작하였을 것이다. 허구가 가미된 피장자에 대한 신화[6]는 다른 공동체와 구분됨으로써 집단을 단결시키는 계기가 되었고, 그에 따라 우두머리의 정당성이 확보되었을 것이다.

지석묘의 기원에 대해서는 다양한 견해가 있다. 자생설(김원룡 1974 등), 남방기원설(김병모 1981), 석관묘에서 파생되었다는 설(이영문 1993 등)이 대표적이다.[7] 김원룡의 자생설 역시 시베리아 전래의 석상분이 우리나라 서북부에서 고인돌로 확대되었다는 견해이기 때문에 남부지역의 입장에서 볼 때는 북쪽에서 전파되었다는 견해와 동일하다. 돌을 무덤에 이용한 것은 선사시대 전 세계적인 현상이기 때문에 한반도 지석묘의 기원지를 반드시 외부에서 찾을 필요는 없을 것 같다. 시기를 정확하게 알수 있는 유물이 빈약하지만, 외부에서 기원지를 찾기에는 호남지역의 밀집도가 너무 높다. 토광은 신석기시대 이래의 토착 묘제이다(金賢 2006). 시신 위에 돌을 쌓는 행위는 전세계적으로 나타나는 현상인데, 그렇다면 상석을 매장주체부 위에 얹는 행위도 재지의 요소라고 할 수 있다. 단, 돌을 조립하거나 쌓아서 축조하는 석관묘와 같은 매장주체부의 구조는 중국 동북지역에서 확인되고 있기 때문에 재지에서 발생한 거석문화에 중국

....

6 동물도 간단한 정보 전달을 하지만 인간의 소통이 동물과 다른 점은 허구를 말할 수 있는 능력이다. 허구 덕분에 집단적인 상상이 이루어지고 신화가 탄생하게 되어 공동체가 협력하는 능력을 가질 수 있었다고 한다(유발 하라리(조현욱 역) 2015).

7 무덤의 기원에 대한 견해 및 연구경향의 변화 등에 대해서는 이영문(1993), 배진성(2012)의 논문에, 지석묘의 연대에 관한 최근의 연구경향에 대해서는 윤호필(2013)의 논문에 잘 정리되어 있다.

동북지역에서 전래된 매장주체부가 결합되어 일반 묘제로 정형화되었다고 할 수 있다.

청동기시대 전기에 '기념물'로서의 무덤축조 문화가 시작된 것은 여러 가지 사회적 동인이 있었겠지만 그 중에서도 안정된 '정착생활'이 시작되었다는 데에 제일 큰 의미를 두고 싶다. 정착생활의 시작에는 농경이 생계에서 차지하는 비율이 점차 높아진 것이 직접적인 배경이 되었을 것이다. 무덤의 축조에는 집단을 이끄는 지도자의 등장으로 인해 그 지도자가 묻힐 시조묘 축조의 필요성(안재호 2020), 정착생활과 집단생활에 필수적인 지도자의 권위를 고양할 필요성 등이 복합적으로 작용하였을 것이다.

III. 청동기시대 후기: 지석묘 문화의 전성기

청동기시대 후기는 가히 지석묘의 시대라고 할 수 있을 정도로 청동기시대 무덤 문화의 극성기이다. 특히 호남지역은 지석묘가 세계에서 가장 밀집되어 분포하는 곳이다.

영남지역 역시 이 시기가 되면 무덤의 수가 대폭 증가하는데, 군집하여 공동묘지로 조성된다. 무덤이 공동묘지화 되는 것은 대규모 취락의 등장을 반영하는 것으로 볼 수 있다. 본 장에서는 영남지역 내에서 지역적인 차이와 우두머리의 성격에 대해서 살펴보겠다.

1. 무덤문화의 지역성

영남지역은 청동기시대 후기가 되면 서쪽의 송국리문화분포권과 동쪽의 검단리문화분포권으로 구분되는데 분포권에 따라 무덤 양상에 차이가 있다.

송국리문화분포권은 호서지역, 호남지역과 동일하게 대규모 무덤군이 조성된다. 군집의 양상은 경남과 경북지역에 차이점이 있다. 경남지역은 함양 화산리(하승철·박상언 2007), 거창 산포(林孝澤 外 1987), 산청 매촌리(郭鍾喆 外 2011), 진주 대평리(崔鍾圭 外 2002), 사천 이금동(崔鍾圭 外 2003), 창원 진동(류창환 외 2011), 김해 율하리(류창환 외 2009), 부산 미음동 분절유적(홍보식 외 2013) 등과 같이 각지에서 묘역식지석묘가 군집하는 양상이 두드러진다. 묘역이 거대해지고 매장주체부가 지하 깊은 곳에 설치되기도 한다. 대구를 중심으로 하는 경북지역은 무덤이 군집하는 양상은 동일하지만 묘역식지석묘의 비율이 현저하게 낮은 편이다. 대신 길이가 길고 손잡이가 유절병식인 마제석검이 부장되는 사례가 많다. 경남지역은 유력개인의 상징을 묘역의 규모로 표현하였다면 대구지역은 장신의 마제석검으로 표현한 것이다(이성주 2016, 이수홍 2020a).[8]

검단리문화분포권의 가장 큰 특징은 무덤의 수가 현저하게 적다는 점이다. 주거지에 비해 무덤의 숫자가 적은 원인에 대해서는 가옥이 무덤으로 전용되었다는 가옥장(俞炳琭 2010, 李秀鴻 2012, 安在晧 2013)이 대안이 되어가는 듯하다. 인골이 직접적으로 검출된 사례는 적지만 화재주거지, 적석된 주거지, 연암동형주거지가 무덤으로 전용되었다는 것이다. 이 외에도 소위 '연암동형 구'라고 불린 주구형유구도 주구묘라는 견해가 있다(金賢植 2009, 이수홍 2010, 安在晧 2013). 전형적인 무덤은 매장주체부가 지상에 있는 위석형지석묘와 소형판석석관묘가 대표적이다. 모두 시신을

---

[8] 지도자의 권위를 정당화하는 방식은 다양한 방법으로 표현된다. 창녕 유리 지석묘와 같이 입지에서 우월성이 보이기도 하고, 울산 서부리 지석묘와 같이 상석의 크기가 두드러지기도 하고, 김해 율하리유적의 지석묘와 같이 매장주체부의 크기로 표현되기도 한다. 또, 동검이나 석검을 훼기하는 행위도 피장자의 권위와 힘을 정당화하기 위한 수단으로 행해진 것이라는 견해(金權九 2015)가 있다.

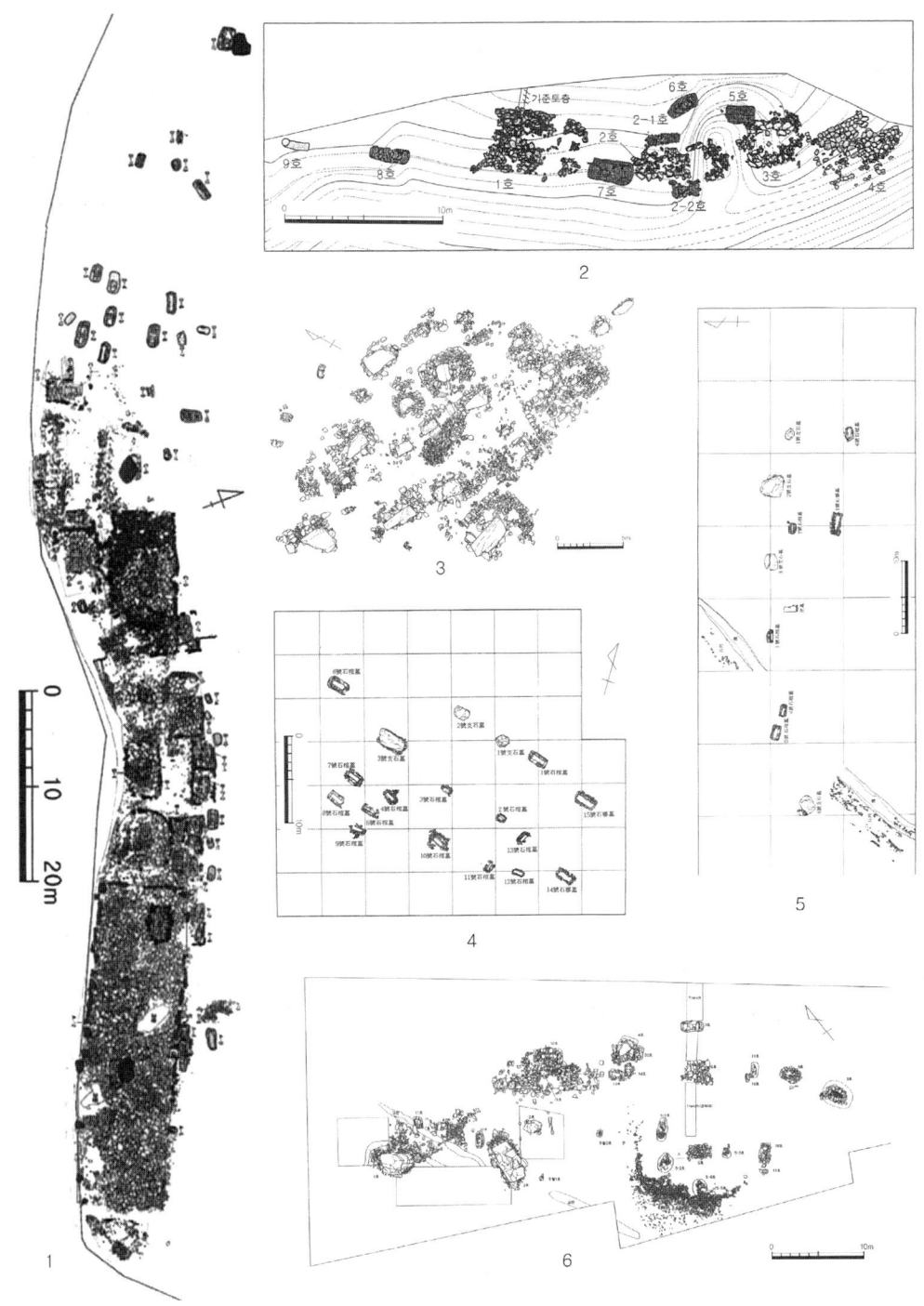

[그림 2] 후기 송국리문화권 군집 무덤(1: 사천 이금동유적, 2: 밀양 금포리유적, 3: 거창 산포유적, 4: 대구 시지동유적, 5: 대구 매호동유적, 6: 칠곡 복성리유적)

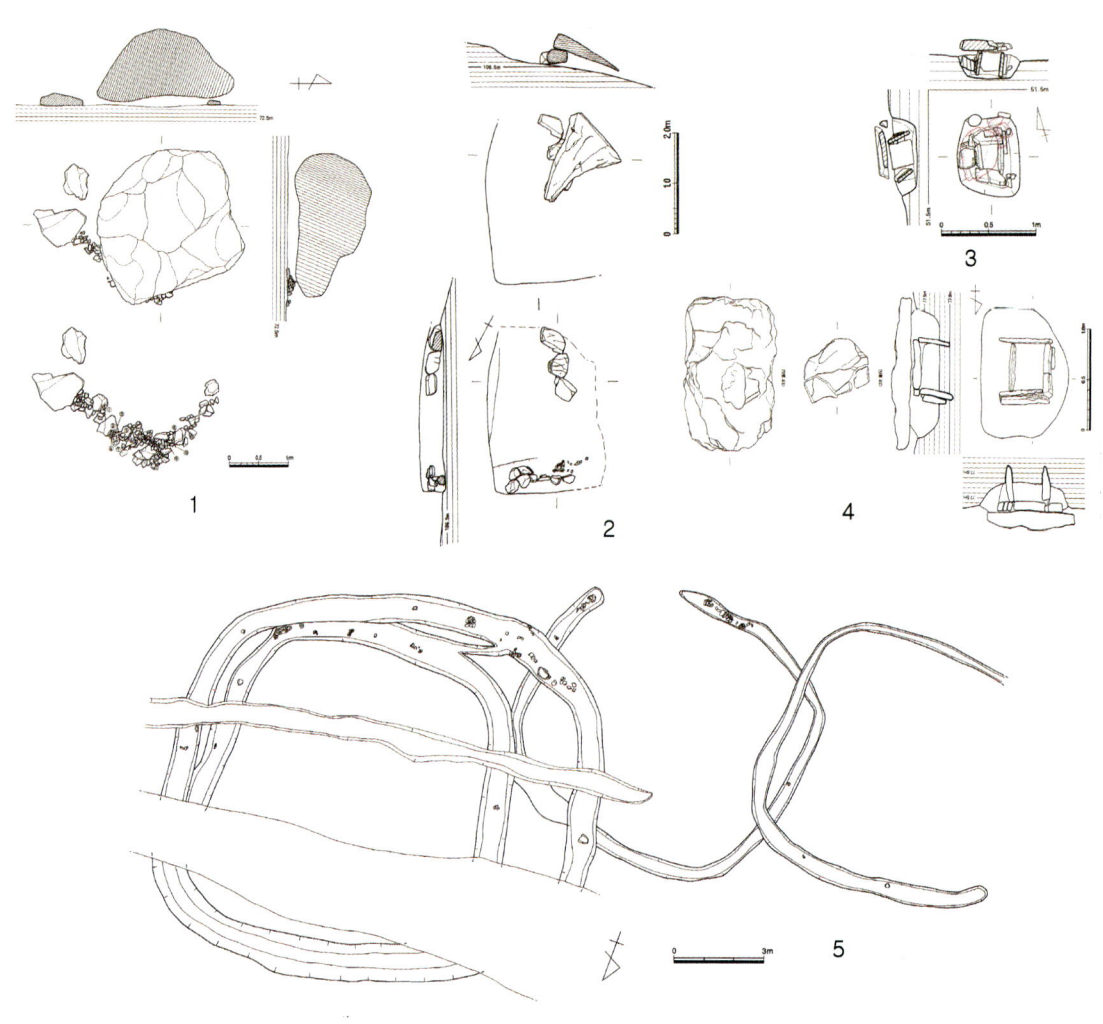

[그림 3] 후기 검단리문화권 울산지역 무덤(1: 중산동 715-1유적 지석묘, 2: 검단리유적 3호 지석묘, 3: 구수리 대암유적 6호 석관묘, 4: 신현동 황토전유적 6호 석관묘, 5: 매곡동 신기유적I 3~5호 주구묘)

바로 안치하기에는 부적합한 구조이기 때문에 화장·세골장 등과 같은 이차장의 장례습속이 있었던 것으로 생각된다. 지역에 오랫동안 뿌리를 내리고 살며 가족 관계가 긴밀한 농경사회는 화장 보다는 매장이 많다(마이크 파커 피어슨(이희준 역) 2009)고 한다면 검단리문화권은 상대적으로 송국리문화권에 비해 수렵·어로·채집이 차지하는 비율이 높았다고 할 수 있겠다(安在晧·金賢敬 2015). 물론 일반적인 판석석관묘, 할석석관묘 등도 축조되지만 송국리문화분포권에 비하면 그 수는 현저히 적다. 이 외에도 송국리문화분포권이 돌을 이용한 묘역식지석묘가 특징이라면 무덤 주위에 도랑을 굴착해 묘역을 표시한 주구묘가 검단리문화분포권의 특징이기도 하다(안재호 2020). 경주지역은 검단리문화권임에도 송국리문화권에서 확인되는 묘역식지석묘가 많이 분포한다. 동남해안지역에서도 경주지역만의 특징이라고 할 수 있다.[9] 경주지역 묘역식지석묘는 매장주체부가 없는 것이 많으며, 확인되는 매장주체부는 토광이 대부분이다. 또 화장을 행했던 흔적이 잔존한다. 경주지역의 묘역식지석묘는 묘역식이라는 송국리문화권의 특징과 토광과 화장을 통한 이차장이라는 검단리문화권의 특징이 결합된 것(윤형규 2019)이라고 한다.

2. 후기 사회의 성격

청동기시대 후기가 되면 무덤이 군집되는 것과 함께 대규모 취락이 등장하는데 대형굴립주 건물지가 축조되기도 한다. 또, 환호 축조가 활발해지고 수도작이 확산되는 등 사회 전반에 걸쳐 큰 변화를 맞이한다. 이러한 변화 속에 지도자가 등장하지만, 아직까지는 계층화가 제도적으로 뒷받침되지 않은 평등사회에 가깝다.

청동기시대 최고의 위세품인 비파형동검에 대해서도 피장자 개인의 부장품이 아니라 집단차원의 상징물(安在晧 2012), 대외 교류를 담당하는 특수 계층의 소유물이라는 견해(김승옥 2006)가 있듯이 마제석검 이상의 큰 의미를 부여하기 어렵다는 견해(李熙濬 2011)가 있다. 즉 청동기시대 사회는 아직 1인을 중심으로 하는 불평등사회가 아니라는 것이다.

....
9   경주의 남쪽인 울산에서도 길천(이일갑·노재헌 外 2013)·다운동 운곡유적(李盛周 外 1998) 등에서 묘역식지석묘가 조사된 사례가 있지만, 검단리문화분포권에서는 경주지역에 가장 많이 분포한다.

후기의 무덤은 군집하되 대체로 열상으로 분포하는 경향이 강하다. 한 유적만을 감안한다면 괴상으로 군집된 것처럼 보이지만 전체 취락으로 확대해서 본다면 열상으로 분포하는 사례가 많다. 대구 대천동 511-2 유적(하진호 外 2009)의 무덤(그림 8의 2)은 한 지역에서 괴상으로 군집을 이루는 것처럼 보이지만 그림 4와 같이 월배선상지 전체를 본다면 열상으로 분포하는 무덤열의 일부일 가능성이 있다. 그림 2의 군집묘를 보면 알 수 있듯이 대부분의 무덤도 실제 2~5열 정도의 열상으로 분포한다. 묘역식지석묘 뿐만 아니라 묘역이 없는 무덤도 열상으로 분포한다. 즉 선형적 확대유형인데, 이러한 선형적 분포는 수평 층서를 나타낸다고 한다.(마이크 파크 피어슨(이희준 역) 2009) 대구지역 월배선상지 청동기시대 유적은 치밀한 계획 하에 조성된 것임을 알 수 있다. 북서쪽 취락 경계지역에 월

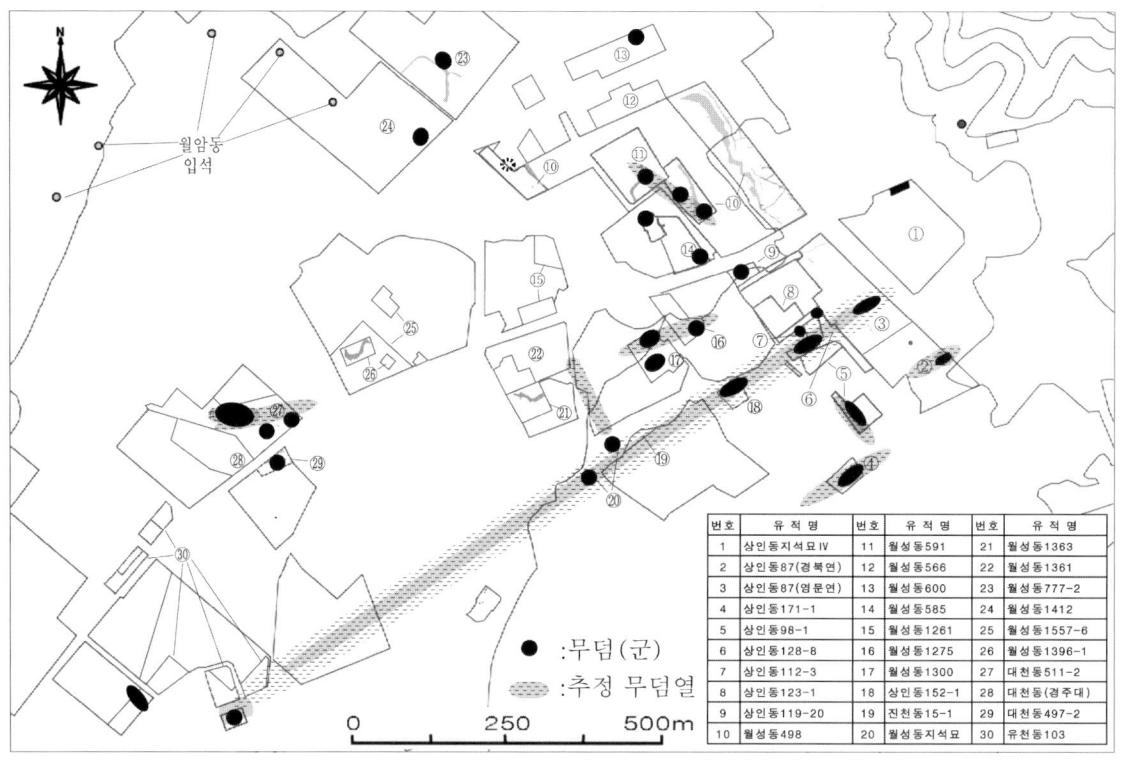

[그림 4] 월배지역 청동기시대 무덤 분포(이수홍 2017에서 수정)

암동입석이, 남쪽 취락 경계지역에 진천동 입석이 있고, 주거와 무덤은 그 내부 공간에 분포한다. 무덤은 동-서 방향으로 거대한 무덤벨트를 이루는데 상석이 있는 월성동 지석묘도 포함된다. 중심 열 주위에는 곳곳에 소규모 무덤 열이 분포한다(이수홍 2017). 주축인 동-서축에 분포하는 무덤열이 공동체의 주도적인 집단의 것으로 추정된다. 아무튼 인간이 조성한 무덤이라는 구조물이 경관을 이루어 그 경관이 사회적 기억을 위한 전략적인 행위의 과정으로 지속적으로 공동체의 이념 형성에 작용하였을 것이다(이성주 2012).

IV. 초기철기시대: 목관묘의 등장과 지석묘문화의 종말

이 시대는 한반도 남부지역에 청동기시대 문화와 초기철기시대[10] 문화가 공존한다. 점토대토기문화가 유입되었다고 해서 기존의 청동기시대인들이 일시에 절멸하지 않았을 것이다. 따라서 두 문화가 공존한 것은 어쩌면 당연한 결과이다. 하지만 점차 지석묘 문화가 쇠퇴하다가 소멸하고 새로운 목관묘 문화가 시작된다. 사회적인 대변혁이 일어나는데 물적 자료면에서 철기라는 신문물이 등장하고 계층화의 측면에서 불평등사회가 시작된다는 점이 가장 큰 변화이다. 즉 종래 평등사회의 지도자가 아닌 불평등사회의 지배자 무덤이 축조되는 것이다.

---

10 본고의 초기철기시대는 원형점토대토기 문화가 등장한 시점부터 와질토기가 출현하는 시점까지의 기간을 말한다.

1. 초기철기시대 무덤의 양상

지석묘가 초기철기시대까지 지속적으로 축조된다는 것은 이제 일반적인 견해가 되었다. 그렇다면 새롭게 등장한 목관묘와 재지의 지석묘가 일정 기간 공존했을 것이다.

김해 구산동지석묘(崔鍾圭 外 2010)는 지석묘가 축조된 곳의 위쪽에 위치하는 취락의 양상으로 볼 때 초기철기시대에 축조된 것이라고 보고되었고(최종규 2010), 창원 덕천리유적 1호 지석묘(이상길 外 2013)도 초기철기시대에 축조되었다는 견해가 있다(이상길 2003, 김승옥 2006, 이수홍

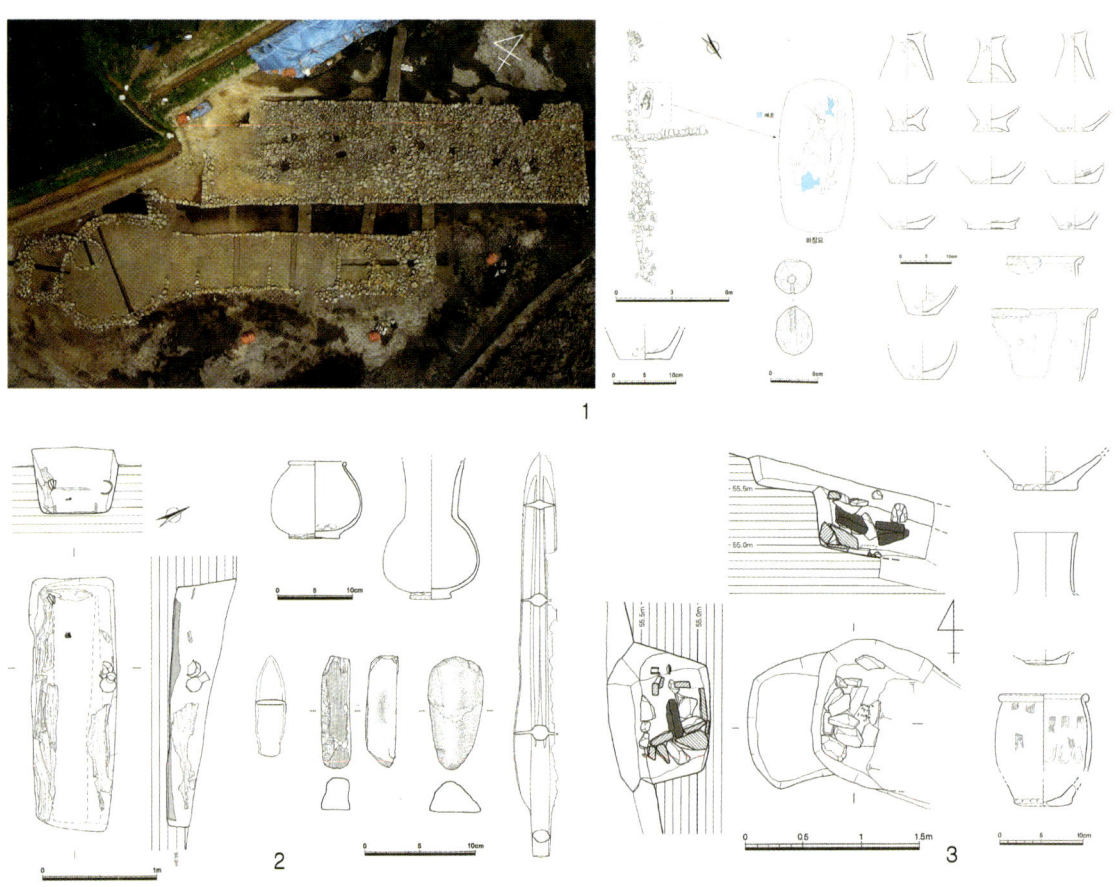

[그림 5] 초기철기시대 무덤(1: 경주 전촌리유적 지석묘, 2: 김천 문당동유적 1호 목관묘, 3: 합천 영창리유적 12호 석관묘)

2020a). 이 외에도 창원 진동리지석묘(沈奉謹 1987), 김해 내동 1호 지석묘(金廷鶴 1983), 신문리 3호 석관묘(조상훈 外 2015), 율하리유적의 B-9호 석관묘에서 늦은 시기의 비파형동검 혹은 세형동검이 출토되어 재지의 무덤에서 새로운 시대의 유물이 출토되어 초기철기시대에 해당되는 것을 알 수 있다.

경주지역에서는 전촌리유적(권혜인·조미애 2015)의 묘역식지석묘에서 삼각구연점토대토기가 출토되어 초기철기시대까지 지석묘가 의례의 장소로 이용되었던 것을 알 수 있다. 경주 화천리 산251-1유적(이원태 外 2012)의 정상부에는 의례유구로 알려진 주구형 유구 근처에 적석제단이 설치되어 있다. 주구형유구에서는 무문토기 저부, 방추차 등이 출토되었고, 인근의 수혈유구와 폐기장, 구에서는 원형점토대토기, 두형토기, 조합우각형파수 등이 출토되었다. 화천리유적의 초기철기시대 연대에 대해 보고자는 기원전 4세기 후반~2세기 후반이라고 한다. 주구형 유구 근처에 축조된 이 적석제단은 전촌리유적의 제단식지석묘와 동일한 형태이다. 초기철기시대에 새롭게 등장한 고소의례에 전통적인 지석묘와 형태가 동일한 시설을 축조하였던 것이 이채롭다.

김해지역은 구관동유적(이승일 外 2006)에서 조사된 대암유구가 화천리 산251-1유적의 정상부에 위치하는 적석제단과 유사하다. 구관동유적은 구릉 정상부에 지석묘의 상석과 동일한 바위가 놓여 있고 주변에 방형의 제단이 설치된 형태이다. 바위 아래 매장주체부가 확인되지 않아 지석묘의 상석이 아닌 대암유구로, 주변의 적석은 자기편이 출토되어 조선시대 건물지로 보고되었다. 하지만 그 이후 매장주체부가 확인되지 않는 소위 적석제단유구의 조사 사례가 증가하였는데 그러한 유구의 형태와 구관동유적의 상태가 동일하기 때문에 선사시대에 축조된 적석제단유구일 가능성이 높다. 문제는 대암유구가 조성된 시기이다. 바위 아래 구에서 일단병식석검 1점(그림 6의 2)이 출토되었는데 심부가 돌출되지 않

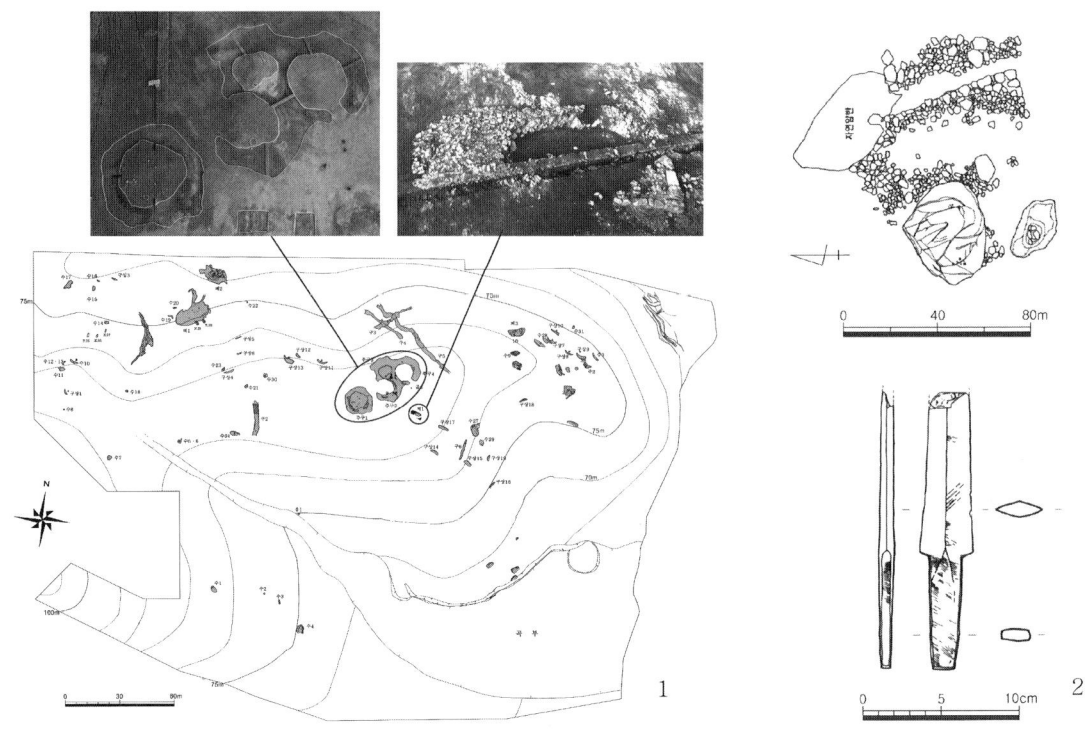

[그림 6] 고소의례유적(1: 경주 화천리 산251-1유적, 2: 김해 구관동유적)

는 특이한 형태이다.[11] 보고자는 사천 이금동유적의 전기 무덤인 51호 석개토광묘에서 유사한 형태의 석검이 출토된 것을 근거로 대암유구의 축조 시기는 전기라고 하였다(이승일 2006). 하지만 이런 형태의 석검은 후기의 늦은 단계에 해당되는 김해 퇴래리 소업Ⅱ유적(김용탁 외 2017) 4호 지석묘, 대구 매호동유적(梁道榮 外 1999) Ⅱ-3호에서 출토된 사례가 있어 반드시 전기로 볼 수만은 없다. 이 석검은 오히려 안동 지례리유적(金鍾徹 外 1989)에서 출토된 병부 착장식석검의 사례로 볼 때 초기철기시대에 해당될 가능성이 있다. 아무튼 구관동유적은 지석묘와 동일한 형태의 적석제단유구를 이용해 고소의례를 행한 장소였던 점은 확실하다.

----
11 구상유구는 바위와 동일한 평면형태로 바위 주변을 둘러싸듯이 굴착되어 있기 때문에 바위와 관련된 시설임이 확실하다.

원형점토대토기인들의 도래와 함께 새롭게 등장한 무덤은 목관묘이다. 영남지역에서 가장 이른 시기의 목관묘는 김천 문당동유적(박정화·이정화 2008) 1호 목관묘(그림 5의 2)이다. 비파형동검과 함께 원형점토띠가 부착된 주머니호, 흑도장경호, 검신부만 잔존하는 석검편, 주상편인석부편, 천하석제 옥 97점이 출토되었다. 영남지역에 점토대토기가 유입된 시기가 기원전 4세기 대이다(朴辰一 2013). 하지만 점토대토기인들이 축조한 무덤은 현재까지의 자료로 볼 때 가장 이른 시기의 것인 김천 문당동 1호 목관묘가 기원전 3세기대로 편년된다. 지역별로 차이가 있지만 약 100년 간의 공백기가 있다. 경주지역의 경우에는 목관묘가 기원전 2세기에 등장하기 때문에 약 200년간의 공백기가 있다. 영남지역은 점토대토기문화기의 이른 시기 무덤유적이 적다는 점이 특징이라고 한다(서길덕 2018). 원형점토대토기가 출토되는 무덤은 김천 문당동, 합천 영창리(崔鍾圭 外 2002), 부산 두구동 임석유적(朴志明·宋桂鉉 1990) 등 일부지역에서만 사례가 확인될 정도이다. 최초 이주한 점토대토기인들이 초창기에는 안정적으로 정착하지 못했기 때문에 그들의 무덤인 목관묘가 적게 축조되는 것으로 생각된다(이수홍 2020b).

2. 불평등사회의 지배자 등장

이 시기에 불평등사회의 지배자가 등장한다. 필자(2020a)는 ①삼국지위지동이전의 기록(侯準旣僭號稱王爲燕亡人衛滿所攻奪…將其左右宮人走入海居韓也自號韓王, 自言古之亡人避秦役, 至王莽地皇時…爲韓所擊得皆斷髮爲奴 등) ② 철기의 보급과 사용, ③1인을 위한 무덤의 축조, ④지역단위를 넘어선 정치적 교역활동[12]의 시작 등의 네 가지 사례를 근거로 초기철기시대에 불

---

[12] 생계와 관련 없는 동경과 같은 위신재의 수입 등이 정치적 교역활동이라고 할 수 있겠다.

평등사회의 지배자가 등장하였다고 생각한다.

초기의 지배자 무덤은 재지의 청동기시대인들이 축조한 것과 새로이 내려온 점토대토기인들이 축조한 것으로 나누어 볼 수 있다. 재지민들이 축조한 무덤은 종래 혈연적 기반에 바탕을 둔 것과는 달리 1인을 위한 거대무덤과 새로운 시대의 위신재인 세형동검을 부장한 지석묘와 석관묘가 있다. 1인을 위한 거대무덤은 창원 덕전리유적 1호 지석묘, 구산동 유적의 지석묘, 대성동 고분군 정상의 지석묘(심재용 外 2016)를 들 수 있다. 청동기시대 묘역이 연접하는 공동체 지향의 유력개인묘가 초기철기시대 1인 지향의 단독묘로 변화하는 요인은 청동기시대 사회가 성숙하여 자연스럽게 사회발전단계에 맞게 새로운 시대의 지배자인 수장이 등장하였을 가능성과 자연환경의 악재(이희진 2016) 혹은 세형동검문화집단과의 경쟁 등에 대응(이청규 2019)하기 위해 강력한 리더십이 필요했을 수도 있다(이수홍 2020a).

세형동검이 출토되는 무덤은 비파형동검이 출토되는 무덤과 달리 초기에는 단독으로 분포하고, 부장품이 타 무덤에 비해 탁월하기 때문에 피장자 개인의 소유물로 볼 수 있으며, 최상위 신분자로 간주해도 좋을 것이다. 그렇다면 세형동검이 출토된 재지계의 무덤 즉 김해 내동 지석묘, 산청 백운리유적(沈奉謹 1980)의 석관묘 등도 불평등사회 지배자의 무덤이라고 할 수 있다. 김해 내동 지석묘에서는 야요이토기도 출토되었는데 지역 단위를 벗어나 광범위한 교류활동이 이루어진 것을 알 수 있다(이양수 2016).

앞에서 언급하였듯이 영남지역은 호서·호남지역에 비해 이른 시기 군장묘가 확인되지 않는다. 그러한 이유로 재지민이 축조한 군장묘, 즉 1인을 위한 거대 지석묘가 축조되고, 석관묘에서 세형동검이 출토되는 사례가 호서·호남지역에 비해 많은 점이 특징이라고 할 수 있다.

점토대토기인들이 축조한 지배자의 무덤은 목관묘이다. 집단민의 대규모 노동력이 동원된 집단의례적인 성격이 사라지고, 청동의기나 토기, 장신구 등 개인적인 위신과 관련된 개인 소유물의 부장이 증가하는 것이 가장 큰 특징이다(李在賢 2003). 김천 문당리유적 목관묘는 비파형동검과 함께 위신재인 옥이 97점이나 출토되었고, 구릉 전체에서 1기만 확인되어 1인을 위한 무덤이 확실하다. 기원전 2세기 후엽~1세기가 되면 목관묘는 군집한다. 목관묘가 군집한다는 것은 동족지배집단이 형성되는 것을 의미하는데 철기의 확산, 새로운 제도술에 의한 와질토기의 등장, 한식유물의 유입 등에서 알 수 있듯이 동아시아 네트워크의 시작과 함께 나타나는 현상이다.(李盛周 2007, 李熙濬 2011, 이수홍 2020a) 대구 팔달동유적(진성섭 外 2000), 경산 양지리유적(朴光烈 外 2020), 경주 입실리유적(尹武炳 1991), 울산 교동리·창평동810번지 유적(郭鍾喆 外 2012), 창원 다호리유적(李健茂 外 1989), 김해 양동리·내덕리·대성동유적, 밀양 교동유적(곽종철 外 2004)등 영남 각지에서 목관묘가 앞 시기의 전통이 잔존하는 지석묘와 석관묘를 대체하는 주 묘제로 빠르게 확산된다.

V. 취락과 무덤으로 본 우두머리의 변화 -통시적 검토-

본 장에서는 Ⅱ~Ⅳ장까지 검토한 시기적인 변화 내용을 바탕으로 취락과 무덤의 변화를 통시적으로 살펴보겠다. 우두머리의 성격과 명칭, 그리고 어떻게 변화하였는지를 검토하였다.

1. 우두머리의 성격과 명칭

선원사시대 우두머리의 명칭에 대한 대표적인 견해는 다음과 같다.

박양진(2006)은 청동기시대를 평등사회로 보고 지도자를 '유력개인'이라 하였고, 초기철기시대는 불평등사회이며 우두머리를 '수장'이라고 하였다. 필자도 구고(2020a)에서 박양진의 견해에 따랐다. 이청규(2019)는 청동기시대부터 초기철기시대까지 우두머리의 명칭을 시대의 변화에 따라 가구장(전기전반)-촌장(전기후반)-족장(후기)-군장(초기철기시대)이라고 하였다. 두 연구자 모두 청동기시대 사회를 혈연에 기반한 평등사회로 보고 있는 점에서는 동일하다. 이청규는 '수장사회'(청동기시대 후기~초기철기시대)에 '족장'에서 '군장'으로 그 성격이 변화하는 것이라고 하였다. 족장이라는 용어에는 혈연에 기반한 사회라는 의미가 내포되어 있기 때문에 청동기시대 평등사회의 우두머리를 지칭하는데에 '족장'이라는 용어가 가장 적합하다고 생각한다. 초기철기시대의 우두머리에 대해서 필자는 초기철기시대 늦은 시기는 관련 없지만 이른 시기(기원전 4~3세기) 영남지역을 '군장사회'라고 할 수 있을지에 대한 의문이 있어 군장 보다는 수장이라는 용어를 사용하였다(이수홍 2020a). '군장'이라는 표현에는 단순한 지도자가 아니라 통치자가 지배하는 중앙집권화한 정부가 존재한다는 의미로 받아들여질 수 있기 때문이었다. 하지만 군장사회는 평등했던 부족사회에서 지배·피지배 관계가 형성되면서 출현하였다는 뜻도 내포되어 있기 때문에, 초기철기시대가 불평등사회의 지배자가 등장한다는 역사적 획기임을 감안한다면 군장이라는 용어를 사용해도 무방하다고 생각하게 되었다. 따라서 본고에서는 이청규(2019)의 견해대로 청동기시대 전기의 우두머리를 '촌장(tribal leader)', 후기의 우두머리를 '족장(clan chief)', 초기철기시대의 우두머리를 '군장(polity chief)'이라고 표현하였다. 청동기시대 전기 전반과 후반은 구분하지 않았다.[13]

우두머리의 의미를 부연하자면 수장은 우두머리의 총칭으로 사용

---

13 이청규는 전기의 우두머리를 전기 전반-'가구장', 전기 후반-'촌장'으로 구분하였는데 무덤을 통해 전기전반과 후반으로 구분하기 어렵기 때문에 본고에서는 '촌장'으로 통일하였다.

하였고, 촌장은 자연마을의 지도자, 족장은 하위마을을 아우르는 중심마을의 혈연적 토대의 지도자, 군장은 읍락 또는 국읍에서의 정치적 성격이 강조된 지도자를 의미한다.

2. 취락·무덤·우두머리의 변화

사회상의 변화는 어느 한 고고학 요소로 판단할 수 없을 정도로 복잡다단하다. 무덤 뿐만 아니라 반드시 취락의 변화를 염두에 두어야 한다. 하지만 이런 논의가 활발하게 진행될 수 없었던 점은 무엇보다 초기철기시대 취락자료가 부족하였기 때문이다. 하지만 삼국지위지동이전이라는 문헌기록을 통해 초기철기시대 취락의 모습을 유추할 수 있기 때문에 본 장에서는 통시적으로 취락과 무덤과의 관계를 통해 사회상의 일면을 검토해 보고자 한다.

우선 마을의 규모에 대한 명칭은 이희준(2000)의 안에, 마을 구조와 우두머리의 성격에 대해서는 이청규(2019)의 안에 따라서 기술하겠다. 이희준은 가장 소규모의 마을을 小村이라고 하고 규모에 따라 小村(hamlet) 〈 村(village) 〈 大村(town)으로 표현하였다.[14] 단 '村落'을 村과 복수의 小村이 결집된 것이라고 했는데 村落의 '落'이 복수의 의미를 내포한다면 소촌의 결합도 촌락으로 봐도 무방하다고 판단된다.

청동기시대 전기에는 2~3동의 세장방형주거지가 하나의 마을을 이루었다.[15] 이 마을이 소촌이라고 할 수 있을 것이다. 무덤 역시 1~3기

---

14 小村, 村, 村落, 邑落 등과 같은 용어는 초기철기시대에 적용되는 것이라는 의견이 있다. 그러나 청동기시대와 초기철기시대를 단절적으로 볼 수 없고, 마을은 청동기시대에도 분명히 존재했었기 때문에 동일한 용어를 사용해도 무방하다고 판단된다. 초기철기시대의 대변혁 역시 철기 등과 같은 신문물의 유입이 큰 영향을 미쳤지만 청동기시대 사회가 성숙해진 내재적인 원인도 간과해서는 안 되기 때문이다.

15 그림 7의 5, 6은 취락이 밀집된 것처럼 보이는데, 그 중 전기 주거지는 2~3동에 불과하다. 전기

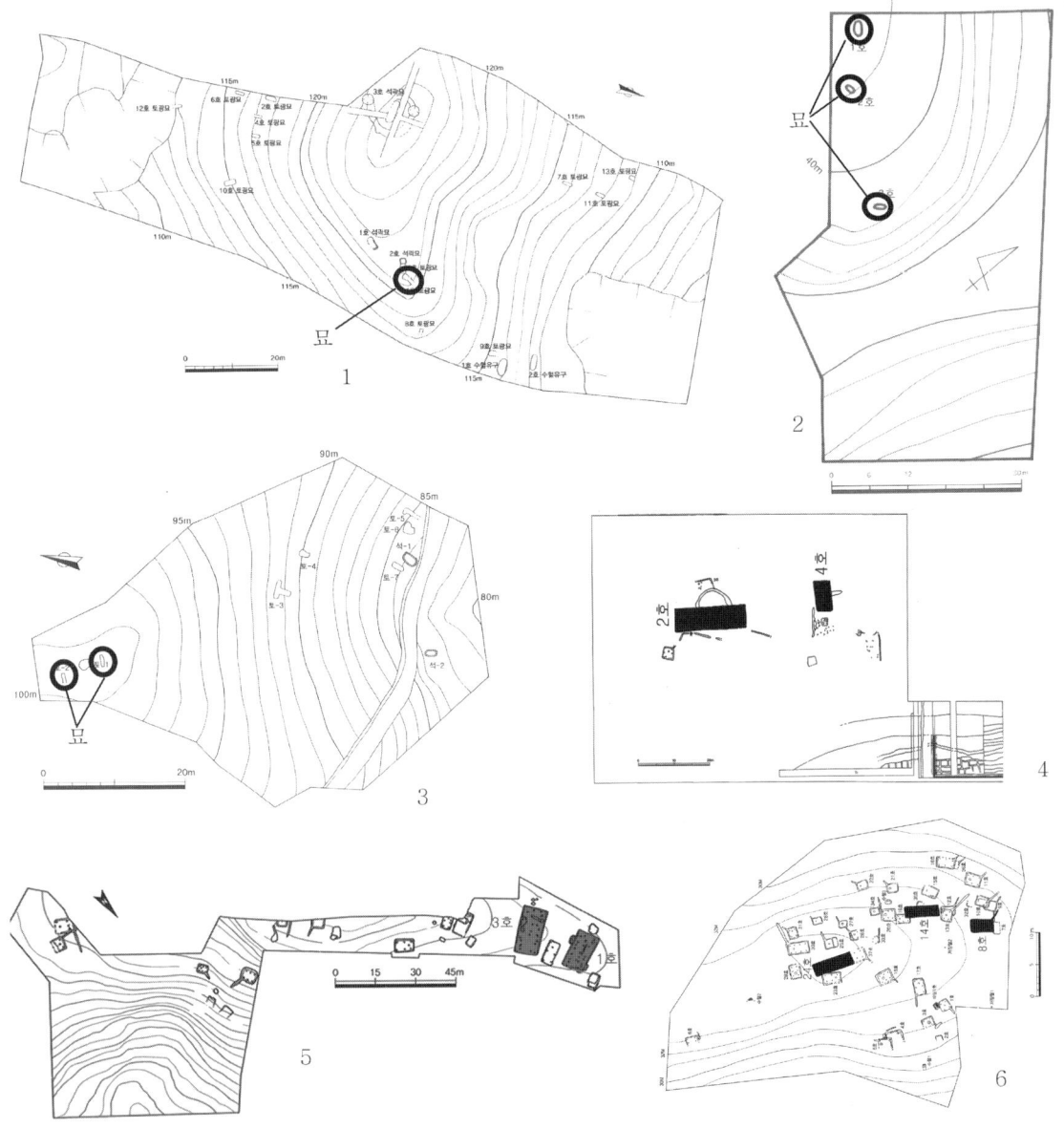

[그림 7] 전기 무덤(○)과 주거(■) 배치(1: 김천 옥률리유적, 2: 김천 신촌리유적, 3: 고성 두호리유적, 4: 울산 서부리 남천유적, 5: 울산 신천동유적 '나'지구, 6: 울산 외광리유적)

정도로 확인되어 주거의 양상과 동일하다. 이러한 소촌이 인접한 곳에

주거지가 분포했던 곳은 대체로 후기에도 취락으로 점유되었기 때문이다.

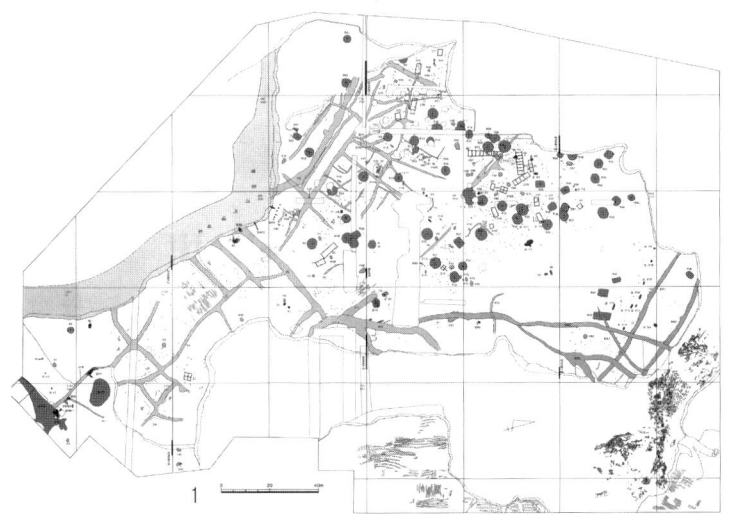
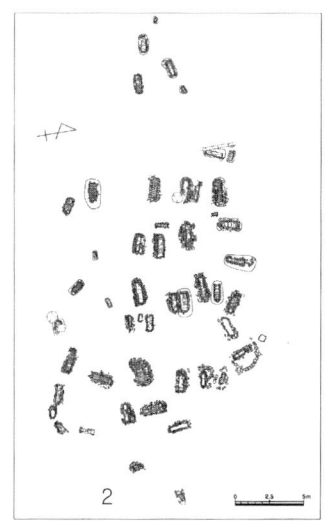

[그림 8] 후기의 취락과 무덤 배치(1: 대구 동천동유적, 2: 대구 대천동 511-2유적)

도 분포하고 정서적인 동질성을 갖추었다면 소촌과 소촌이 결합된 촌락이라고 할 수 있다. 그렇다면 촌락의 지도자인 '村長'이 존재했을 것이다. 이 시대 무덤이 모두 촌장의 무덤은 아닐 것이다. 하지만 적어도 청동기시대 대표적인 위세품인 마제석검이 부장된 무덤은 촌장의 무덤이라고 할 수 있겠다.

  후기에는 대체로 10동 내외의 주거가 하나의 마을을 이룬다. 노지의 수가 세대의 수를 반영한다면 사실 전기의 세장방형주거지 2~3동과 구성원의 수는 차이가 없다. 단 이러한 마을이 인접하여 분포하고 수십 동이 군집하는 대규모 마을도 존재한다는 것이다. 진주 대평리유적이나 평거동 일대의 유적, 대구 월배선상지에 분포하는 유적 등을 통해서 볼 때 소촌과 촌, 그리고 규모가 큰 대촌이 결합된 읍락이 존재했었다는 것을 할 수 있다.[16] 전기의 촌락에 비해 규모가 큰 촌락도 존재했고, 촌락

---

16 대평리유적 전체를 보면 그 유적에는 소촌, 촌, 대촌이 모두 존재했다고 할 수 있다. 평거동유적이나 월배선상지에 분포하는 유적도 마찬가지이다.
  이청규(2019)는 다수의 마을이 기념비적인 건축물 건설 등에 중심마을 중심으로 상호 협동한다면 그러한 마을군을 읍락이라고 할 수 있고, 청동기시대 후기에 형성되었다고 하였다. 이에 반

이 결합된 읍락도 존재했던 것이다. 하지만 무덤 자체가 공동체적인 성격이 강하고 선형적 확대유형 즉 열상으로 배치되는 구조이기 때문에 아직까지는 혈연에 기반한 사회였음을 알 수 있다. 이 시대의 마을 지도자는 혈연적 친족관계에 기반한 '族長'이다. 비파형동검이 거의 출토되지 않는 것도 영남지역의 특징이라고 할 수 있겠다. 거대한 묘역식지석묘는 족장의 무덤이라고 할 수 있겠다. 대구지역은 장신검이 부장된 무덤이 족상의 무덤이다(이성주 2016, 이수홍 2020a). 무덤이 많이 축조되지 않은 검단리문화 분포권의 경우 장·정방형의 주구묘가 유력개인(족장)의 무덤이라는 견해(安在晧 2013)가 있다.

초기철기시대 취락의 양상은 정확하게 알 수 없다. 청동기시대와 같이 대규모 취락이 확인되지 않았기 때문이다. 현재까지의 발굴성과를 감안한다면 앞으로도 발견되지 않을 가능성이 높다. 역시 가옥의 구조가 지상화 하였거나 수혈의 깊이가 극도로 얕은 구조라고 추정되지만 현재까지의 조사 성과로 볼 때 대평리유적과 같은 대규모 취락이 존재했을지는 의문이다. 원형점토대토기인들의 마을 유적인 김해 대청유적(李在賢 2002)이나 합천 영창리유적은 소촌 혹은 촌의 규모이기 때문이다. 대규모 취락이 없었다고 해서 당시의 삼한사회에 촌 혹은 대촌이 없었다고 단정할 수는 없지만 청동기시대와 같이 대규모로 밀집된 취락은 존재하지 않았다고 보아도 무방하다. 초기철기시대는 취락의 규모 보다는 취락간의, 또 지역사회를 벗어난 광범위한 네트워크가 중요하게 작용하였으며, 이것이 사회발전·변화의 요인이 되었다(李在賢 2003, 李盛周 2007).

초기철기시대에 영남지역에 '國'이 성립되었지만 정확한 성립시기에 대해서는 이견이 있다. 대체로 기원전 2세기 후엽~1세기에 국이 성립되었다는 견해(李賢惠 1984, 權五榮 1996, 李盛周 1998, 李熙濬 2000, 李在賢

....
해 김권구(2016)는 읍락은 초기철기시대에 태동하였고 국은 기원전 1세기에 형성되었다고 하였다.

2003, 이청규 2015, 김권구 2016)가 대부분이다.[17] 송국리문화 단계에 국이 성립되었다는 견해(武末純一 2002)도 있지만 영남지역으로 한정한다면 기원전 2~1세기에 국이 성립되었다는 견해가 대세라고 할 수 있다. 초기철기시대 국의 성립을 입증할만한 고고학적인 단서는 동경이나 동검 등 최고의 위신재가 부장된 목관묘에 한정되기 때문일 것이다. 구체적으로는 목관묘의 군집과 자체적인 철기생산 및 확산이 근거가 되었다. 김해와 창원, 밀양, 대구-경산-영천-경주-울산의 동경과 세형동검이 부장된 목관묘가 이 때의 군장묘이다.

　　초기철기시대가 시작되면서 새로운 사람과 신문물이 남부지방에 등장하여 사회 전반에 큰 변혁이 일어나는데 그 첫째 사례가 초기철기시대가 되면 새롭게 나타나는 '高所儀禮'이다. 구릉 정상부에 설치된 환호 혹은 주구로 대표된다. 청동기시대에도 환호 축조는 계속되었지만 초기철기시대 환호의 특징이라면 ①高所, ②돌(바위), ③형식화한 小溝라고 할 수 있다. 안성 반제리유적(이상엽 外 2007)과 같이 구릉 정상부 자연 바위 주위에 환호를 굴착하기도 하고, 부천 고강동유적(배기동·강병학 2000)과 같이 정상부에 돌을 쌓고 주위에 도랑을 굴착하기도 한다. 영남지역에서 이런 고소의례를 가장 잘 보여주는 곳이 경주 화천리 산251-1유적과 죽동리유적(박영현 2013)이다. 화천리 산 251-1유적은 구릉 정상부에 의례유구로 알려진 주구의 인근에 묘역식지석묘와 동일한 형태의 적석제단유구가 설치되어 있다. 죽동리유적의 경우 구릉 정상부에 자연 바위가 마치 지석묘의 상석처럼 놓여 있고, 주위를 폭이 좁은 환호 2열이 감싸는 형태이다. 모두 고소에서 행해진 의례에 돌과 관련된 시설이 이용된 것을 알 수 있다. 새로운 시대에 새롭게 내려온 이주민들이 의례를 지내는데 기존의 묘역식지석묘와 동일한 건조물을 축조하였거나 상석과 유사한 자연바위를 이용한 것은 기존의 지석묘가 가지는 권위를 이용할 필

---

[17] 국 성립의 제 견해 및 최신 연구 성과는 김대환의 글(2016)에 의해 잘 정리되어 있다.

가 있었기 때문이다(이수홍 2020b).

삼국지위지동이전의 國邑과 蘇塗의 제의에 관한 문헌사학계의 연구를 참조한다면 國邑에서 상위의 天神祭事를 주관하고, 別邑인 소도에서는 따로 무적 존재[18]가 하위의 鬼神祭事를 이끌었다고 한다(문창로 2017). 하늘과 가까운 구릉 정상부의 의례공간이라는 점에서 이러한 고소의례가 국읍의 천신제사로 발전하였을 것이다. 마한지역의 환호유적에 대해 '소도'와 연관시키는 연구가 있다(나혜림 2017). 세형동검이 출토된 환호유적인 영창리유적과 같이 의례적인 성격이 강한 독립된 구릉 혹은 부천 고강동유적이나 안성 반제리유적과 같이 구릉 정상부에 설치된 환호유적에 대해서는 소도와 관련시키려는 경향이 있었다. 하지만 문창로의 견해대로 천신제사(국읍)와 귀신제사(별읍=소도)로 분리된다면 구릉 정상부의 의례장소를 '환호=별읍=소도'로 연결시킬 것이 아니라 국읍에서 주관하는 천신제사와도 관련될 수 있을 것이다. 구릉 정상부라는 지리적인 위치를 감안한다면 소도 보다는 국읍에서 주관한 천신제사의 장소라고 보는 것이 더 타당하다. 이러한 천신제사에 지석묘와 유사한 형태의 적석제단을 축조하였거나 혹은 지석묘 상석과 유사한 바위가 놓인 곳에서 이루어졌다는데 의의가 있다.

화천리 산251-1유적, 죽동리유적과 병행하는 시기 군장의 무덤은 시간적 폭을 넓게 본다면 기존의 청동기시대 인들이 축조한 김해 구산동·대성동유적, 창원 덕천리유적의 지석묘와 점토대토기인들이 축조한 김천 문당동유적의 목관묘 등이다.

國 형성기에 공동의례·공동체 차원의 제사가 차지하는 비중은 매우 높다. 화천리 251-1유적은 기원전 4세기에 해당된다. 기원전 2세기 전에 국읍에서 주제한 천신의례가 행해졌다면 국의 성립시점에 대해서도 전향적으로 재고할 여지가 있겠다. 의례와 같은 선·원사시대 사람들의 행위를 어떻게 물질자료로 해석하는가의 문제이다.

----
18 문창로(2017)의 논문을 인용하였는데 '무적 존재' 보다는 '종교적 존재'가 더 좋은 용어일 것 같다.

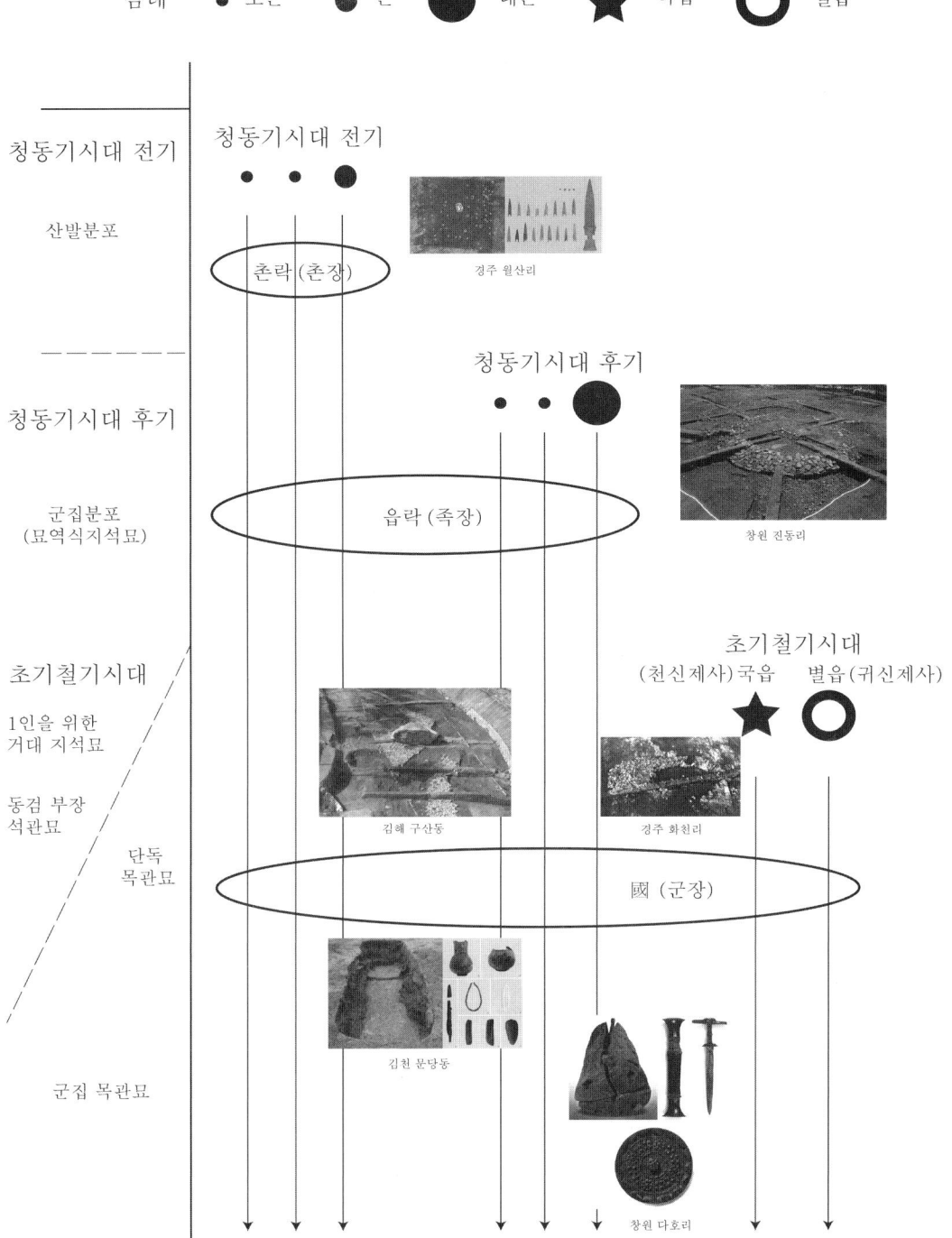

[그림 9] 시대별 취락과 우두머리의 무덤 변화 모식도

VI. 맺음말

이상으로 청동기시대 무덤문화의 변화가 어떤 사회변화를 반영하는 것인지에 대해서 살펴보았다. 본문의 내용을 요약하면서 맺음말에 대신하겠다.

청동기시대 전기는 무덤문화의 시작이라는데 의미를 두었고, 안정된 정착생활이 가장 큰 원인이다. 소촌과 소촌이 결합된 것이 촌락이다. 마제석검이 부장된 무덤의 피장자는 촌락의 촌장이다.

청동기시대 후기는 지석묘 문화의 전성기인데 무덤이 군집하여 공동묘지화 된다. 이때부터 대규모 마을이 등장하는데 소촌(小村), 촌(村,) 대촌(大村)이 결합한 읍락을 이루었다. 하지만 아직까지는 불평등이 제도화되지 않은 평등사회가 유지되었다. 마을의 지도자인 족장이 등장하였는데 경남지역은 대규모 묘역식지석묘, 대구지역은 길이가 긴 석검이 부장된 무덤, 울산지역은 주구묘가 족장의 무덤이다.

초기철기시대는 마을의 규모 보다는 마을 간의 네트워크가 중요하게 작용하였다. 이 때 불평등사회의 지배자인 군장이 등장하는데 1인을 위한 무덤이 축조된다. 1기만 독립되어 설치된 거대지석묘, 세형동검이 출토되는 석관묘와 동검, 동경이 출토되는 목관묘가 군장의 무덤이다. 새롭게 국읍에서 주제하는 천신제사가 구릉 정상부에서 행해지는데 지석묘와 동일한 형태의 적석제단을 축조하거나 상석과 동일한 바위를 이용하였다. 공동체의 노동력보다는 개인을 위한 위세품이 더 중요하게 인식되면서 목관묘가 빠르게 확산된다. 지석묘 축조는 중단되고 새로운 시대가 시작되는 시점이다.

무덤문화, 나아가 당시 사회상에 접근하기 위해서는 반드시 취락과 병행하여 검토가 이루어져야 한다. 하지만 초기철기시대는 취락 자료가 너무 빈약하다. 삼국지위지동이전과 같은 문헌자료를 통해 부족한 고고자료를 보완하여 당시 취락과 제의에 대해 접근할 필요가 있다. '국', '국읍', '읍락', '별읍' 과 같은 삼국지위지동이전의 용어를 어떻게 고고학 자료에 적극 적용할 것인지에 대해서는 필자의 과제로 삼겠다.

    본고는 여러 선학들의 연구 성과가 바탕이 되었음을 밝힌다. 우두머리의 용어와 변화상에 대해서는 이청규선생님께, 우두머리의 성격과 그것의 영문 번역에 대해서는 김권구선생님께, 주구묘를 비롯한 유구와 석검, 석촉 등의 유물에 대해서는 안재호선생님의 교시를 받았다. 이 외에도 많은 분들의 도움을 받았다. 모든 분들께 감사드린다.

참고문헌

곽종철 外, 2004, 『密陽校洞遺蹟』, 密陽大學校博物館.
郭鍾喆 外, 2011, 『山淸 梅村里 遺蹟』, 우리문화재연구원.
郭鍾喆 外, 2012, 『蔚山 倉坪洞 810番地 遺蹟』, 우리문화재연구원.
權五榮, 1996, 「三韓의 '國'에 대한 硏究」, 서울大學校大學院 博士學位論文.
권혜인·조미애, 2015, 『경주 전촌리 유적』, 慶尙北道文化財硏究院.
金權九, 2015, 「靑銅器時代와 初期鐵器時代 毁器樣相에 대한 考察」, 『牛行 李相吉 敎授 追慕論文集』, 진인진.
김권구, 2016, 「영남지역 읍락의 형성과 변화-경주·경산·김해지역을 중심으로-」, 『한국고대사연구』82, 한국고대사학회.
김대환, 2016, 「진한 '國'의 형성과 발전: 사로국에 대한 고고학적 논의」, 『辰·弁韓 '國'의 形成과 發展』, 제25회 영남고고학회 정기학술대회 발표집, 嶺南考古學會.
金秉模, 1981, 「韓國巨石文化 源流에 관한 硏究(1)」, 『韓國考古學報』10·11, 韓國考古學會.
김승옥, 2006, 「분묘 자료를 통해 본 청동기시대 사회조직과 변천」, 『계층사회와 지배자의 출현』, 한국고고학회 창립 30주년 기념 한국고고학전국대회 자료집, 韓國考古學會.
김승옥·이종철, 2001, 「여의곡 A-1유적」, 『진안 용담댐 수몰지구내 문화유적 발굴조사 보고서Ⅷ』, 전북대학교박물관.
김용탁 外, 2017, 『김해 퇴래리 소업Ⅱ 유적』, 강산문화연구원.

金元龍, 1986, 『韓國考古學槪說』, 一志社.

金廷鶴, 1983, 「金海內洞支石墓調査槪報」, 『釜山 堂甘洞古墳群』, 釜山大學校博物館.

金鍾徹 外 1989, 『臨河댐 水沒地域 文化遺蹟 發掘調査報告書(Ⅲ) 臨東地區2』, 啓明大學校 博物館.

金賢, 2006, 「慶南地域 靑銅器時代 무덤의 展開樣相에 대한 考察」, 『嶺南考古學』39, 嶺南考古學會.

金賢植, 2009, 「Ⅴ. 考察」, 『蔚山中山洞藥水遺蹟Ⅱ』, 蔚山文化財硏究院.

나혜림, 2017, 「보령 명전동 유적을 중심으로 본 소도(蘇塗)와 의례공간」, 『百濟學報』 22, 백제학회.

류창환 외, 2009, 『金海 栗下里遺蹟Ⅱ』, 慶南發展硏究院 歷史文化센터.

류창환 외, 2011, 『馬山 鎭東 遺蹟Ⅱ』, 慶南發展硏究院 歷史文化센터.

마이크 파커 피어슨(이희준 역), 2009, 『죽음의 고고학』, 영남문화재연구원, 사회평론.

武末純一, 2002, 「日本 北部九州에서의 國의 形成과 展開」, 『嶺南考古學』30, 嶺南考古學會.

문창로, 2017, 「문헌자료를 통해 본 삼한의 소도와 제의」, 『百濟學報』22, 百濟學會.

朴光烈 外, 2020, 『慶山 陽地里 遺蹟』, 聖林文化財硏究院.

朴洋震, 2006, 「韓國 支石墓社會 "族長社會論"의 批判的 檢討」, 『湖西考古學』14. 湖西考古學會.

박영현, 2013, 『慶州 竹東里 遺蹟』, 부경문물연구원.

박정화·이정화, 2008, 『김천 문당동유적』, 경상북도문화재연구원.

朴志明·宋桂鉉, 1990, 『釜山 杜邱洞 林石遺蹟』, 釜山直轄市立博物館.

朴辰一, 2013, 「韓半島 粘土帶土器文化 硏究」, 釜山大學校大學院 博士學位論文.

배기동·강병학, 2000, 『富川 古康洞 先史遺蹟 第4次 發掘調査報告書』, 漢陽大學校博物館.

裵眞晟, 2008, 「전기무문토기 속의 횡대구획문토기」, 『考古廣場』創刊號, 釜山考古學硏究會.

裵眞晟, 2011, 「墳墓 築造 社會의 開始」, 『韓國考古學報』80, 韓國考古學會.

배진성, 2012, 「지석묘의 기원 연구를 바라보는 一視覺-기원론에서 형성론으로-」, 『무덤을 통해 본 청동기시대 사회와 문화』, 경남발전연구원 역사문화센터, 학연문화사.

배덕환·이해수 2007, 『晋州 耳谷里 先史遺蹟Ⅰ』, 東亞細亞文化財硏究院.

서길덕, 2018, 「한국 점토띠토기문화기 무덤 연구」, 세종대학교대학원 박사학위논문.

신대곤·김규동, 2001, 「안자동 유적」, 『진안 용담댐 수몰지구내 문화유적 발굴조사 보고서Ⅲ』, 국립전주박물관.

沈奉謹 1980, 「慶南地方 出土 靑銅遺物의 新例」, 『釜山史學』4, 釜山史學會.

沈奉謹 1987, 「本校 博物館의 靑銅器 數例에 대하여」, 『考古歷史學志』3, 東亞大學校博物館.

沈奉謹·李東注 外, 2001, 『晋州上村里先史遺蹟』, 東亞大學校博物館.
심재용 外, 2016, 『金海 大成洞古墳群 -92호분~94호분, 지석묘-』, 大成洞古墳博物館.
安在晧, 2006, 「靑銅器時代 聚落研究」, 釜山大學校大學院 博士學位論文.
安在晧, 2012, 「墓域式支石墓의 出現과 社會相」, 『湖西考古學』26. 湖西考古學會.
安在晧, 2013, 「韓半島 東南海岸圈 靑銅器時代의 家屋葬」, 『韓日聚落研究』, 韓日聚落研究會. 서경문화사.
안재호, 2020, 「경주의 청동기시대 문화와 사회」, 『경주의 청동기시대 사람과 문화, 삶과 죽음』, 국립경주문화재연구소·한국청동기학회.
安在晧·金賢敬, 2015, 「靑銅器時代 狩獵採集文化의 動向」, 『牛行 李相吉 敎授 追慕論文集』, 진인진.
梁道榮 外, 1999, 『時至의 文化遺蹟Ⅰ』, 嶺南大學校博物館.
兪炳琭, 2010, 「竪穴建物 廢棄行爲 硏究1-家屋葬-」, 『釜山大學校 考古學科 創設20周年 記念論文集』, 釜山大學校 考古學科.
尹武炳, 1991, 『韓國靑銅器文化研究』, 예경산업사.
윤형규, 2019, 「대구·경북 청도기시대 무덤의 전개를 통해 본 지역사회의 변화」, 『韓國靑銅器學報』24, 韓國靑銅器學會.
윤호필, 2013, 「축조와 의례로 본 지석묘사회 연구」, 목포대학교대학원 박사학위논문.
李健茂 外, 1989, 「義昌 茶戶里遺蹟 發掘進展報告(Ⅰ)」, 『考古學誌』1, 韓國考古美術研究所.
이건무·최종규 外, 1985, 「월성군·영일군 지표조사보고」, 『국립박물관 고적조사보고』 17책, 국립중앙박물관.
이난영 外, 1991, 『蔚珍厚浦里遺蹟』, 國立慶州博物館.
이상길, 2003, 「경남의 지석묘」, 『지석묘 조사의 새로운 성과』, 제30회 한국상고사학회 학술발표대회 자료집, 한국상고사학회.
이상길 外 2013, 『德川里』, 慶南大學校博物館.
이상엽 外, 2007, 『安城 盤諸里遺蹟』, 中原文化財研究院.
이성주, 1998, 『신라·가야 사회의 기원과 성장』, 학연문화사.
李盛周, 2007, 『靑銅器·鐵器時代 社會變動論』, 學研文化社.
李盛周, 2012, 「儀禮, 記念物, 그리고 個人墓의 발전」, 『湖西考古學』26, 湖西考古學會.
이성주, 2016, 「경북지역의 청동기시대 분묘와 부장품」, 『경북지역 청동기시대 무덤』, 경상북도문화재연구원, 학연문화사.
李盛周 外, 1998, 『蔚山 茶雲洞 雲谷遺蹟』, 昌原大學校 博物館.
이수홍, 2010, 「울산지역 청동기시대 주구형 유구에 대하여」, 『釜山大學校 考古學科 創設20周年 記念論文集』, 釜山大學校 考古學科.
李秀鴻, 2012, 「靑銅器時代 檢丹里類型의 考古學的 硏究」, 釜山大學校大學院 博士學位論文.
이수홍, 2015, 「靑銅器時代 前·後期 劃期의 基準에 대한 檢討」, 『牛行 李相吉 敎授 追

募論文集』, 이상길 교수 추모논문집 간행위원회, 진인진.

이수홍, 2017, 「대구지역 청동기시대 취락에서의 무덤 축조 변화」, 『대구·경북지역의 지석묘 문화』, 영남문화재연구원.

이수홍, 2020a, 「영남지방 수장묘의 등장과 변화상」, 『영남고고학』86, 영남고고학회.

이수홍, 2020b, 「경주지역 지석묘 사회의 종말」, 『경주의 청동기시대 사람과 문화, 삶과 죽음』, 국립경주문화재연구소·한국청동기학회.

이승일, 2006, 「Ⅴ. 고찰」, 『金海 舊官洞遺蹟』, 대성동고분박물관.

이양수, 2016, 「김해 회현동 D지구 옹관묘에 대하여」, 『考古廣場』18. 釜山考古學研究會.

李榮文, 1993, 「全南地方 支石墓 社會의 研究」, 韓國敎員大學校大學院 博士學位論文.

이원태 外, 2012, 『慶州 花川里 山251-1遺蹟』, 嶺南文化財研究院.

이일갑·노재헌 外, 2013, 『울산 길천유적』, 동양문물연구원.

李在賢, 2002, 『金海大淸遺蹟』, 釜山大學校博物館.

李在賢, 2003, 「弁·辰韓社會의 考古學的 研究」, 부산대학교대학원 博士學位論文.

이청규, 2015, 『다뉴경과 고조선』, 단국대학교 출판부.

이청규, 2019, 「수장의 개념과 변천:영남지역을 중심으로」, 『영남지역 수장층의 출현과 전개』, 제28회 영남고고학회 정기학술발표회 자료집, 영남고고학회.

유발 하라리(조현욱 역), 2015, 『사피엔스』, 김영사.

李賢惠, 1984, 『三韓社會形成科程研究』, 一潮閣.

李熙濬, 2000, 「삼한 소국 형성 과정에 대한 고고학적 접근의 틀-취락 분포 정형을 중심으로-」, 『韓國考古學報』43, 韓國考古學會.

李熙濬, 2011, 「한반도 남부 청동기~원삼국시대 수장의 권력 기반과 그 변천」, 『嶺南考古學』58, 嶺南考古學會.

이희진, 2016, 「환위계적 적응순환 모델로 본 송국리문화의 성쇠」, 『韓國靑銅器學報』18. 韓國靑銅器學會.

林孝澤 外, 1987, 『居昌, 陜川 큰돌무덤』, 東義大學校博物館.

정의도·김상현, 2014, 『釜山 加德島 獐項遺蹟』, 한국문물연구원.

鄭澄元 外, 1987, 『陜川苧浦里E地區遺蹟』, 釜山大學校博物館.

조상훈 外, 2015, 『金海 新文里 遺蹟』, 한겨레문화재연구원.

진성섭 外, 2000, 『大邱八達洞遺蹟Ⅰ』, 嶺南文化財研究院.

崔夢龍, 1981, 「全南地方 支石墓社會와 階級의 發生」, 『韓國史研究』. 한국사연구회.

최성락, 2004, 『한국 고고학의 방법과 이론』, 학연문화사.

崔鍾圭, 2010, 「龜山洞遺蹟 A2-1호 支石墓에서의 聯想」, 『金海 龜山洞遺蹟Ⅹ 考察編』. 慶南考古學研究所.

崔鍾圭 外, 2002, 『晋州 大坪 玉房 1·9地區 無文時代 集落』, 慶南考古學研究所.

崔鍾圭 外, 2002, 『陜川盈倉里無文時代集落』, 慶南考古學研究所.

崔鍾圭 外, 2003, 『泗川 梨琴洞 遺蹟』, 慶南考古學研究所.

崔鍾圭 外, 2010, 『金海 龜山洞 遺蹟』, 慶南考古學硏究所.
平郡達哉, 2012, 「무덤자료로 본 南韓地域 靑銅器時代 社會 硏究」, 釜山大學校大學院
　　　　博士學位論文.
하승철·박상언, 2007, 『咸陽 花山里遺蹟』, 慶南發展硏究院 歷史文化센터.
하진호 外 2009, 『大邱 大泉洞 511-2番地遺蹟Ⅱ』, 嶺南文化財硏究院.
韓永熙·任鶴鐘, 1993, 『煙臺島Ⅰ』, 國立晋州博物館.
홍보식 외, 2013, 『分節遺蹟』, 釜山博物館.
黃昌漢, 2008, 「靑銅器時代 裝飾石劍의 檢討」, 『科技考古硏究』14, 아주대학교박물관.

「영남지역 지석묘문화의 변화와 사회상」에 대한 토론문

이성주 경북대학교

남한 청동기시대 사회의 전반적인 변동과정 속에서 영남지역의 지석묘가 어떻게 변화되는지, 그리고 그 사회적 의미는 어떻게 설명할 수 있는지를 발표해 주신 이수홍 선생님의 논문에 대해 거의 전적으로 공감하며 토론자로서 특별한 이견을 가지고 있지는 않다.

이 연구에서는 무덤의 분류와 정의를 토대로 변천의 양상이나 지역-간의 관계를 해명해왔던 그동안의 작업을 지양하고 분묘가 등장하는 전기부터 초기철기시대에 이르기까지 영남지역 특징적인 분묘(군) 및 의례유적, 위세적 물품의 물질성에 초점을 맞추어 그것을 지역집단의 구분과 그들 사이의 관계, 권력, 세계관과 사회성과 연결하여 해석했다. 사실 지난 연구에서는 청동기시대 지석묘나 석관묘를 청동기시대 사람의 어떤 창안물로 보려하지 않았던 것 같다. 일정 지역의 분묘가 어떻게 축조되었는가 하는 문제를 분묘의 형식을 구분하고 그 비교를 통해 전파 계통을 따져봄으로써 해명할 수 있다고만 본 것 같다. 분묘가 가진 물질성에 주목하지 않고 분묘 형식과 형식의 관계를 설명하려 한 것이다. 청동기시대 사람들이 물질성과 사회성의 가운데서 사고하고 엮어낸 어떤 것으로 생각하지 못했다. 분묘의 물질성이 어떤 사회성과 연관되어 당시 사람들이 물질을 상대하여 창조해낸 것으로 생각하지 않았다는 것이다. 사실 분묘 자료를 다룰 때 우리는 그것의 물질성은 사람들의 사고, 생활, 유물, 공동체, 정체성 등과 어떻게 얽혀 있나 하는 문제에 관심을 가져 볼만하다.

사실 청동기시대 사회에 접근하는데 취락과 함께 지석묘는 각별히 중요한 자료이다. 1950년대 도유호가 청동기시대를 설정하고 그 시대의 사회적 성격을 파악해 들어갈 때도 지석묘와 부장품(마제석검)이 그 열쇠 노릇을 했다. 청동기시대인데도 청동기는 발표문에도 언급되어 있다시피 사회성과 관련하여 마제석검보다 더 의미 있다고 말할 수 없다. 무엇보다 지석묘는 그 출현과 발전, 그리고 지역차 등이 청동기시대 사회성의 변화와 지역적 변이와 엮여 있을 것이라고 생각된다. 특히 본 발표문에도 각별히 검토했던 묘역식 지석묘의 축조와 지석묘군의 형성, 그리고 일정 경관에 배치된 취락, 지석묘(군), 의례의 장소, 암각화 등의 연관성은 청동기시대 사회에 접근해 가는 가장 중요한 통로일 것 같다. 토론의 주제로 뽑아 본 것은 발표문의 문제를 제기하거나 의견을 달리하는 부분이 있어서가 아니라 영남의 청동기시대 분묘에 대해 하나의 논점이 될 만한 몇 가지 의문을 제기하고 발표자의 의견을 듣고 싶을 따름이다.

첫째, 지석묘(군)의 축조를 사회성과 연결시켜 생각할 때 일차적으로 생각해 보아야 할 것은 개인과 공동체의 정체성이 아닐까 한다. 개별 유구로서의 청동기시대 분묘는 개인의 매장의례의 결과물이다. 한 개인의 무덤이면서 그 사람과 얽혀 있는 부장품이 함께 묻혀있다. 하지만 개별 분묘들은 가깝게 연접되거나, 열상 배치되거나, 묘역을 연접시켜 커다란 군을 이룬다. 그리고 하나의 하천유역을 따라 유사한 분묘군이 동시에 혹은 시간을 약간 달리하면서 축조된다. 초기에 단독으로 축조되었거나 몇 개의 분묘가 군집되다 만 것을 제외하면 분묘군의 조성과 경관에의 분포는 꽤 장기간이 걸렸을 것이다. 물론 지금 발굴되어 노출된 분묘군은 결과물이다. 처음부터 분묘군의 조성이나 경관의 배치를 기획하지 않았을 가능성이 크지만 어느 시점에는 분명히 기획했을 것이고 순수한 사람의 의도가 아니라 경관과 분묘군의 물질성에 이끌렸을 것이다. 말하자면 개인의 정체성, 개인과 공동체의 관계, 그리고 공동체에 대한 의식이 분묘군과 경관의 배치를 만들어 낸 것만이 아니라 분묘군과 그 분포가 만들어낸 경관이 개인과 공동체의 의식을 만들어 낸 것이다. 전사, 혹은 지도자로서의 특정한 개인의 정체성과 공동체의 의식은 역사를 통해 만들어지고 확장되는 것은 아닐까 하는 생각이 든다. 그렇다면 청동기시대 후기까지 지석묘를 축조하는 가운데 지도자의 성격과 공동체의 범위에 관한 당시의 의식은 어떤 것이었을까? 하나의 지도자와 연관된 공동체의 범위는 어떠했으며 시도자들 사이에는 촌장과 속장처럼 상하의 질서와 같은 것이 있었을까? 그리고 초기철기시대로 접어들면서 청동기시대 후기 지석묘 사회는 해체되고 새로운 질서로 대체되었을까? 아니면 지도자와 공동체에 관한 의식이 역사적으로 계승되었을까? 그리고 공동체의 범주는 확장되었으며 실제로 공간적으로도 더 위계화 되어 갔을까?

둘째, 여성의 정체성에 대한 문제이다. 청동기시대 분묘에서는 여성의 존재가 잘 찾아지지 않는다. 마제석검이 부장된 분묘는 대다수 남성이라는 연구도 있고 많지 않은 청동기시대 위세적 가치재로 개발된 것은 남성성과 연관되어 있는 듯하다. 실제로 여성으로 확인된 무덤과 그 부장품이 어떤 것인지 불분명하다. 취락과 가구에서도 여성성은 어떻게 위치하는가? 혹시 발표자께서 그간의 발굴조사를 통해, 혹은 주거와 분묘의 분석을 통해 찾아낸 여성성이 있으시다면 설명해 주시기 바란다.

셋째, 위계화의 문제이다. 뚜렷하게 그 물질성이 파악되지는 않지만 일부 지역에는 상당히 큰 범위 지역공동체를 이끌어간 족장이 적어도 청동기시대 말기에는 존재했다고 생각된다. 그러나 본 토론자의 의견으로는 이 족장도 제도적으로 정해지거나 계승되는 규칙이 있었다고 생각하기는 어렵다. 거의 원삼국시대까지도 족장이 될 수 있는 아주 좁은 계승의 그룹이 선별되어 있었다고 생각되지도 않는다. 그렇다고 모든 사람이 평등하고 족장이 될 수 있다고도 생각하기 어렵다. 우선 지석묘를 축조하고 그 안에 묻힐 수 있는 사람과 그렇지 못한 사람이 변별되었을 것으로 생각된다. 하지만 많은 청동기시대 사회 연구에서는 피라미드와 같은 계층모형을 제안하고 지지한다. 지석묘의 규모와 부장품의 질과 양에 관한 관찰이 그러한 생각을 부추긴다. 발표자께서는 혹시 그러한 피라미드 모형을 지지하시는지? 그렇다면 어떤 물질적 양상이 그것을 뒷받침해 준다고 생각하시는지 말씀해 주신다면 감사하겠다.

3

김해지역 지석묘 축조의
지속과 사회적 의미

이제현 국립김해박물관 학예연구사

I. 머리말
II. 김해지역 지석묘의 입지와 특징
　1. 지석묘의 분포양상과 의미
　2. 입지와 특징
　3. 지석묘와 취락의 관계
III. 김해지역 지석묘의 변천 과정
　1. 마제석검
　2. 적색마연호
　3. 매장주체부
　4. 단계별 특징
IV. 김해의 지석묘 사회
　1. 지석묘 사회는 어떤 사회였는가
　2. 초기철기시대 지석묘의 사회적 기능
V. 맺음말

I. 머리말

　　분묘는 당시 사회 모습을 살펴볼 수 있는 척도이자 이를 축조한 집단의 의식과 사회적 배경까지 살펴볼 수 있는 중요한 고고학적 증거이다. 이 가운데 지석묘는 청동기시대의 대표적인 무덤으로 영남지역을 포함하여 한반도 전역에 집중적으로 분포하고 있다. 특히 지석묘는 거대한 외형으로 인해 축조집단과 사회 발전 단계에 관한 주요한 연구 대상이었다. 기존 연구에서는 지석묘 사회를 공동체적 성격이 강한 사회(김정배 1999; 김승옥 2004; 박양진 2006), 혹은 계층화·위계화가 심화된 사회로 파악하였다(최몽룡 1981; 유태용 2003; 김광명 2003).

　　최근 영남지역에서는 묘역식 지석묘 축조 단계부터 단순 수장사회이자 계층화가 심화되는 단계로 이해하고 있다(윤호필 2009; 안재호 2012; 우명하 2016; 윤형규, 2019b; 이수홍 2020). 다만 지석묘는 청동기시대에서 초기철기시대까지 존속 기간이 길고(이상길 2003; 김승옥 2006b; 윤호필 2013; 이동희 2019), 지역차가 존재하기에 모든 지석묘 사회를 동일한 사회 발전 단계로 볼 수는 없다. 지역과 시기에 따라서 면밀한 검토가 요구되는 이유이다.

　　이 글에서는 범위를 김해지역으로 한정하여 지석묘 사회를 살펴보고자 한다. 김해에는 남한 최대의 구산동 묘역식 지석묘가 존재하며, 청동기시대부터 초기철기시대까지 지석묘가 지속적으로 축조되었다. 강과 하천을 중심으로 지석묘의 밀집 양상도 뚜렷하고, 율하리 유적과 같이 지석묘와 생활취락과의 관계를 살펴볼 수 있는 유적도 조사되었다. 더욱이 가야 건국 이전 구간 사회를 파악하는 단초를 제공하기도 한다는 점에서(이영식 2016; 이동희 2019) 지석묘 연구에서 중요한 연구 지역이다.

　　김해지역에서는 몇 차례에 걸쳐 지석묘 조사가 이루어지기는 하였다(동아대학교박물관·김해시, 1998; 대성동고분박물관 2004; 대성동고분박물관

2012; 국립김해박물관·울산문화재연구원 2019). 하지만 대체로 지표조사 수준으로 실제 발굴된 지석묘의 수가 적고, 부장품도 빈약하여 명확하게 시기나 사회상을 살피기에는 부족함이 있었다. 여전히 이러한 한계점은 뚜렷하지만 그동안 축적된 청동기시대 유적과 지석묘를 새롭게 검토하여 지석묘와 생활유적과의 관련성, 지석묘의 변천 과정, 초기철기시대까지 조성된 지석묘의 사회적 기능을 살펴보고자 한다. 이를 통해 가야 이전 구간 사회의 일면을 살펴보도록 하겠다.

II. 김해지역 지석묘의 입지와 특징

1. 지석묘의 분포양상과 의미

김해지역 지석묘는 총 18곳에 98기가 분포하는 것으로 알려져 있으며,[1] 해반천, 율하천, 조만강 유역에 집중한다. 이를 구간사회에 대비하여 9개 권역으로 나누어 본 연구도 있으나(이동희 2019: 155), 지석묘가 수계를 따라 지역성을 가지며 축조된다는 점에서 인위적으로 9개 권역으로 나누기보다는 해반천, 율하천, 조만강유역 등 수계로 구분하여 살펴보는 것이 적절하다고 생각된다. 지석묘는 당시 고지형적으로 고김해만이 조망되고, 하천을 따라 평지가 펼쳐진 곳에 주로 위치한다. 높은 밀집도를 보이는 곳은 해반천 유역이며, 동일 취락에서 가장 많은 지석묘가 집중된 곳은 율하천 유역의 율하리 유적이다. 지석묘는 청동기시대 분묘 유적(석

---

[1] 김해지역 지석묘는 23곳에 분포한다고 알려져 있었으나, 최근 조사한 결과 7곳이 유실되었고, 2곳이 새롭게 확인되었다(국립김해박물관, 울산문화재연구원 2019: 2). 다만 지석묘로 보고되었으나 지석묘가 아닐 가능성도 있으며, 연구자에 따라 지석묘의 기준이 다를 수 있다는 점에서 유동적인 수치임을 밝힌다.

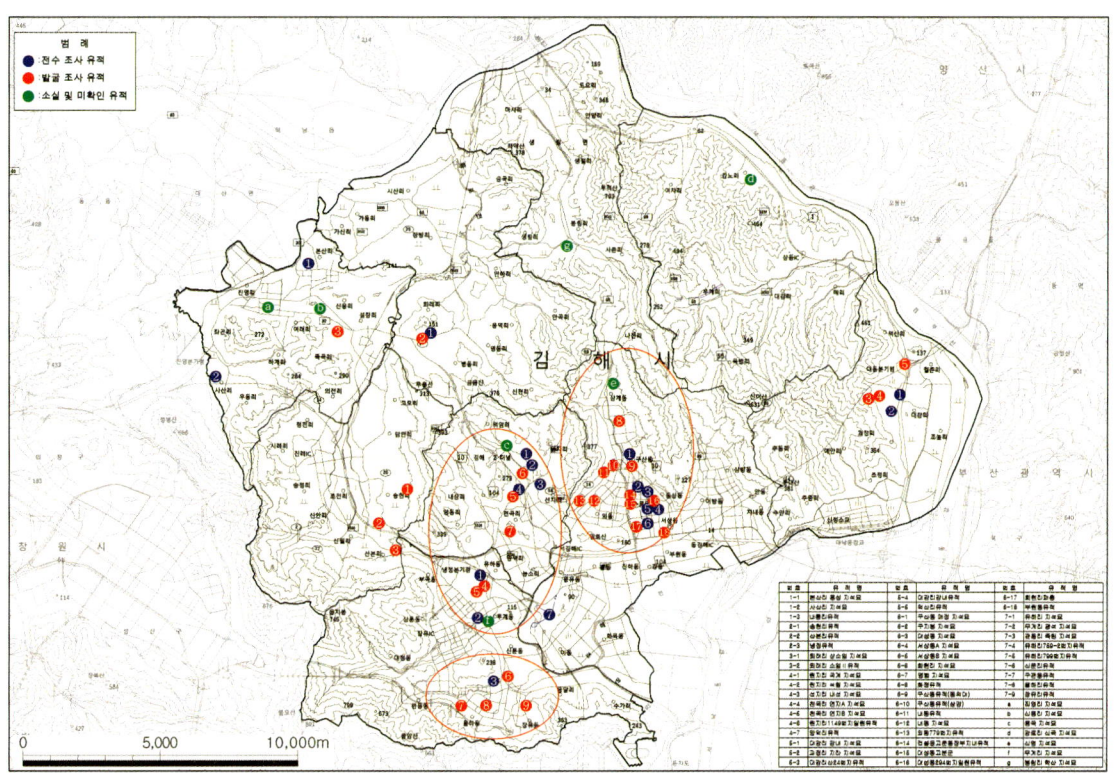

[그림 1] 김해지역 청동기시대 무덤 분포(국립김해박물관·울산문화재연구원 2019, 11쪽 수정 후 인용)

관묘, 토광묘)과 주거지 등의 생활유적 분포와도 일치한다. 따라서 청동기시대부터 지석묘가 축조된 지역을 중심으로 주민 집단이 생활했음을 추정할 수 있다.[2]

그간 지석묘 입지와 관련해서는 지석묘 축조가 농경과 연관되었다는 것을 전제로 농경에 적합한 곳에 지석묘가 위치했을 것으로 추정하였다. 즉 농경의 발달로 인간의 정주성이 강화되고, 토지에 구속됨으로써 기념비적 건축물 축조가 가능했다는 것이다. 이러한 관점에서 지석

---

[2] 이외에 대동면과 진례면, 진영읍에서도 지석묘가 분포하고 있다. 다만 진례면이나 진영읍은 지리적 여건으로 보면 해반천과 조만강 유역과는 구분되며, 낙동강을 따라 창원 지역과 더 친연성이 높을 것으로 판단된다. 대동면 역시 신어산을 경계로 김해 분지와 분리되었고, 낙동강 맞은편에 양산 지역과의 연관성을 살펴볼 여지가 있다. 따라서 청동기시대 김해지역의 문화권은 김해 분지 일원으로 살펴보는 것이 적절하다.

묘를 지리환경적 입장에서 살펴보는 일련의 연구도 있었다(김선우 2016: 111~136; 강동석 2018: 84~92; 강동석 2019a: 31~32; 강동석 2019b: 21~23).

하지만 지석묘가 언제나 농경에 적합한 곳에 입지하지 않는다는 점에서(김범철 2010a; 김범철 2010b) 농경이 지석묘 축조의 필수불가결한 요건은 아니었을 것으로 판단된다. 특히 당시 김해지역은 현재의 김해 평야가시 바다가 들어왔던 것을 감안하면 농토는 상대적으로 부족하고, 수렵·어로의 생계방식의 비중이 높았을 것이다. 지석묘가 입지하는 해반천이나 조만강 유역은 배후로 농경에 적합한 토지가 있으나, 대규모 지석묘군이 입지할 만큼 비옥하거나 광활하지는 않다. 이런 맥락에서 김해지역이 농경보다는 바다를 통한 대외교류나 어업이 더욱 중요했을 것이라는 주장은 오래전부터 제기되었다(안춘배 1990). 김해 분지가 농경민이 거주하기에 적합한 환경은 아닐 것으로 보거나(이성주 2018: 79), 철을 통한 경제적 여건이 활발해지기 이전에는 김해가 반농반어 생계방식의 교역으로 성장했다는 주장 역시 동일한 맥락으로 볼 수 있다(이동희 2019: 152).

다만 이런 지역일수록 수렵·어로만으로 생계 경제를 유지하기 어렵기에 주변지역과의 교류가 필수적이다. 산곡지대일수록 외부와의 교류를 위해 산곡과 하천을 따라 지석묘가 입지하고 있음이 이러한 양상을 잘 보여준다(오강원 2017: 251~258, 310). 강화도 지석묘 역시 해안선을 따라 어로활동과 외부와의 교역이 적합한 곳에 취락과 지석묘가 위치하고 있다. 이를 고려하면 당시 김해 역시 해양으로의 확장성과 어로활동이 용이한 위치에 지석묘가 입지하였던 것으로 생각된다. 구산동 유적 주거지와 흥동 유적 주거지 등에서 출토되는 야요이계토기와 연지 지석묘에서 출토된 마제형 청동기 등은 지석묘 집단의 대외 교류 모습을 잘 보여준다. 남해안을 걸쳐 해안에 집중하는 지석묘군 역시 농경보다는 해양과의 관련성에 주목할 필요가 있다.

그런 관점에서 김해의 고지형과 지석묘의 입지를 살펴보면 주목되는 점이 있다. 김해지역의 청동기시대 유적이 집중하는 시내권인 해반천 일대와 장유·주촌면의 조만강 일대는 각기 고김해만을 향하여 방파제 역할을 할 수 있는 임호산과 칠산이 위치하고 있다. 이러한 조건은 바다의 직접적인 영향은 피하면서 기수역이 형성되어 생계경제에 유리하고, 해양을 통한 대외 교류의 확장성도 풍부한 해안취락으로 성장할 수 있는 여건을 제공한다.

반면 현재의 어방동과 삼방동 일대는 바닷물을 막아주는 방파제 역할을 할 지형이 없어 해양활동에 취약한 환경이었다. 실제로 어방동 일대는 지석묘를 포함하여 청동기시대 유적이 전무한데,[3] 이는 이 일대가 청동기시대 사람들이 거주하기에 적합하지 않았던 지형임을 보여준다.

결국 이와 같은 수렵·어로의 생계경제에 적합하며, 외부로 확장할 수 있는 환경이 김해지역 청동기시대 취락 조성에도 큰 영향을 미쳤던 것으로 볼 수 있다. 청동기시대의 이와 같은 입지 선정은 가야 건국 이후에도 크게 다르지 않았으며, 이 지역들을 중심으로 목관묘를 비롯한 대형 유적지가 집중하는 것을 통해서도 확인할 수 있다.

물론 이러한 주장이 청동기시대 김해지역에서 농경이 전혀 이루어지지 않았다는 것은 아니다. 김해 구산동 유적에서는 논 유적이 확인되기도 하여(경상문화재연구원 2015), 농경도 이루어지고 있음을 확인할 수 있다. 다만 김해지역 지석묘가 절대적으로 농경 중심 사회에서 조성된 것이라기보다는 해양과 어로 활동이 상대적으로 높은 비중을 차지했던 사회에서 조성되었을 가능성을 제기하는 것이다. 실제로 신석기~청동기시대에 김해지역에서는 많은 수의 패총 자료가 확인되고 있어(임학종 2007), 이러한 해양 중심 생계 경제의 일면을 보여주고 있다.

이런 점에서 기존에 농경 사회의 기념물이라는 전제 속에 살펴보았던 지석묘도 다양한 시각에서 살펴볼 필요가 있다. 즉 지석묘의 축조가

---

[3] 어방동 고지성 취락이 조사되기는 하였으나(경남고고학연구소 2006), 이 역시 분성산 정상부에 위치한다는 점에서 어방동 일대 유적으로 보기는 어렵다.

농경사회를 전제하여 조성되었다기보다는 정주성의 결과로 파악하는 것이 적절하다는 것이다. 물론 대부분의 지석묘 축조는 농경을 통한 정주성 강화가 주요한 요인이었겠으나, 그러한 여건이 충분히 갖추어지지 않은 지역에서도 지석묘이 축조 가능성은 존재하기 때문이다. 따라서 향후에는 지석묘 사회의 성립을 반드시 농경사회로 대입하는 것보다는 다양한 시각과 관점으로 접근할 필요성이 있다.

2. 입지와 특징

지석묘의 입지는 평지, 구릉, 고갯마루, 산기슭으로 분류하거나(이영문 2002: 50), 산마루, 산능선, 산하사면, 평지, 논 등의 범주로 나누기도 한다(유태용 2003: 425). 구릉이라 하더라도 정상부, 사면부, 말단부 등에 입지하는 것에 따라 의미가 다를 수 있기 때문에 세분할 필요가 있다. 구릉 정상부에 입지하는 지석묘는 주변을 조망할 수 있는 탁월성과 단독으로 입지하는 독립성 때문에 의례 기념물, 공동체의 상징물 등으로 이해하였다. 고갯마루는 묘표석으로, 평지나 논은 집단의 경계석 혹은 토지 점유에 대한 상징성 등으로 해석되어왔다.

김해지역 지석묘는 구릉 정상부와 사면부, 말단부, 평지에서 확인된다. 구릉 정상부에는 단독으로 조성되었으며, 구릉 사면부나 말단부는 군집하는 경향이 나타난다. 평지에는 대형의 묘역식 지석묘가 축조되는 특징이 있다.

김승옥은 호남지역 묘역식 지석묘의 전개 과정을 3단계로 살펴보면서 Ⅰ단계의 묘역식 지석묘는 독립적으로 위치하며, Ⅱ단계에서는 규모가 거대해지고 군집하는 양상을 띠고, Ⅲ단계는 묘역시설이 소형화되거나 사라지는 단계로 보았다(김승옥 2006a: 83~86). 배진성 역시 전기 후반의 분묘는 대부분 단독묘로 구릉 정상부나 능선부 등 조망이 유리한 곳에 입지하며, 공동체를 대표하는 개인 무덤으로 보았다((배진성 2011:17~19; 2012: 8~9). 독립적이고, 구릉 정상부라는 위치는 주변에 대한 가시권을 확보하는 방어적인 측면도 있지만 자신들의 존재를 가시적으로 드러내는 방편이기도 하다(김종일 2006: 137). 이 경우 지형에 따라서 상대적으로 낮은 고도에서도 넓은 반경을 조망하는 가시권이 형성될 수 있다.

그렇지만 이처럼 공동체의 기념물이나 상징물로 작동하기 위해서는 일정 규모 이상의 지석묘일 때 가능하다. 지석묘의 축조가 수장이 공동체에 대한 이념의 조작을 통한 통제든 혹은 노동력 통제의 목적이든 간에(김범철 2010a: 16~19) 적어도 주변에 수장층의 자기 과시가 이루어질 정도의 외형적 규모가 드러나야 역할을 할 수 있기 때문이다.

이에 비해 김해에서 구릉 정상부에 단독으로 위치하는 용성, 사산리, 구지봉, 회현리 지석묘는 규모에서 탁월성이 드러나지 않는다.[4] 용성이나 사산리 지석묘는 주변이 평지이기 때문에 상대적으로 조망이 유리한 구릉에 위치할 뿐이다. 구지봉이나 회현리 지석묘는 입지 자체가 상징성을 띠는 구릉이라는 점을 제외하면 규모가 월등하지 않다.

그나마 대성동 1호 지석묘의 경우 독립적인 구릉에 대형 지석묘라는 점에서 눈에 띤다. 대성동 1호에서 출토된 적색마연호는 구경부와 동체부의 경계가 뚜렷하고, 최대경이 중위에 위치하며 저부 역시 평저화되는 모습을 보이고 있다. 청동기시대 후기에 해당하는 율하리 유적 A1-1호, A2-19호와 형태적으로 유사하며, 출토된 유경식석촉 역시 거의 동시기의 것으로 생각된다.[5] 대성동 지석묘 인근에서도 대체로 후기로 편년되는 송국리식 주거지가 집중한다는 점도 대성동 지석묘의 시기를 짐작케 한다. 이런 점으로 볼 때, 김해지역의 경우 이른 시기에 구릉 정상부에 의

---

4 용성 지석묘는 현재 1기만 잔존하나, 본래 3기가 위치하였다고 한다. 회현리 지석묘 역시 정상부에 2기가 존재하여 구릉 정상부에 단독으로 입지하는 지석묘는 아니었을 가능성이 있다.
5 공반하는 완이 와질토기의 특징이 보인다는 점에서 점토대토기단계까지 내려올 가능성이 언급되었다(이수홍 2020: 23).

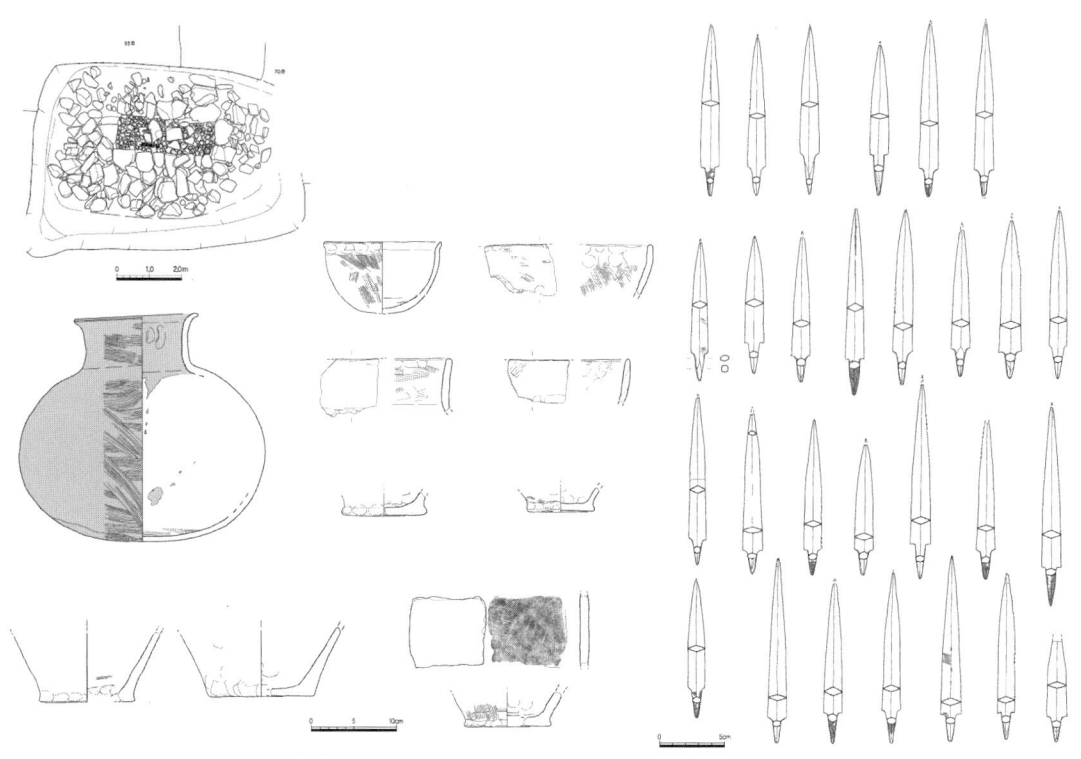

[그림 2] 대성동 1호 지석묘

례 기념물이나 공동체의 상징물로 조성된 지석묘는 없다고 봐도 무방하다.

　오히려 평지에 입지하는 묘역식 지석묘가 공동체의 기념물로 작동했을 가능성이 있다. 묘역식 지석묘는 전기 후반부터 출현하지만 영남지역에서는 후기에 집중한다(윤형규 2019a: 31~34). 김해지역 역시 후기부터 묘역식 지석묘가 축조되는데, 대표적으로 율하리 유적 묘역식 지석묘가 있다. 묘역식 지석묘는 적석으로 대형의 묘역시설이 설치되는 것이 특이점이다. 다단토광으로 매장주체부를 강조했다는 점에서 무덤인 것은 분명하지만 거대해진 묘역시설은 단순히 유력 개인무덤만으로 사용하지 않았음을 보여준다. 다수의 노동력이 뒷받침되는 것을 전제로 했을 때, 유력 개인의 무덤이면서 동시에 공동체의 결속과 통합의 상징적인 의미가 가미된 것으로 볼 수 있다. 동일 묘역시설 내에서 다수의 매장주체부가 조사된다는 점도 이러한 점을 뒷받침한다.

그렇다면 그와 같은 상징물이 왜 전기와 같이 구릉상에 배치되지 않았을까 하는 의문이 든다. 묘역식 지석묘가 평지에 입지하는 것에 대해서 묘역 설치를 위해서는 넓은 지역이 필요해 평지에 위치할 수밖에 없다고 보거나(김승옥 2006a: 82~83), 충전대지에 조성되다보니 연약한 지반을 다지기 위해 적석 시설을 부가하는 과정에서 등장했다는 견해가 있다(노혁진 1986). 하지만 구릉 평탄 대지면에도 묘역식 지석묘를 충분히 조성할 수 있다는 점에서 묘역이라는 속성 때문에 평지에 입지한다고 보기는 어렵다. 오히려 평지에 굳이 배치되어야 하는 이유가 해결되어야 하는데, 결국 이는 청동기시대 후기 이후로 구릉상에 입지하던 주거지가 충적대지와 같은 평지로 이동한 점과 연관이 될 듯하다.

알려진 바와 같이 청동기시대 후기에는 수도작이 본격화된다. 이는 당시 청동기인들의 생계방식이 변했음을 보여준다. 그에 따라 생활공간과 공동체의 기념물 역시 수도작이 유리한 평지로 내려왔을 것이다. 앞에서도 언급했듯이 농경과 밀접한 관련이 있는 지석묘는 토지에 대한 소유 집단의 경계를 보여주는 방편으로 활용되기도 하였다. 물론 김해와 같이 농경보다 수렵·어로의 생계방식이 함께 강조되고 곳에서는 해양으로의 확장성과 어로 활동을 위해서도 더욱 평지로 내려왔을 가능성이 크다. 결국 김해지역 지석묘는 청동기시대 후기부터 생계 경제와 외부와의 접근성으로 인해 평지로 점차 이동했으며, 이 시기부터 공동체의 기념물이자 지배자의 무덤으로 축조되었던 것으로 보인다.

3. 지석묘와 취락의 관계

무덤은 필연적으로 사람이 거주했던 생활영역과 밀접한 관계를 맺고 있다. 지석묘와 정주취락의 관련성은 오래전부터 관심의 대상이었다

(박순발 2002). 사람이 거주하는 곳을 중심으로 분묘가 축조되었을 것이라는 점에서 분묘와 생활유적의 대응관계는 충분히 상정해 볼 수 있다.

김해지역의 지석묘 역시 단위 취락과 대응관계에 있을 것이지만 그 관계가 현재까지 명확하지는 않다. 이는 확인된 지석묘 수에 비해 생활유적의 조사가 부족한 상황이라는 점도 있지만 기본적으로 지석묘와 취락이 동시기라는 것이 전세되어야시만 논의가 가능하기 때문이다. 그럼에도 최근 꾸준히 생활 유적이 조사되고 있으며, 율하리 유적과 구산동 유적처럼 생활유적과 분묘유적이 함께 조사된 대형 유적도 있어 이러한 유적을 중심으로 지석묘와 취락의 관계를 살펴보고자 한다.

청동기시대의 주거지와 분묘의 관계는 두 유구가 공존하는 일체형 취락과 서로 떨어져 있는 분리형 취락으로 나눌 수 있는데(최종규 2005), 주로 주거영역과 분묘영역이 구분되어 조성되는 경우가 많다. 전기 분묘의 경우 주거지가 분묘를 둘러싸는 배치를 보이기도 하지만(배진성 2018: 43~44), 김해지역에서는 전기로 특정되는 분묘는 조사된 예가 없고, 어방동 고지성 취락과 안하리 유적, 산본리 유적, 율하리 유적 등에서 전기 주거지만이 일부 확인되고 있다.

어방동 고지성 취락 유적에서는 28동의 주거지가 조사되었는데 세장방형·장방형 주거지가 주를 이룬다. 38호 주거지에서 토광위석식노지가 37·49·71·84호 주거지에서 이중구연단사선문토기가 출토되었다. 다만 인근에서 분묘 유적이 확인되지 않아 분묘와의 관련성과 취락의 양상을 확인하기는 어렵다.

안하리 유적에서는 세장방형 주거지 3동이 확인되었으나 분묘는 조사되지 않았다(경상문화재연구원 2011). 산본리 유적에서는 구순각목문토기가 출토된 세장방형 주거지 3동과 석관묘 1기 조사되었다(삼강문화재연구원 2016). 율하리 유적 B-6호 주거지에서는 토광형노지가 확인되었고, C-3호에서는 공렬문토기와 구순각목공렬문토기가 조사되었다. 이외에 E-8·10호의 경우 주거지의 형태로 인해 전기로 볼 가능성을 제기되었

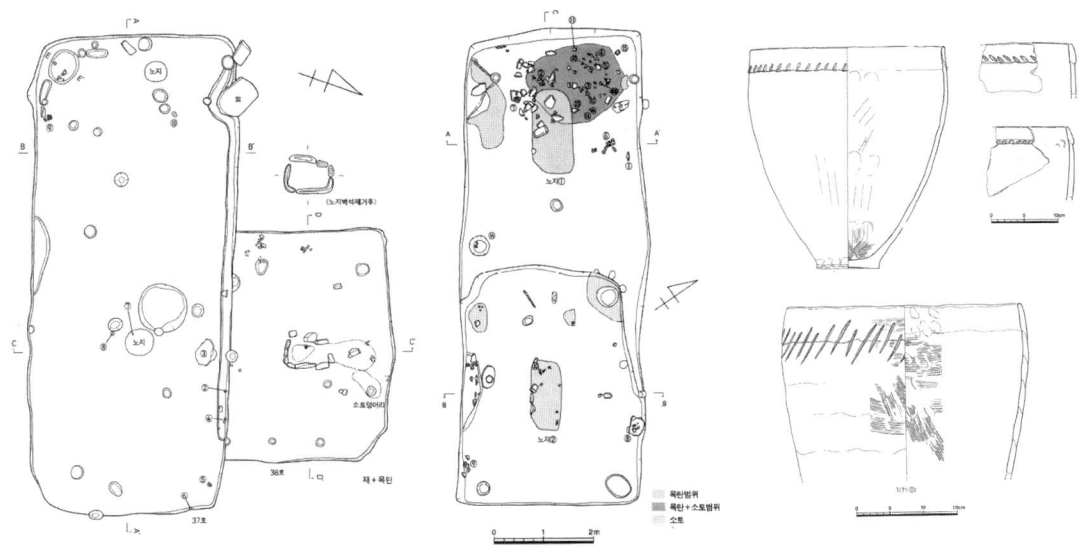

[그림 3] 어방동 고지성 취락 유적

다(윤호필·고민정 2009). 전기로 특정할 주거지가 적을뿐더러 분묘유적은 확인된 예가 없기 때문에 전기 주거지와 분묘 사이의 상관관계를 명확히 확인할 수는 없다. 다만 전기 취락이 화전농경과 채집 생계 경제와 결부되어 있기에(안재호 2000: 51~54) 향후 어방동 고지성 취락과 같이 고지대를 중심으로 전기 취락과 분묘가 확인될 가능성이 있다.

이처럼 김해지역에서 청동기시대 유적은 전기에는 거의 확인되지 않고, 주로 후기에 집중한다. 밀집도가 높은 해반천 일대는 해반천을 경계로 동쪽의 대성동 일대와 서쪽의 구산동 일대로 나눌 수 있다. 대성동 일대에서는 대형 취락지가 조사되지 않았지만 취락 입지와 관련하여 주목되는 점이 인근에서 조사된 7곳의 환호유적이다(경남문화재연구원 2003·2007·2019; 한국문화재보호재단 2010a·2010b; 두류문화연구원 2014; 동양문물연구원 2015).[6]

----
6   수로왕비릉 주차장부지 내에서도 환호가 조사되었지만(경남발전연구원 2004), 거리적으로 멀어

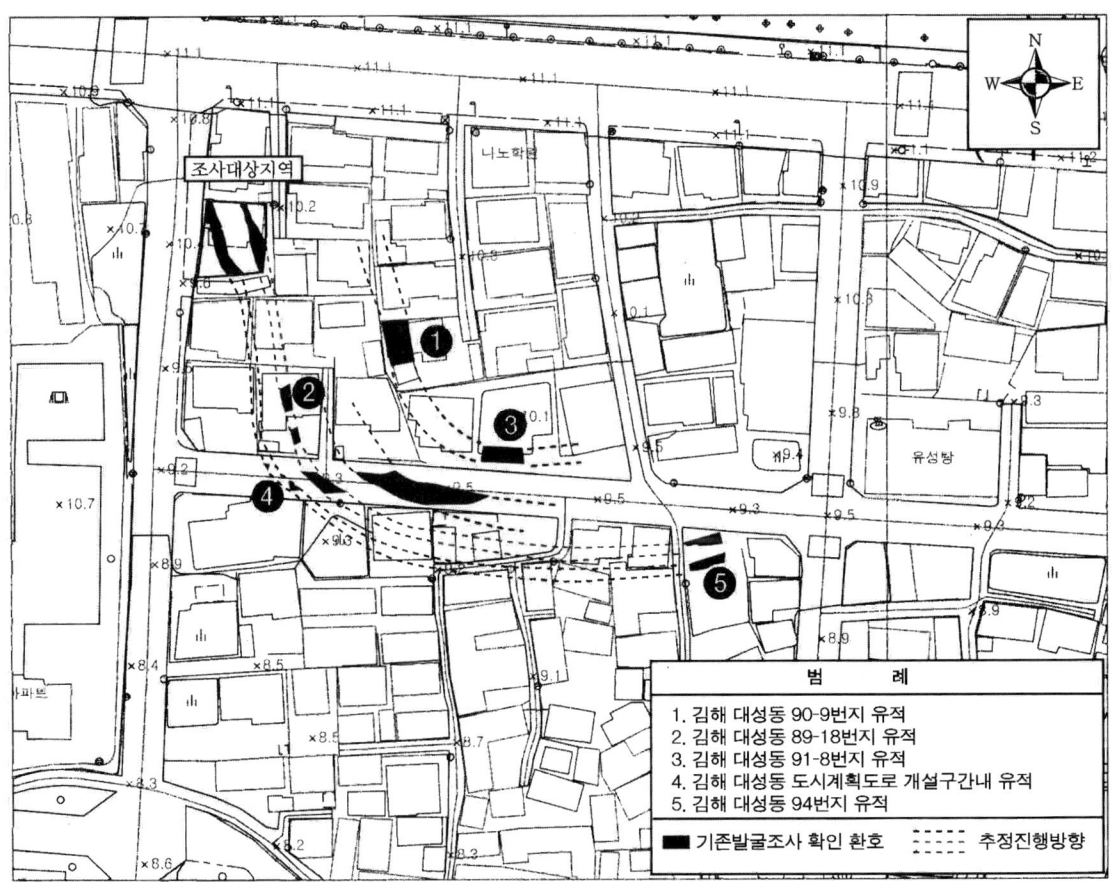

[그림 4] 대성동일대 환호 추정 방향(경남문화재연구원 2019, 85쪽 재인용)

       이 가운데 6곳은 대성동 고분군 동편에 위치하고, 1기의 환호만이 북쪽으로 300m 떨어진 곳에 위치한다. 홀로 떨어진 대성동 환호 유적에서는 2기의 환호가 조사되었고, 내부에서 공렬문토기편과 무문토기가 출토되었다. 환호의 진행방향은 전체적으로 동-서이며, 한 구의 경우 남쪽으로 크게 꺾인다. 아직까지는 대성동 환호가 나머지 6기의 환호와 서로 연결된다고 단정 짓기는 어렵지만 인접한 지역에서 진행 방향도 크게 다르지 않다는 점에서 관련성이 높아 보인다. 대성동 일대 환호가 연결된다

직접 비교하기는 어렵다.

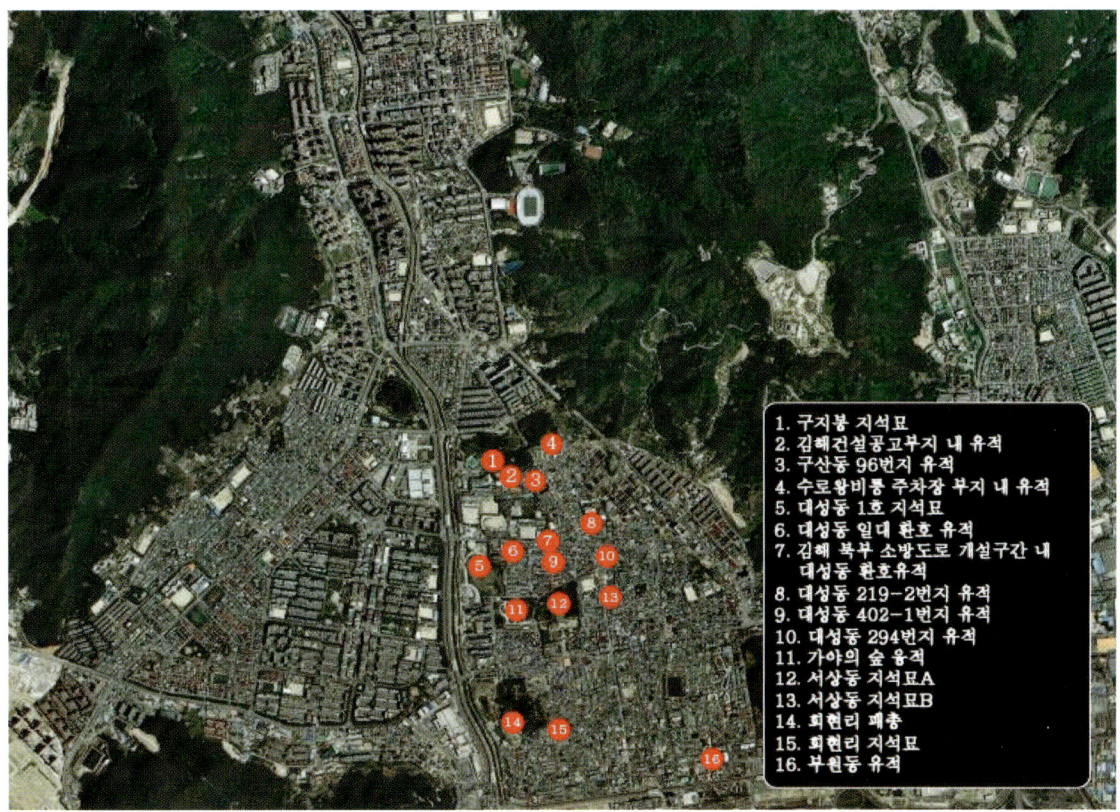

[그림 5] 대성동 일대 청동기시대 유적 분포도

면 어떤 성격의 유구인지가 중요하다. 현재까지 확인된 진행 방향에 따른 범위를 살펴보면 환호로 추정되는 유구 내 공간은 매우 협소하기에 대형 취락이 입지하기에는 어려워 보인다. 그렇다고 특정 공간을 분리하여 성역화하는 환호라고 보기에는 인근에 구지봉이나 대성동 구릉과 같은 독립적이고 신성시되는 공간이 있었다는 점에서 무리가 있다. 오히려 이 지역이 해반천에서의 범람의 우려가 있던 지역인 만큼 배수 시설 등으로 사용한 구상유구였을 가능성도 고려해야 할 것으로 보인다.

그렇다면 대성동 일대의 취락은 어디에 위치했을까(그림 5). 현재 대성동 일대 주택지에서는 구상유구로 추정되는 유구와 함께 분묘 유적만이 일부 확인되었다. 주거지가 조사되지 않는 점이 특이점인데, 봉황동

남쪽까지 바다가 들어왔고, 해반천을 마주보고 취락이 입지했을 가능성이 낮다고 본다면 당시 사람들이 거주할 수 있는 곳은 분성산 서사면밖에 남지 않게 된다.

직접적으로 비교하기는 어렵겠지만 율하리 유적과 구산동 유적 역시 하천에 가까운 평지에 분묘가 입지하고, 배후 구릉상으로 갈수록 주거지가 분포하고 있다는 점을 주목할 필요가 있다. 분성산 서사면에 위치한 구산동 유적(동아대 발굴)과 화정 유적에서 각각 주거지 18동과 지석묘 4기, 주거지 7동이 조사되어, 대성동 일대 취락의 존재 양상을 유추해 볼 수 있다.

실제 청동기시대 주거지와 지석묘의 관계에서 주거지는 지석묘보다 높은 고도에 위치하는 경우가 많다. 이는 가시권을 확보하여 방어에 유리한 지역을 주거 지역으로 선정한 것으로 볼 수 있다(김선우 2016: 133). 결국 대성동 일대의 지석묘를 포함한 분묘 유적은 분성산 서사면을 중심으로 거주했던 주민집단과 대응관계에 있었다고 볼 수 있다. 그렇지만 아직까지 분성산 서사면에서 대형 취락으로 볼 만한 유적이 조사되지 않아 일종의 가능성 제기 수준이다.

구산동 일대는 크게 보면 해반천 유역이지만 해반천을 경계로 대성동 일대와는 구분되고, 유적도 경운산 동남사면에 집중하고 있어 별개의 지역으로 살펴볼 필요가 있다(그림 6). 더욱이 대표적인 구산동 유적은 야요이계토기가 다수 출토되어 그 성격도 대성동 일대와는 차이가 있다. 구산동 유적에서는 주거지 91동과 수혈 28기, 고상건물지 2동, 분묘 12기가 조사되었다. 분묘는 A·B·C구역 모든 곳에서 확인되며, 석곽, 석관, 석개토광, 목관묘 등 다양한 매장주체부를 가지고 있다. 주로 경운산 구릉에 가까운 곳부터 주거지가 위치하고, 점차 평지로 내려오면서 분묘 유적이 분포하고 있다.

같은 소지역권으로 내동 지석묘가 포함된다. 지리적으로는 해반천 유역과 조만강 상류역 접경지대에 위치하지만 내동 2호, 3호 지석묘에서

[그림 6] 구산동 일대 청동기시대 유적 분포도

구산동유적에서 보이는 야요이계토기가 확인되고 있어 구산동 유적과 친연성이 있는 집단으로 볼 수 있다.

다음으로 율하천 일대는(그림 7) 반룡산과 굴암산으로 둘러싸여 있는 곡간지대에 위치한다. 이 가운데 거점 취락으로 볼 수 있는 율하리 유적에서는 많은 수의 분묘와 주거지가 확인되었다. 이곳에서는 분묘영역과 주거영역이 혼재하기도 하지만 일정부분 구분되어 있다. 분묘는 하천에 인접한 평지인 A지구에 대거 집중되어 있으며, 구릉쪽으로 주거지가

[그림 7] 율하천 일대 청동기시대 유적 분포도

배치되어 있다. 율하리 유적 역시 구산동 유적과 동일한 조성 원리 속에 취락이 배치되고 있다.

이외에 율하천 일대를 끼고 도는 분지 내에는 몇 곳의 유적이 더 확인되었지만 대부분 분묘 유적이다. 장유리 유적에서 석관묘 4기와 석개토광묘 2기가 조사되었고, 구관동에서는 대암 1기가 확인되었다. 신문리 유적 석관묘에서는 창원 진동과 유사한 재가공한 청동검이 조사되었다. 율하천 일대는 반룡산을 경계로 조만강 유역과는 구분되지만 출토되는 유물 양상을 고려하면 문화적으로는 큰 차이가 확인되지는 않는다.

조만강 유역은 상류역의 주촌면 일대와 중류역의 장유 일대를 포괄한다(그림 8). 이 가운데 상류역은 분묘 유적만이 확인되어 지석묘와 취락의 관계를 확인하기 어렵다. 중류역의 경우 신문동 507-5번지에서 송국리형 주거지 1동과 지상식 건물지가 확인되었고, 삼문리 능동 유적에서 주거지 2동, 대청 유적에서 주거지와 수혈이 확인되었다. 복합유적이 아닌 단일 유적의 자료이기에 단언하기는 어렵지만 대체로 생활유적은 구릉 가까이에 위치하며, 지석묘군은 하천과 인접한 평지에 배치되는 양상을 확인할 수 있다.

[그림 8] 조만강 일대 청동기시대 유적 분포도

조만강 유역에서 주목되는 점은 주촌면 일대에서 망덕리 유적 분묘를 제외하면 청동기시대 유적이 조사되지 않았다는 점이다. 이곳은 황새봉 자락이 남동쪽으로 뻗어나가면서 곡간부를 형성하고 있으며, 그 사이로 조만강이 흐르고 있어 사람들이 거주하기에 알맞은 곳이다. 실제 목관묘 단계부터 양동리 유적과 망덕리유적과 같은 대형 분묘군이 조성되어 있다는 것을 볼 때, 대규모의 취락이 입지했음을 알 수 있다. 그럼에도 현재까지 청동기시대 생활유적이나 분묘유적의 수가 적다는 것이 특이점이다. 칠산을 기점으로 하여 주촌·장유 일대에서 확인되는 분묘 유적을 볼 때, 이곳도 하나의 단위 취락으로 존재하였을 가능성이 높을 것으로 보인다. 향후 청동기시대 유적이 조사되길 기대해본다.

Ⅲ. 김해지역 지석묘의 변천 과정

위에서 살펴본 것처럼 청동기시대 후기부터 집중적으로 조성된 김해지역의 지석묘는 어떠한 변천 과정을 거쳤을까. 김해지역 지석묘에서는 주로 마제석검과 적색마연호, 마제석촉만이 부장품으로 출토되어 문화상이나 시기 문제를 특정하기 어려움이 있었다. 이 장에서는 기왕의 마제석검과 적색마연호의 연구 성과를 중심으로 김해지역 지석묘의 변천 과정을 살펴보도록 하겠다. 다만 현재 상석이 유실된 채, 매장주체부만 확인된 경우가 많고 상석이 존재하는 지석묘의 출토 유물만으로는 이를 파악하기 어렵기 때문에 지석묘 하부구조로 추정되는 석관묘, 석개토광묘, 석개목관묘 등의 출토유물과의 비교를 통해서 살펴보도록 하겠다.

1. 마제석검

마제석검은 유병식과 유경식으로 크게 나눌 수 있으며, 유병식은 단면 형태, 검신형태, 혈구 유무, 병두부 형태 등으로 세분할 수 있다(박선영 2004). 김해지역 지석묘에서 출토되는 마제석검은 주로 유병식으로 일단병식과 이단병식이 모두 확인되며, 이단병식석검은 유절병식석검이 주로 출토된다. 김해지역 마제석검은 유절병식석검의 형태적인 변화와 일단병식석검의 등장을 통해 크게 2단계로 구분된다.

I단계는 유절병식석검 중 병부 하단이 벌어지는 형태로 원지리 1호 석관묘, 율하리 A2-15호 출토품이다. I단계 석검은 후기 전반에 해당하는 진안 여의곡 30호 상주 청리 I-나지구 4호 지석묘 출토품과 유사하다는 점에서(윤성현 2015: 81) 후기 전반으로 생각된다. II단계는 일단병식석검과 함께 병부 하단이 과도하게 벌어지는 유절병식석검이 등장한다. 김해 내동 1호 석관묘, 퇴래리 4호, 율하리 A2-3호, A2-18호, A2-17호

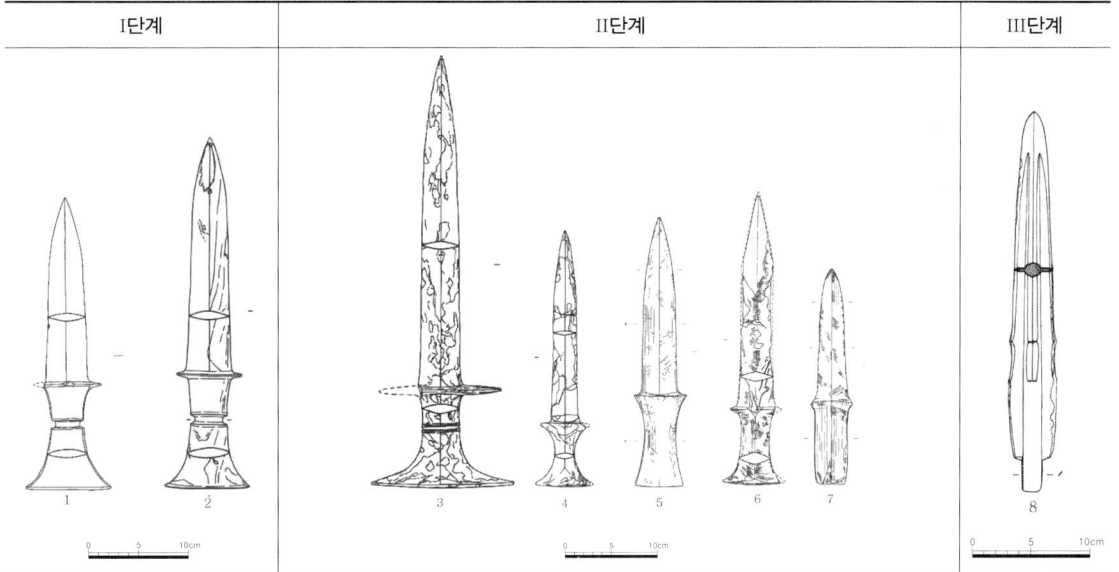

[그림 9] 김해지역 석검·동검
1. 원지리 1호 석관묘, 2. 율하리 A2-15호 묘역식 지석묘, 3. 율하리 A2-17호 묘역식 지석묘, 4. 율하리 A2-3호 목관묘, 5. 내동 1호 석관묘, 6. 율하리 A2-18호 석관묘, 7. 퇴래리 4호 지석묘, 8. 내동 1호 지석묘(부산대)

가 있다. A2-17호의 유절병식석검은 길이가 길어지고, 병부가 과대해지는 모습을 통해 후기 후반에 등장하는 과대장식석검으로의 변천 과정으로 볼 수 있다.

마제석검은 아니지만 마제석검이 부장되지 않고 새롭게 세형동검이 대체재로 매장되는 시기가 존재한다. 편의상 Ⅲ단계로 설정할 수 있는데, 김해에서는 유일하게 내동 1호 지석묘가 있다. 김해지역 지석묘에서는 청동기의 부장이 거의 전무하다는 점에서 특수한 경우이다. 이곳에서는 세형동검과 함께 흑색마연토기가 출토되었다. 기존에는 세형동검의 형식을 토대로 기원전 4~3세기경으로 편년하였으나(부산대학교박물관 1983), 함께 조사된 내동 2호, 3호 지석묘에서 출토된 야요이계토기의 형식 등을 볼 때, 기원전 2~1세기까지 내려올 수 있으리라 생각된다(武末純一 2010: 170).

2. 적색마연호

영남지역 적색마연호는 동체부와 구연부, 저부의 형태 등으로 분류하고 있다(송영진 2006; 2012; 김미영 2010). 기존 연구 성과를 통해 볼 때, 김해지역 적색마연호는 3단계로 구분된다. Ⅰ단계는 구연부가 C자형으로 벌어지는 형태와 장경호 형태의 적색마연호이다. 원지리 1호와 3호 석관

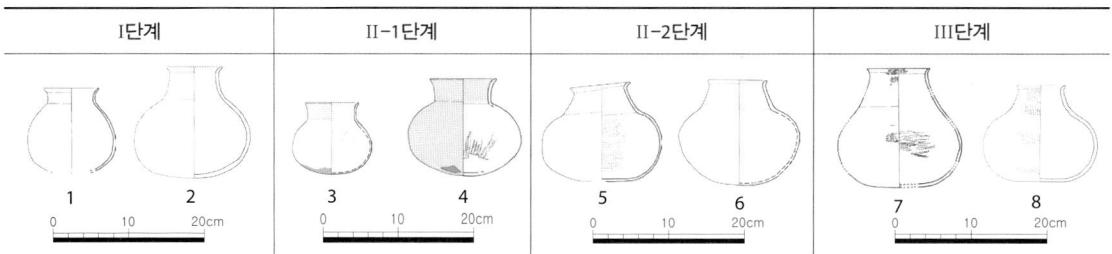

[그림 10] 김해지역 석검·동검
1. 원지리 3호 석관묘, 2. 원지리 1호 석관묘, 3. 율하리 A2-3호 목관묘, 4. 내동 1호 석관묘, 5. 퇴래리 1호 지석묘, 6. 퇴래리 4호, 7. 내동 2호 지석묘, 8. 내동 3호 지석묘

묘 출토품이 해당한다. 원지리 3호 석관묘 출토의 적색마연호는 전기 후반에 해당하는 율하리 A1-14호, A1-20호의 가지무늬토기와 형태적으로 유사하여 이에서 영향을 받은 기형으로 볼 수 있다. Ⅱ단계는 동체부가 편구형이면서 구연부는 직선하다가 외반하는 형태와 동최대경이 중상위로 올라오고, 구연부가 내경하다가 외반하는 두 가지 형태가 확인된다. 형태적으로는 차이가 있으나 시기적으로는 큰 차이가 없이 공존했던 것으로 생각된다. 율하리 A2-3호와 내동 1호 석관묘, 퇴래리 1·4호 등이 있다. Ⅲ단계는 저부가 평저화되고, 동최대경은 중하위로 내려오는 것으로 내동 2호, 3호에서 출토되었다.

3. 매장주체부

김해지역 지석묘의 매장주체부는 할석형석관, 판석형석관, 석개토광, 석개목관 등이 확인되었다. 여기서는 앞에서 살펴본 마제석검과 적색마연호의 변천을 통해서 매장주체부 구조 변화도 함께 살펴보고자 한다. 먼저 Ⅰ단계의 유구로는 원지리 1·3호 석관묘가 있다. 상석이 확인되지는 않았지만 3호 석관묘의 경우 원지리 지석묘와 일렬로 배치되어 있고, 할석을 이용한 벽석 축조, 개석을 덮고, 그 위에 적석을 하는 구조가 원지리 지석묘와 동일하다는 점에서 지석묘 하부구조로 볼 수 있다. 할석을 정연하게 쌓지 않은 것이 특징이다. Ⅱ단계는 정연한 할석형석관이 주로 사용되었고, 다단토광과 다중개석, 상석 주변으로 묘역이 시설되는 모습이 나타난다. 대표적으로 내동 1호 지석묘(강산), 율하리 A2-15호, 퇴래리 3호 지석묘 등이 있다. 이와 함께 석개토광, 석개목관의 형태도 확인되는데, 퇴래리 1·2·4호가 대표적이다. Ⅲ단계는 야요이계토기와 늦은 시기의 적색마연호가 출토되는 내동 2·3호가 있다. 이 유구들은 할석형석관이지만 단면상으로 할석을 평적하여 매우 정연하게 쌓았으며, Ⅱ단계의 다

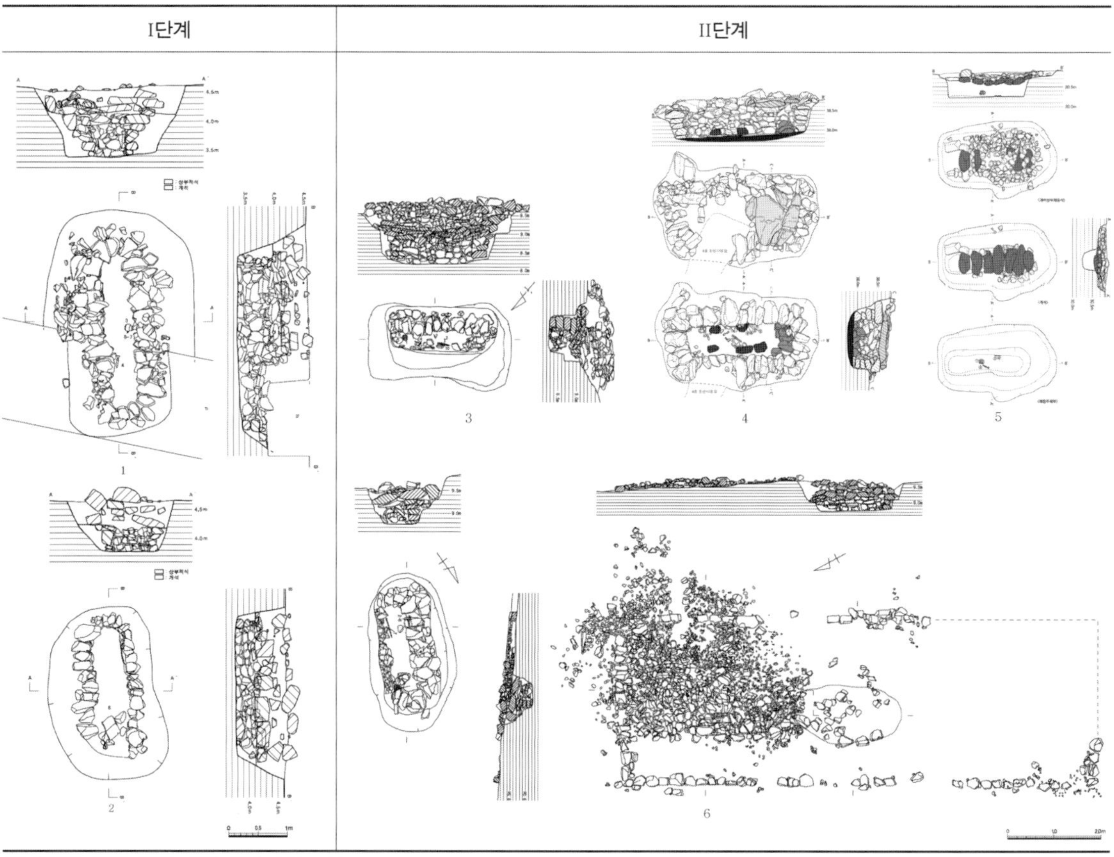

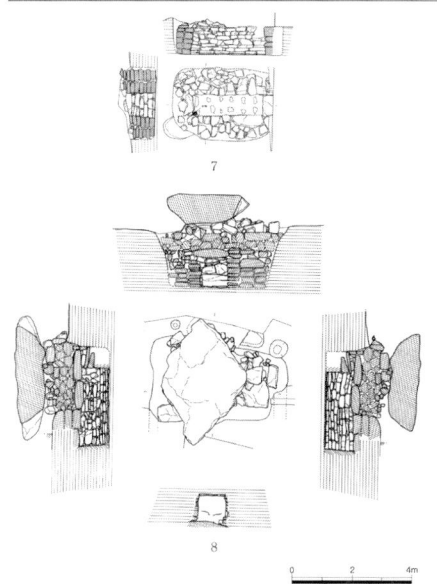

[그림 11] 김해지역 분묘 매장주체부
1. 원지리 1호 석관묘, 2. 원지리3호 석관묘, 3. 김해 율하리 A2-15호 묘역식 지석묘, 4. 율하리 A2-17호 묘역식 지석묘, 5. 김해 내동 1호 석관묘, 6. 퇴래리 2호 석개토광묘, 7. 내동 2호 지석묘, 8. 내동 3호 지석묘

단토광과는 달리 일단토광을 깊게 판 형태를 띤다.

4. 단계별 특징

위에서 다른 유구와 유물의 조합을 통해 볼 때 김해지역 지석묘는 전체적으로 3단계로 나눌 수 있으며, I단계는 정연하지 않은 할석형석관에 일단병식석검과 구연부 C자형의 적색마연호가 출현하는 단계이다. 이 단병식석검과 적색마연호의 형태를 볼 때, 청동기시대 후기 전반경으로 볼 수 있다.

Ⅱ단계는 매장주체부는 정연한 할석형석관과 다단토광 다중개석, 묘역 시설이 등장하며, 이와 함께 석개토광 혹은 석개목관이 함께 확인된다. 일단병식석검과 함께 적색마연호는 구연부가 직립하다가 외반하는 형태와 내경하다가 직립하는 것이 출현한다. Ⅱ단계부터 지석묘 축조가 성행하며, 시기는 청동기시대 후기 후반이다. 다중개석, 다단토광, 묘역 시설 설치 등으로 무덤 피장자의 위계화가 강조되는 모습을 보인다.

Ⅲ단계는 매장주체부의 경우 일단토광에 할석을 평적하여 정연하게 쌓은 형태를 띤다. 출토되는 적색마연호는 저부가 평저이며, 동최대경은 하부로 내려오는 형태로 최말기의 적색마연호의 모습이다. 마제석검을 대신해 세형동검이 부장되며, 야요이계토기가 출토된다.

이처럼 김해지역 지석묘는 청동기시대 후기 전반부터 조성되기 시작하여, 초기철기시대까지 축조되었다. 후기 후반부터 다단토광, 다중개석, 묘역 설치 등으로 지배자의 권위를 강화하는 방향성을 띠다가 초기철기시대에는 규모가 상대적으로 작아지는 모습이 나타난다. 이는 지석묘 사회의 위축과도 관련이 있는 것으로 볼 수 있다.

Ⅳ. 김해의 지석묘 사회

1. 지석묘 사회는 어떤 사회였는가

김해지역 지석묘 사회는 청동기시대 후기부터 초기철기시대까지 매우 오랜 시간 존속되었다. 그렇다면 이와 같이 지석묘가 축조되던 시대의 사회상은 어떠했을까. 위에서 언급했듯이 기왕의 연구에서는 지석묘 사회를 계층사회 혹은 평등사회로 보는 견해가 맞서고 있다. 이는 지석묘라는 거대한 상석을 조성하는 것에 강제적인 노동력이 징발되는가, 아니면 공동체의 자발성을 기초로 이루어지는가에 대한 문제이기도 하다. 물론 지석묘의 존속 기간이 길기 때문에 동일한 지석묘 사회 속에서도 시기에 따라 사회상의 변화는 충분히 일어날 수 있다.

요동지역 지석묘 사회를 다룬 연구에 의하면 지석묘 사회를 계층사회가 아닌 부족사회 단계나 단순 수장사회로 파악하였다. 이는 지석묘에서 돌도끼나 가락바퀴 등 위계를 확인하기 어려운 소량의 유물만이 출토되고 있으며, 유력 개인묘로 볼 수 있는 십이대영자 석곽묘나 심양 정가와자 토광묘군처럼 독립적인 입지와 배치 정황이 확인되는 경우도 드물기 때문이다(오강원 2011: 140; 오강원 2017: 410~425).

이런 모습은 김해지역 지석묘 사회에서도 동일하게 확인된다. 독립적 입지나 배치 정황, 계층화의 심화를 상정할만한 부장유물이 확인되지 않는다. 위에서도 다루었듯이 김해지역 지석묘에서는 적색마연호, 마제석검, 석촉만이 세트를 이루며 부장된다. 세형동검은 늦은 시기의 지석묘 주변 소형 석관묘 등에서 부장되고 있다.

물론 분묘축조, 석검의 출현, 무기부장 등을 계층화의 근거로 보기도 하며(배진성 2007), 석검의 경우 상당수가 마모흔이 없다는 점에서 부장용으로 별도 제작했을 가능성이 있기에(이청규 2012: 24) 영남지역에서는 석검이 위신재로써 작용했을 가능성이 높다. 즉 동검과 같은 청동기가 부장되어야지만 계층사회의 지배자 무덤으로 보기에는 무리가 있다고 할 수 있다. 하지만 그렇다고 석검의 부장만으로 이를 유력자의 무덤으로 볼 수 있는지에 대해서는 미지수이다.

영남지역 지석묘의 사회상은 부장품의 질이나 수보다는 외형적 규모를 통해서 살펴보아야 할 필요성이 있다. 그런 점에서 눈에 띠는 현상은 묘역식 지석묘의 등장이다. 묘역식 지석묘는 수평적 제단 면적과 수직적 매장시설 깊이 확대로 다른 무덤과의 차별화를 시도하였다(윤호필 2009: 14~15). 즉 부장유물이 아닌 매장주체부와 상석의 거대화로 피장자의 신분을 드러낸 것이다. 따라서 모든 지석묘가 위계화되고 계층화된 사회라고 보기는 어렵지만 적어도 후기 묘역식 지석묘 축조단계에 이르면 단순 수장 사회로는 바라볼 수 있는 여건이 마련되었다고 할 수 있다.

이는 결국 가야 건국 이전 토착 세력이었던 구간의 성격과도 연관되는 부분이다. 구간을 권위에 의한 지도자로 볼 것인가 권력에 의한 지배자로 살펴볼 것인가 하는(이희준 2011: 36~37) 문제는 있겠지만 적어도 초보적이나마 수장의 단계로 진입했다고 보는 것이 적절하다. 이는 묘역식 지석묘의 거대화 지석묘 중심으로 배치하는 소형 분묘의 양상을 통해서 확인된다. 물론 이러한 초보적 수장이 김해 전 지역을 아우르는 존재라기보다는 개별 지석묘 단위를 아우라는 초보적 수장으로 볼 수 있을 것이다.

2. 초기철기시대 지석묘의 사회적 기능

지석묘가 무덤, 제단, 묘표석 등으로 기능했을 것이라는 견해는 오래전부터 제기되었다(이영문 2002: 222~232). 이외에 크게 제사 유적, 무덤으로 분류하기도 한다. 그렇지만 지석묘는 어느 특정 기능만이 발휘되는 것이 아니라 무덤이자 공동체 기념물이자 묘표석, 경계석 등의 복합적인 기능으로 작용하였을 것이다.

김해지역에서도 무덤이나 묘표석, 경계석으로도 활용되었을 것이지만 여기서는 공동체의 기념물로서의 역할에 주목하고자 한다. 요동 남부 부도하~벽류하 중상류역은 농경의 확산과 그에 따른 일정 범위 내 취락간의 지역적 네트워크가 가동됨에 따라 공동체를 하나로 결속하는 수요로 지석묘가 축조되었다고 한다(오강원 2017: 355~377). 이러한 양상은 영남의 지석묘 사회도 크게 다르지 않았을 것이다. 후기부터 대규모 취락이 등장하면서 사회적 통합과 공동체 결속을 위한 도구, 나아가 지배자의 권위를 보여주는 목적으로 지석묘 축조가 시작되었을 것이다. 특정 집단이 특정한 경관의 해석과 이미지를 공유하는 것을 통해서도 공동체 의식을 가질 수 있다(김종일 2006: 139). 이처럼 지석묘 축조는 이 과정에 참여한 공동체를 결속시키는 역할로 작용하였다.[7]

김해지역에서 공동체의 기념물이라고 할 수 있는 지석묘는 규모면

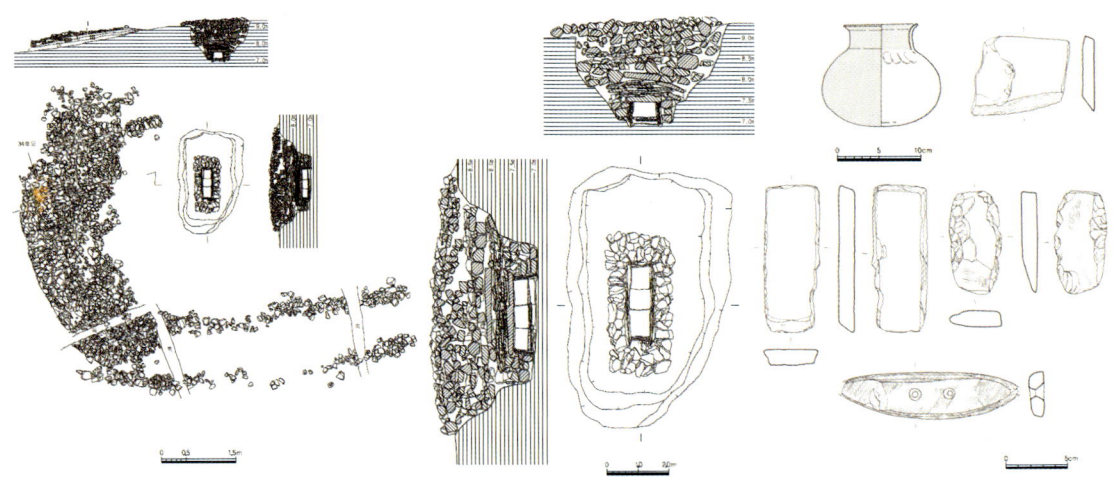

[그림 12] 율하리 A2-19호 유구 및 출토 유물

---

[7] 지석묘가 농경사회의 기념물이라는 주장에 대해 농경사회에서 농사 일정에 차질이 생기는 지석묘 축조는 어려웠을 것이고, 채집경제를 주로 영위하는 공동체에서 결속을 다지는 수단으로 이루어졌을 가능성이 제기되기도 하였다(안재호 2012: 49).

으로 볼 때는 구산동 묘역식 지석묘와 율하리 A2-19호 등을 들 수 있다. 하지만 율하리 A2-19호의 경우 특정 공간에 단독으로 조성되지 않고, 주위에 크고 작은 묘역지석묘가 연접되어 배치되어 있기에 공동체의 상징물 혹은 영역 표시 기념물로 파악하기에는 무리가 따른다(오강원 2012: 135). 오히려 사회적 단위에 따라 대규모 묘역을 사용하는 무덤으로 활용되었을 가능성이 있다(中村大介 2012: 91~92).

그렇다면 구산동 묘역식 지석묘는 어떨까? 구산동 묘역식 지석묘가 위치한 구릉 말단부 A2지구에서는 지석묘와 함께 송국리문화 주거지 2동, 구 1기가 함께 조사되었다. 3호 주거지는 묘역에 의해 파괴되었고 구는 3호 주거지에 의해 파괴된 양상을 볼 때, 지석묘가 조성될 당시에는 주거지와 구는 폐기되어 사용되지 않았다. 결국 구산동 묘역식 지석묘는 다른 유구가 없는 상태에도 특정 공간에 독립적으로 조성된 것이다.

구산동 묘역식 지석묘는 상석과 묘역의 규모로 볼 때, 단일 촌락만으로 축조되었다고 보기에는 무리가 있다. 최소한 김해 분지 내의 공동체가 동원된 대규모 조성 사업이었을 것이다. 매장주체부를 조사하지 못해 시기를 단정하기는 어렵지만 묘역이 송국리식 주거지를 파괴하고 축조되었다는 점에서 송국리문화 단계 이후에 조성된 것은 분명하다. 이미 지석묘가 초기철기시대까지 지속된다고 하는 것에는 많은 연구자들이 동의하고 있으며, 구산동 유적 주거지에서 확인되는 야요이계토기가 삼각형점토대토기단계와 병행한다는 점에서(武末純一 2010: 170) 구산동 지석묘 역시 초기철기시대에 축조되었을 가능성이 높다.

물론 구산동 묘역식 지석묘의 형식 자체는 김해 지역 Ⅱ단계에서 보이는 묘역식 지석묘이다. 하지만 이 시기와는 차별화될 정도로 초대형이라는 점도 다른 사회적 이유로 축조되었을 가능성을 보여준다. 그렇다면 왜 지석묘 사회가 종말을 맞이하는 전환기에 이처럼 거대한 규모의 지석묘를 축조했던 것일까. 지석묘의 소멸이 청동기를 기반으로 한 지역집단과의 경쟁의 결과로 보는 견해가 주목된다(이청규: 2019: 20). 다만 김해지역은 세형동검문화의 영향이 그리 크지 않았고, 내동 지석묘에서는 세형동검이 공반하고 있는 것으로 보아 세형동검문화 집단과의 갈등이 지석묘 소멸의 주요 원인이 아니었을 것이다. 오히려 세형동검문화 이후, 철기 문화 집단의 유입이 더 큰 요인으로 작용했을 가능성이 크다.[8]

　　이러한 양상은 문헌상에 나타나는 구간이라는 토착 집단과 김수로로 대표되는 새로운 이주 집단 사이의 관계와도 관련된다. 즉 새로운 철기 문화 집단의 유입 속에서 기존 지석묘 축조 집단이 공동체를 결속하고 사회 질서를 유지하는 수단으로 구산동 묘역식 지석묘를 축조한 것으로 볼 수 있다. 이러한 노력 속에 이전보다 월등 규모의 상석과 대형 묘역 시설이 축조된 것으로 볼 수 있다. 결국 구산동 지석묘는 유력 개인묘, 혹은 위계화 되고 복합화 된 사회의 조성물이라기보다는 새로운 질서에 대응하는 기존 세력의 마지막 저항의 결과라고 볼 수 있지 않을까 생각된다.[9]

　　그럼에도 이 전환은 갈등적이고 폭력적이라기보다는 상대적으로 원만한 변화였다고 추정된다. 지석묘의 분포 범위와 목관묘의 분포 범위는 대체로 일치하다는 점에서 기존 토착 집단의 급격한 몰락이 상정되지는 않는다. 목관묘 단계에 들어서서도 여전히 해반천 유역과 조만강 유역은 김해의 중심 지역이었다. 지석묘에서 목관묘로의 전환기에서 선진적 기술을 가진 이주 집단의 유입으로 묘제에 있어서는 변화가 있었지만 중심 기저 집단은 지석묘 사회부터 지속되었다고 볼 수 있다. 이는 가락국기에서 구간이 주축이 되어 김수로를 옹립한 기사와도 부합된다. 결국 김수로를 중심으로 하는 구야국의 성립은 구간사회를 대체했다기보다는

----

[8] 이에 대해 대외 교류를 통해 외래 신문물이 유입되는 상황에서 토착의 정체성을 지키려는 결집의 표현으로 이해하기도 한다(이동희 2019: 172).

[9] 최근 구산동 묘역식 지석묘 재발굴 과정에서 상석 하부에서 토광묘가 확인되었다(삼강문화재연구원 2021, 김해 구산동 지석묘 정비사업부지 내 매장문화재 시굴조사 학술자문회의 자료). 하지만 주변 묘역식 지석묘에서 보이는 다중개석 다단토광의 양상이 확인되지 않고 있는 점, 위세품이 확인되지 않았다는 점에서 유력 개인묘로 보기에는 무리가 따른다.

구간 사회를 흡수하면서 소국으로 등장했다고 이해할 수 있다.

V. 맺음말

그동안 지석묘는 농경과 밀접한 연관을 맺는 농경사회의 산물로 인식되어왔다. 그에 비해 김해지역 지석묘 사회는 농경과 함께 수렵·어로 활동도 중요한 경제적 기반이었다. 김해지역 지석묘는 고김해만이 조망되는 하천 주변에 주로 입지하는데, 이는 이곳이 하천 주변의 비옥한 농토를 활용할 수 있을 뿐만 아니라 수계를 통해 주변과 빠르게 교류하고, 해양 자원의 획득과 활용에도 용이한 지형이었기 때문이다.

이렇게 조성된 지석묘는 각 단위별 취락과 대응관계를 이루었을 것이다. 하지만 김해지역은 율하리 유적과 구산동 유적을 제외하면 직접적 대응관계를 갖는 지석묘와 취락 단위를 확인하기 어렵다. 다만 지석묘가 주로 조성된 후기의 취락 입지를 고려할 때, 대성동 일대의 경우 분성산 서사면에 주거영역이 위치하고, 해반천에 가까운 평지에 분묘가 조성되었을 것으로 생각된다. 조만강 유역 역시 생활유적이 조사되지 않아 단정할 수는 없지만 구릉 사면부쪽을 중심으로 취락이 입지했을 가능성이 있다.

지석묘는 무덤이나, 묘표석, 경계석, 공동체 기념물로 기능하였다. 김해지역 지석묘 가운데 구산동 묘역식 지석묘는 공동체의 결속을 강화하는 목적으로 조성된 것으로 볼 수 있다. 즉 초기철기시대 철기 문화 집단의 유입 속에 기존 토착 사회의 와해를 막고 결속을 강화하는 차원에서 축조가 이루어진 것이다. 그를 위해 이전과는 차원이 다른 거대한 상석을 조성하여 지석묘 사회의 영향력을 과시하였다.

그럼에도 지석묘 사회는 철기를 기반으로 하는 새로운 세력에 의해 대체되었다. 이 전환은 폭력적이거나 갈등적이라기보다는 원만한 교체였던 것으로 생각된다. 이는 지석묘와 목관묘의 분포나 지석묘 사회의 초보적 수장이었던 구간들이 김수로를 옹립하는 기사를 통해 살펴볼 수 있다. 결국 가야 선주민의 지석묘 사회는 가야 건국의 기저 문화를 담당했다고 할 수 있다.

참고문헌

강동석, 2018, 「지석묘사회 취락패턴과 복합화 -GIS를 활용한 영산강중류역 취락패턴의 재구성」, 『한국고고학보』109, 한국고고학회.
강동석, 2019a, 「지석묘사회의 네트워크 구조와 성격 검토 - GIS와 SNA를 이용한 영상강 중류역과 여수반도의 비교」, 『한국상고사학보』105, 한국상고사학회.
강동석, 2019b, 「김해 구산동지석묘의 경관과 그 의미」, 『구산동 고인돌』, 김해 구산동 지석묘 사적지정을 위한 학술대회 발표자료집.
국립김해박물관·울산문화재연구원, 2019, 『김해지역 지석묘 자료집』.
김광명, 2003, 「영남지방의 지석묘사회 豫察」, 『영남고고학』33, 영남고고학회.
김미영, 2010, 「적색마연토기의 변천과 분포에 대한 연구」, 『경남연구』2, 경남발전연구원 역사문화센터.
김범철, 2010a, 「호서지역 지석묘의 시·공간적 특징」, 『한국고고학보』74, 한국고고학회.
김범철, 2010b, 「호서지역 지석묘의 사회경제적 기능」, 『한국상고사학보』68, 한국상고사학회.
김선우, 2016, 『한국 청동기시대 공간과 경관』, 주류성.
김승옥, 2004, 「용담댐 무문토기시대 문화의 사회조직과 변천과정」, 『호남고고학』19, 호남고고학회.
김승옥, 2006a, 「묘역식(용담식) 지석묘의 전개과정과 성격」, 『한국상고사학보』53, 한국상고사학회.
김승옥, 2006b, 「분묘 자료를 통해 본 청동기시대 사회조직과 변천」, 『계층사회와 지배자의 출현』한국고고학전국대회 발표요지, 한국고고학회.
김정배, 1999, 「중국 동북지역의 지석묘 연구」, 『국사관논총』85, 국사편찬위원회.
김종일, 2006, 「경관고고학의 이론적 특징과 적용 가능성」, 『한국고고학보』58, 한국고고학회.
노혁진, 1986, 「적석부가지석묘의 형성과 분포」, 『한림대논문집』4, 한림대학교.
대성동고분박물관, 2012, 『김해의 고인돌』.
武末純一, 2010, 「김해 구산동유적 A1지구의 미생계토기를 둘러싼 제문제」, 『김해 구산동 유적X』, 경남고고학연구소.
박선영, 2004, 「남한출토 유병식 석검 연구」, 경북대학교 대학원 고고인류학과 석사학위논문.
박순발, 2002, 「취락의 형성과 발전」, 『강좌한국고대사』7, 가락국사적개발연구원.
박양진, 2006, 「한국 지석묘사회 족장사회론의 비판적 검토」, 『호서고고학』14, 호서고고학회.
배진성, 2007, 『무문토기문화의 성립과 계층사회』, 서경문화사.
배진성, 2011 「분묘축조 사회의 개시」, 『한국고고학보』80, 한국고고학회.
배진성, 2012, 「청천강 이남지역 분묘의 출현에 대하여」, 『영남고고학』60, 영남고고학회.
배진성, 2018, 「청동기시대 전기 분묘에 대한 보론」, 『호서고고학』40, 호서고고학회.
송영진, 2006, 「한반도 남부지역의 적색마연토기 연구」, 『영남고고학』38, 영남고고학회.
송영진, 2012, 「남강유역마연토기의 변화와 시기구분」, 『영남고고학』60, 영남고고학회.
안재호, 2000, 「한국 농경사회의 성립」, 『한국고고학보』43, 한국고고학회.
안재호, 2012, 「묘역식지석묘의 출현과 사회상」, 『호서고고학』26, 호서고고학회.
안춘배 외, 1990, 「가야사회의 형성과정 연구-김해지역을 중심으로-」, 『가야문화연구』창간호.
오강원, 2012, 「청동기문명 주변 집단의 묘제와 군장사회」, 『호서고고학』26, 호서고고학회.
오강원, 2017, 『요동과 길림 지역의 지석묘 문화와 사회』, 한국학중앙연구원출판부.
우명하, 2016, 「영남지역 묘역지석묘 축조사회의 전개」, 『영남고고학』75, 영남고고학회.
유태용, 2002, 「강화도 지석묘의 축조와 족장사회의 형성과정 연구」, 『박물관지』4, 인하대학교박물관.
유태용, 2003, 『한국 지석묘 연구』, 주류성.
윤성현, 2015, 「남한 출토 유절식 석검에 대한 연구」, 『한국청동기학보』17, 한국청동기학회.
윤형규, 2019a, 「대구·경북 청동기시대 무덤의 전개를 통해 본 지역사회의 변화」, 『한국청동기학보』24, 한국청동기학회.
윤형규, 2019b, 「영남지방 무덤자료를 통해 본 계층화와 수장의 등장에 대하여」, 『영남지역 수장층의 출현과 전개』제28회 영남고고학회 정기학술대회 발표집, 영남고고학회.
윤호필, 2009, 「청동기시대 묘역지석묘에 관한 연구」, 『경남연구』1, 경남발전연구원.
윤호필, 2013, 『축조와 의례로 본 지석묘사회 연구』, 목포대학교대학원 박사학위논문.
윤호필·고민정, 2009, 「고찰」, 『김해 율하리유적 II』, 경남발전연구원.
이동희, 2019, 「고김해만 정치체의 형성과정과 수장층의 출현」, 『영남고고학』85, 영남고고학회.
이상길 2003, 『경남의 지석묘』, 「지석묘 조사의 새로운 성과」제30회 한국상고사학회 학술.

이성주, 2018, 「국읍으로서의 봉황동유적」, 『김해 봉황동유적과 고대 동아시아』, 인제대학교 가야문화연구소.
이수홍, 2020, 「영남지방 수장묘의 등장과 변화상」, 『영남고고학』86, 영남고고학회.
이영문, 2002, 『한국 지석묘 사회 연구』, 학연문화사.
이영식, 2016, 『가야제국사 연구』, 생각과 종이.
이청규, 2012, 「요동과 한반도 청동기시대 무덤 연구의 과제」, 『무덤을 통해 본 청동기시대 사회와 문화』, 학연문화사.
이희준, 2011, 「한반도 남부 청동기~원삼국시대 수장의 권력기반과 변천」, 『영남고고학』58, 영남고고학회.
이희진, 2016, 「환위계적 적응순환 모델로 본 송국리문화의 성쇠」, 『한국청동기학보』18, 한국청동기학회.
임학종, 2007, 「낙동강 하·지류역의 패총문화에 대한 재인식」, 『대동고고』창간호, 대동문화재연구원.
中村大介, 2012, 「동북아 청동기·초기철기시대 수장묘 부장유물의 전개」, 『한국상고사학보』75, 한국상고사학회.
최몽룡, 1981, 「전남지방 지석묘사회와 계급의 발생」, 『한국사연구』31, 한국사연구회.
최종규, 2005, 「소토리유적에서 본 송국리문화의 일단면」, 『양산 소토리 송국리문화 취락』, 경남고고학연구소.
화이빙(하문식 옮김), 2019, 『중국 동북지구 석붕 연구』, 사회평론.

* 발굴조사보고서는 생략

「김해지역 지석묘 사회」에 대한 토론문

윤형규 삼한문화재연구원

이제현 선생님의 발표문은 김해지역의 지석묘를 전체적으로 살펴보고 입지와 특징, 취락과의 관계 그리고 당시 지역사회의 성격에 이르기까지 일정한 공간을 대상으로 비교적 다양한 관점에서 가야 건국 이전 사회에 대한 이해를 높이고자 하였다.

김해지역의 지석묘 사회는 당시 지형적으로 고김해만이라는 조망권이 확보되는 하천 주변의 평지를 따라 입지하고 있으나 일반적인 당시 수도작 문화에 비해 당시 해수면과 같은 환경적인 영향에 따라 반농반어와 같은 생계방식과 교역을 통해 성장하였으며, 취락 내에서는 주거영역과 어느 정도 구분되는 분리형 취락의 형태로 성장하였다고 설명하고 있다. 또한 지역 내 묘역지석묘의 존재를 통해 특히 매장주체부와 상석의 거대화를 채용하여 피장자의 차별화가 엿보이며, 이는 청동기시대 후기 사회에 이르러 단순 수장사회로의 진입을 의미하는데, 특히 구산동지석묘와 같은 대형의 상징적인 기념물의 축조는 문헌상의 토착집단(구간)과 이주민과의 갈등 관계 속에서 토착세력의 정체성을 표현하기 위한 마지막 결과물로 철기를 기반으로 하는 신진 세력의 대두 이전에 가야 건국의 바탕을 이루고 있는 선주민의 모습을 구체적으로 설명하고 있다.

본 토론자 역시 발표문의 내용에 대체로 공감하는 부분이 많으나 사실 경남지역의 지석묘에 대해 무지한 부분이 많아 토론자로서의 역량이 부족함에 부끄러울 따름이다. 다만 주어진 소임을 다하기 위해 발표문 가운데 몇 가지 궁금한 부분을 중심으로 질문을 드리고자 한다.

첫째 생계방식과 관련된 내용이다. 지석묘의 입지와 특징을 검토하면서 청동기시대 후기에 주로 집중되는 묘역지석묘와 같은 무덤이 충적대지를 중심으로 한 평지에 입지하는 현상에 대해 농경과 관련되었을 것으로 판단하고 있으면서도 대상지역은 당시 김해분지 일대까지도 해수가 유입되었던 것을 감안하여 농토부족에 따른 해양으로의 진출과 수렵·어로와 같은 생계방식의 비중이 상대적으로 높았던 것으로 이해하고 있다.

지석묘와 같은 거석기념물은 일반적으로 농경사회에서 단위공동체의 토지에 대한 독점적 점유를 나타내는 증거(Renfrew 1976)로 보거나 이

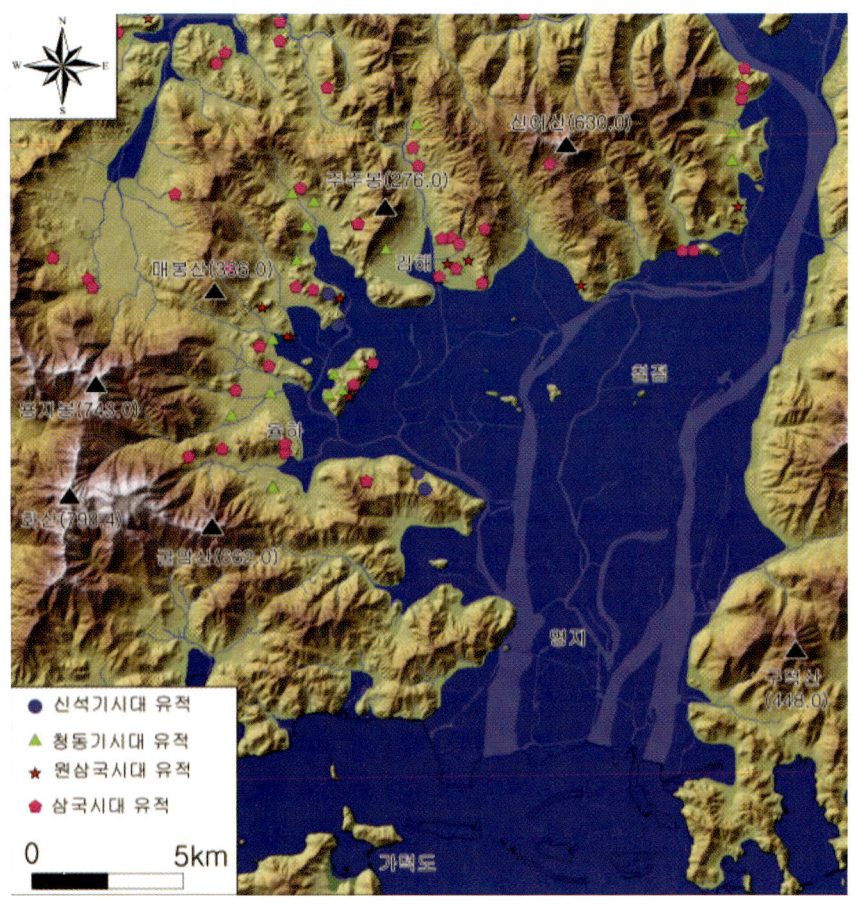

[그림 1] 고해면기(6,000~1,800 y BP)의 김해지역 고지형과 유적의 분포(김정윤 2008: 91 인용)

를 통해 농경활동과 관련된 노동력 통제와 같은 권력기반의 상징물로서 지석묘의 등장을 바라보는 관점(김범철 2012, 이성주 2012, 강동석 2019a)에서 보면 발표자의 주장과는 약간 상반되는 것 같다.

고김해만 일대는 해안선이 내만하는 형태로 바다의 수위변동, 홍수, 태풍 등과 같은 자연재해에 따라 농경활동에 오히려 불리한 여건을 가지고 있기도 한다(윤호필 2019). 또한 구산동 지석묘와 같이 초대형의 거석기념물은 주변 취락 내 야요이토기를 통해 주변 지역(왜)과의 교역 및 교류 등과 같은 상호관계망에 무게를 두고 있다(이동희 2019).

그러나 지석묘 조영이 활발하던 2,300년 BP경에 해수면이 1.6m 정도까지 하강(김정윤 2008)한 가운데 김해 봉황동·서상동 일원에 분포하는 지석묘의 입지고도가 대략 8m, 율하리 유적은 대략 9m를 하한으로 삼아 지석묘 조영기의 활동 경계선으로 보고 이를 기준으로 당시 집단의 가용지로의 활용 가능성(최헌섭 2015)과 함께 구산동(지석묘) 일대는 최근에 토지이용추천도를 통해 도작농경지로서 활용이 가능한 양질의 토양

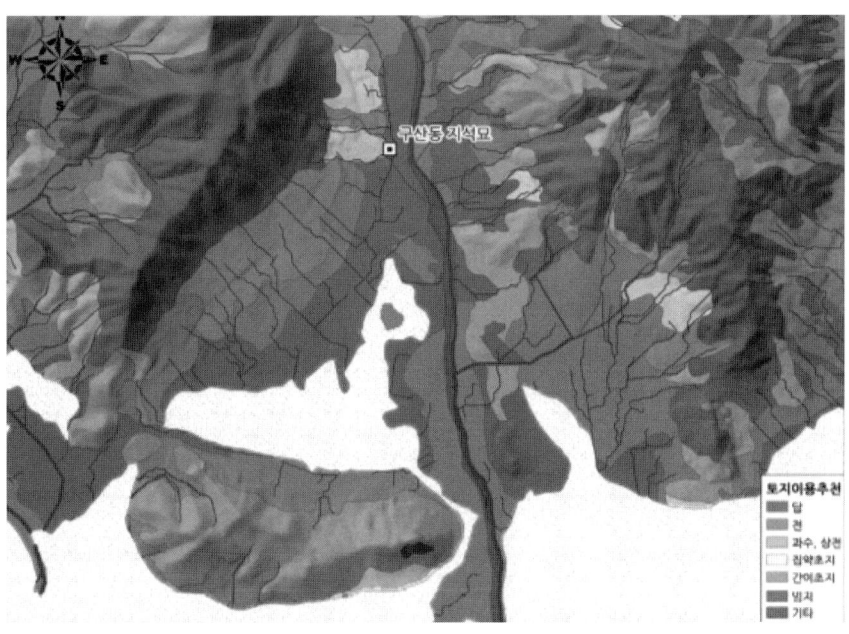

[그림 2] 구산동지석묘 일대 하천과 토지이용추천도(강동석 2019: 22 인용)

이 비교적 광범위하게 분포하고 있음을 알 수 있다(강동석 2019b).

따라서 비교적 성행하고 있는 당시 지석묘 축조인들의 생업을 수렵·어로와 같은 채집 생계방식으로만 이해할 수 있을까? 사실 울산·경주 중심의 검단리문화권에서는 이러한 지석묘와 같은 거석기념물의 존재가 상대적으로 미약한 이유로 채집중심의 경제 상황에서 구릉을 중심으로 생활권을 형성하고 있던 당시 집단들에게 있어서는 불필요한 요소로 보고 있어 대비된다(황창한 2010, 박영구 2015, 안재호 2018).

그러므로 취락을 비롯한 다른 영역에서 김해지역의 생계방식을 뒷받침할만한 또 다른 증거가 있는지 궁금하다.

둘째 지석묘와의 이에 대응하는 단위취락에 관한 내용이다. 김해지역은 전기에 일부 산재하고 있는 주거지의 경우 대체로 구릉성의 고지대를 중심으로 밀집도가 낮게 입지하는 반면 후기에는 크게 대성동, 구산동, 조만강 중·상류, 율하천 일대로 나누어 일정한 단위취락을 설정하고 있다. 이들 단위취락의 공통점은 대체로 무덤은 하천에 가까운 평지에 입지하고 배후의 구릉상으로 가면서 주거영역이 분포하고 있다. 따라서 이러한 단위취락의 구조를 어떻게 해석할 수 있는지에 대해 여쭙고 싶다. 가령 지석묘의 밀집도가 높은 해반천 유역은 대체로 지석묘군의 이격거리가 1~3㎞ 가량으로 각 유적의 단위를 통해 최소 3개 이상의 촌락(해반천 동안의 회현리, 서상동, 대성동 일원/해반천 서안의 내동, 구산동 일원/해반천 북쪽의 삼계동 일원)이 형성된 것으로 파악되기도 하며(이재현 2003), 이후 점토대토기문화가 유입되는 지석묘 축조 끝무렵에는 지석묘 군집도가 높은 해반천 동안을 중심으로 일정한 의례 및 정치적공동체를 형성하여 비교적 다른 촌락에 비해 大村으로 형성(이동희 2019)하였다고 이해되고 있으며, 또한 구산동 취락을 봉황동(회현리)유적의 하위취락으로 추정하여 크게 봉황동(회현리)-구산동-예안리와 흥동유적의 3단계의 취락위계로 보는 견해(김권구 2016)도 있다. 이러한 의견에 동의하는지? 아니면 보다 구체적인 김해지역의 취락모델에 대한 다른 견해가 있는지 궁금하다.

셋째 김해 분지 가운데 율하천 일대는 조사된 율하리 유적을 통해 당시 지역 내 청동기시대 거점취락으로 부를 정도로 많은 양의 분묘와 주거지가 확인되었다. 율하리 유적은 발표내용에 일부 언급되었듯이 청동기시대 전기부터 일부나마 주거와 무덤군으로서 소규모 취락의 형태로 정착해왔는데, 본격적인 무덤의 축조는 주로 청동기시대 후기(송국리 문화기)에 성행하는 것으로 볼 수 있다. 따라서 일정한 지역을 점유하면서 지속적인 정착생활을 바탕으로 점차 주변 지역으로 하위취락이 확대된 경우로 생각되어진다. 이에 비해 또 다른 중심집단으로 거론할 수 있는 곳은 바로 초대형의 거석기념물이 축조된 구산동 일대로 현재의 여러 연구자들의 견해를 따르면 대체로 초기철기시대를 중심으로 성행(이동희 2019, 이수홍 2019)한 것으로 보이며, 앞선 질문 내용에서도 밝힌 바와 같이 이 일대는 다양한 읍락 형성 모델이 제시되고 있다.

따라서 율하천 일대와 해반천 일대는 분명 취락 발달과정상 서로 다른 차이가 간취될 수 있다고 생각되어지는데, 이에 대한 발표자의 견해는 어떠한지 궁금하다.

넷째 구산동지석묘 축조집단과 관련하여 우선 구산동 일대는 발굴조사를 통해 야요이계 유물이 대량으로 출토되면서 이 집단은 야요이문화와 관련되어 해석되고 있다. 만약 이러한 취락이 삼각형점토대토기 단계(최종규 2010, 박진일 2015)에 이르러 김해지역에서 가장 큰 핵심세력으로 부상하였다면 야요이계집단 또는 친야요이계집단이 김해지역에서 상당한 권한을 발휘했을 것으로 보여지는데, 이러한 취락이 구산동지석묘와 같은 거대한 기념물을 축조하는데 어떠한 역할을 하였는지? 또는 그러한 배경 및 원인은 무엇인지에 대해 여쭙고 싶다.

다섯째 지역사회의 전환과 관련하여 구간이라는 토착집단과 김수로로 대표되는 새로운 이주 집단의 사이에서 재지세력을 중심으로 기존 사회를 유지하기 위한 노력으로 구산동 지석묘와 같은 거석기념물을 이용해 토착민의 결속력을 공고히 하려는 노력이 있었으나 신진 철기문화

집단의 대두로 인해 결국 목관묘 대체되었으며, 이러한 전환은 지석묘 분포와 목관묘의 분포범위가 대체로 일치한다는 점에서 갈등적 양상이기보다 상대적으로 원만한 변화로 예상하고 있다. 즉 지역사회의 전환은 한반도 서남부지역에서는 원형점토대토기 단계에 다수의 이주민 유입에 따른 토착묘제에서 새로운 묘제로의 변화와는 달리 김해지역은 한국식동검문화가 일부 유입되었으나 그 문화는 토착집단(지석묘세력)에 의해 주도되었으며, 이후 새로운 철기문화를 바탕으로 한 신진세력에 의해 목관묘 사회로의 원만한 전환으로 가야 선주민 사회를 이해하고 있다.

　　　　이러한 전환기 해석에 있어 보다 구체적인 자료를 통해 고고학적인 현상이 제시된다면 이해하는데 도움이 될 듯하다. 발표자의 전환기 설명에서 원만한 변화라는 표현은 사실 묘제의 변동은 보다 점진적이었음을 의미할 수 있으므로 지역 내에서 한국식동검문화와 관련된 무덤(김해 내동, 율하리, 회현리, 예안리 등)을 비롯해 대성동 84호와 같이 석개목관묘에서 출토된 석검, 석촉, 단도마연토기의 토착(송국리)유물에 더해 철부, 포타쉬유리 등의 새로운 유물이 함께 출토되고 있는 상황에 대한 부연 설명 등이 추가된다면 발표자의 주장을 더욱 구체화하는데 유용할 것으로 생각된다.

참고문헌

강동석, 2019a, 「지석묘사회의 네트워크 구조와 성격 검토-GIS와 SNA를 이용한 영산강중류역과 여수반도의 비교-」, 『한국상고사학보』105, 한국상고사학회.
강동석, 2019b, 「김해 구산동지석묘의 경관과 그 의미」, 『묻힌 표상, 드러나는 가치 구산동 고인돌』, 김해시·경남연구원 역사문화센터.
김권구, 2016, 「영남지역 읍락의 형성과 변화」, 『한국고대사연구』82, 한국고대사학회.
김범철, 2012, 「거석기념물과 사회정치적 발달에 대한 고고학적 이해-남한지역 지석묘의 사회적 역할에 대한 이론화를 위하여-」, 『한국상고사학보』53, 한국상고사학회.
김정윤, 2008, 『고김해만 북서부 Holocene 후기 환경변화와 지형발달』, 경북대학교 지리학석사학위논문.

박영구, 2015, 「동해안지역 청동기시대 무덤의 변천」, 『한국청동기학보』9호, 한국청동기학회.

박진일, 2015, 「구야국 성립기의 토기문화」, 『구야국과 고대 동아시아』, 제21회 가야사 국제학술회의, 주류성.

안재호, 2018, 「울산의 청동기시대 문화와 그 역할」, 『울산지역 청동기시대 연구성과와 쟁점』, 울산대곡박물관.

윤호필, 2019, 「김해 구산동지석묘의 경관과 그 의미에 대한 토론문」, 『묻힌 표상, 드러나는 가치 구산동 고인돌』, 김해시·경남연구원 역사문화센터.

이동희, 2019, 「고김해만 정치체의 형성과정과 수장층의 출현」, 『영남고고학』제85호, 영남고고학회.

이성주, 2012, 「의례, 기념물, 그리고 개인묘의 발전」, 『호서고고학』26, 호서고고학회.

이수홍, 2019, 「영남지방 무덤자료를 통해 본 계층화와 수장의 등장」, 『영남지역 수장층의 출현과 전개』, 제28회 영남고고학회 정기학술발표회, 영남고고학회.

이재현, 2003, 『변·진한 사회의 고고학적 연구』, 부산대학교대학원 박사학위논문.

최종규, 2010, 「구산동유적 A2-1호 지석묘에서의 연상」, 『김해 구산동유적Ⅹ』, 경남고고학연구소.

최헌섭, 2015, 「支石墓의 立地가 指示하는 것」, 『牛行 李相吉 敎授 追慕論文集』, 이상길 교수 추모논문집 간행위원회, 진인진.

황창한 2010, 「울산지역 청동기시대 묘제의 特徵」, 『청동기시대의 태화강유역 문화』, 울산문화재연구원10주년기념논문집, 울산문화재연구원.

Renfrew, C., 1976, Megaliths, Territories and Populations., Acculturation and Continuity in Atlantic Europe, Mainly during the Neolithic Period and Bronze Age, *Dissertationes Archaeoloicae Gandenses* 16.

4

고 대산만 지석묘 사회와
다호리 집단

이동희 인제대학교

I. 머리말 · 133
II. 고 대산만의 지석묘 사회
　1. 고 대산만의 지석묘 개요
　2. 군집도에 따른 지석묘군의 성격
　3. 발굴된 지석묘군의 검토
　4. 고 대산만의 지석묘 사회
III. 고 대산만 지석묘집단과 다호리 세력과의 관련성
　1. 다호리 유적 개요
　2. 다호리 세력의 出自
　3. 덕천리 지석묘군의 분석을 통해 본 다호리세력과의 관련성
　4. 다호리 세력의 성장 배경과 그 기원
IV. 맺음말

I. 머리말

본고에서 다루는 공간적 범위는 창원시 의창구 동읍·북면·대산면 및 김해시 진영읍·한림면 일원이다. 지금은 이곳이 2개 지자체로 구분되어 있지만 고대사회에서는 고 대산만[1]으로 동일한 소문화권을 형성한 지역이다. 다시 말하면, 고대사회에 창원지역은 고 마산만에 연해있는 창원분지와 동읍을 중심으로 하는 고 대산만이 각기 별개의 정치집단일 가능성이 높다(이동희 2019b).

필자는 고 대산만을 대상으로 덕천리유적 등의 지석묘 축조사회와

[그림 1] 고 대산만의 위치(출처: 네이버 지도)

....
1   다호리유적이 번성했던 기원전후한 시기에는 동읍, 대산면, 진영읍 일대 저지대에는 바닷물이 들어 왔던 만(灣)으로 추정된다(임학종 2007: 1-13).

변한 소국의 하나로 추정되는 다호리 목관묘 축조집단과의 유기적인 연결고리를 찾고자 한다. 즉, 종래 지석묘와 원삼국시대의 목관묘세력에 대해 이질적으로 생각해 왔는데 그 접점을 찾고자 하는 것이다.

이처럼, 고 대산만에는 전국적으로 유명한 덕천리유적과 다호리유적이 존재한다. 각기 청동기시대 말기(초기철기시대)와 원삼국시대 초기의 대표적인 유적이지만, 직극직으로 그 관련성을 찾고자 하는 시도는 거의 없었다.[2] 시대를 달리한다고 파악하여 전자는 청동기시대 전공자들이, 후자는 원삼국시대 이후의 전공자들이 각기 다루고 있어 그 간격을 메우지 못하는 실정이다. 고 김해만에서 지석묘문화와 목관묘문화가 계기적인 발전상을 보이는 점[3]에서도 유추되듯이(이동희 2019a), 고 김해만에서의 덕천리유적과 다호리 유적의 연결 고리를 찾아야 할 때가 되었다.

지석묘사회를 검토할 때, 우리나라 전체나 영남지역, 혹은 경남지역 등으로 거시적이고 광역의 공간을 대상으로 살펴보는 것도 필요하지만 지석묘 축조를 위해 인력이 동원되는 실질적인 범위인 1-2개 읍락 규모의 공간을 대상으로 정밀한 연구도 필요하다. 이 정도의 규모는 후대의 변한·가야사회의 1개 정치체와도 연결되기에 그러하다.

창원 동읍·김해시 진영읍 일대를 포함한 고 대산만 일원을 530년경에 멸망한 가야 소국의 하나인 '탁기탄(啄己呑)'으로 보는 견해(이영식 2016)도 있어, 그 이전단계부터 하나의 변한(弁韓) 소국으로 볼 수 있다.

이러한 변한·가야 소국의 성장은 그 직전 단계인 지석묘사회와 무관하지 않기 때문에, 동읍을 중심으로 한 지석묘사회와 변한 수장의 무덤인 다호리 목관묘 집단과의 관련성은 대단히 중요하다.

----

2 고 대산만, 특히 동읍 일대의 대형 지석묘군과 기원전후한 시기에 변한권에서 가장 위세품이 탁월한 다호리 목관묘군과의 관련성에 대해서 인지는 했지만(김양훈 2016; 안홍좌 2016) 고고학적인 관점에서 세밀한 접근은 미약했다.
3 예컨대, 지석묘문화의 마지막단계로 파악되는 대성동 구릉의 84호 석개토광묘(목관묘)가 목관묘와 시기적으로 중첩된다.

Ⅱ장에서는 고 대산만 지석묘를 정리해 보고, 발굴조사된 덕천리유적을 중심으로 대형 지석묘가 다수 확인되고 거점 취락으로 추정되는 봉산리·용잠리 집단과의 관련성을 살펴보았다. 덕천리 1호 지석묘를 종래 수장으로 보는 관점에서 탈피하여 의례와 관련된 제사장으로 보고자 한다.

Ⅲ장에서는 다호리 세력을 기원전 1세기(전반)대 이주민으로 보고, 덕천리 지석묘군의 늦은 단계의 유구·유물과의 비교를 통하여 관련성을 파악하고자 시도하였다.

II. 고 대산만의 지석묘 사회

1. 고 대산만의 지석묘 개요

〈표 1〉과 같이 고 대산만에는 현재 19개소 48기가 확인되는데 훼손된 4기를 포함하면 52기이다. 하지만, 진영역 부근(설창리)에서 일제강점기 때 조사되었지만 현재 유실된 사례 등 후대에 경작·공사 등으로 멸실된 경우도 감안되어야 한다.

[표 1] 고 대산만 지석묘 일람표(창원문화원 2018, 국립김해박물관·두류문화연구원 2020 참조)

소재지			잔존기수	원래기수	상석규모 (단위:cm)	형식	입지	비고
시군	읍면	유적명						
창원시	대산면	우암리	1	1	160×125×53	바둑판식?	평지	성혈 19개
	북면	월백리	1	1	346×123×139		고갯마루	
		외감리	3	3	214×168×166		구릉 말단부	성혈 1개
					310×184×134			
					143×87×34			

소재지			잔존 기수	원래 기수	상석규모 (단위:cm)	형식	입지	비고
시군	읍면	유적명						
창원시	동읍	산남리	4	4	335×285×63	바둑판식	구릉 말단부	성혈 4개
					143×135×49	개석식?		성혈 2개
					214×184×63	개석식?		
					163×138×29	개석식?		
		봉곡리	1	1	260×194×107	바둑판식?	구릉 말단부	
		금산리	1	2	211×156×59	개석식?	구릉 말단부	
		화양리	4	4	330×230×100	바둑판식	구릉 말단부	조망권 탁월 묘역시설?
					200×158×68	개석식?		
					154×100×23	개석식?		
					124×95×10	개석식?		
		신방리	3	3+	210×153×35		구릉의 정상	조망권 탁월 상석 이동됨
					310×200×45			
					216×120×55			
		용잠 1구	2	2	456×285×260	바둑판식	충적대지 해발7.8-8.3m	2기는 273m이격 성혈5개(1호),4개(2호)
					494×173×87			
		용잠 3구	1	1	550×381×109	바둑판식	구릉 말단부	조망권 탁월
		용잠 6구	2	3	278×235×67	개석식	구릉 말단부	성혈 5개
					144×122×25	바둑판식		상석 유실
					546×333×83	개석식?		성혈 7개
		봉산리	7	8	616×313×150	바둑판식	구릉 말단부 해발 34-37m	長舟形 평면형태
					311×300×65	개석식		발굴됨.성혈 10여개
					557×300×70	바둑판식		성혈35개
					210×190×75	개석식		
					214×156×45	개석식		
					150×144×20			성혈 6개
					137×80×50	바둑판식?		
					185×95×34			1호에서 200m이격
		용정리	6	6	574×419×204		구릉말단부 해발 32-41m	성혈 15개
					210×120×57			
					214×123×128			
					197×151×75			
					278×173×53			
					153×145×56			

소재지			잔존기수	원래기수	상석규모(단위:cm)	형식	입지	비고
시군	읍면	유적명						
창원시	동읍	덕천리	5	5	460×300×190	바둑판식	구릉 하단부와 평지의 경계 해발16-20m	대규모 구획묘,성혈10
					230×190×35			
					210×120×49	바둑판식		성혈4
					450×170×140	바둑판식		성혈4
					280×160×100			성혈5
김해시	진영읍	사산리	1	1	420×270×60	바둑판식	독립구릉정상부	
		본산리 용성	2	3	200~240×130~140×30~60	바둑판식 개석식?	구릉 정상부 각 1기	동쪽 구릉 상부의 1기는 파괴됨
		신용리	1	1	280×230×90	개석식?	구릉 끝 사면	
		설창리 (진영역부근)	?	?	?	바둑판식	?	파괴됨
	한림면	퇴래리 상소업	3	3	길이 200~240	바둑판식 개석식	구릉 끝 사면	

2. 군집도에 따른 지석묘군의 성격

고 대산만 일대의 지석묘들은 군집도에 따라 3유형으로 나눌 수 있다. 즉, A군(5기 이상), B군(2~4기), C군(1기) 등으로 구분된다. 각 군집별로 그 성격을 살펴보기로 한다.

1) A군(5기 이상)

A군은 고 대산만에서 중심집단이라고 할 수 있다. 지석묘가 가장 밀집된 전남지역의 경우, 중심집단은 수십기에 달하지만 경남지방, 특히 고 대산만에는 군집도가 상대적으로 낮다.

고 대산만의 경우 5기 이상인 경우는, 봉산리 8기, 용정리 6기, 덕천리 5기[4] 정도이다. 여기에 용잠리(3개군 6기)까지 포함시킬 수 있다. 고

---

4   비교적 폭넓게 발굴조사가 이루어진 덕천리지석묘군의 경우, 지석묘 5기 외에 주변에서 15기 이

대산만에서 타 지역에 비해 대군집이 거의 보이지 않는 것은 상대적으로 지석묘의 존속기간이 길지 않았다고 볼 수도 있다. 현재로서는 청동기시대 전기로 올려볼 수 있는 적극적인 자료는 희소하다. 이는 지석묘문화의 파급이 타지역에 비해 상대적으로 늦었을 가능성이 있다. 향후 조사 성과를 기대해 본다.

그런데, A군은 대개 봉산리·용잠리를 중심으로 반경 1km 내에 모여 있다는 점이다. 그리고 길이 4.5m 이상의 초대형의 상석도 봉산리(2기)·용잠리(4기)·덕천리(2기)·용정리(1기)에만 존재한다는 점이 주목된다. 이러한 점에서 보면 고 대산만에서 지석묘 축조를 위해 더 많은 노동력을 동원할 수 있는 핵심세력은 봉산리·용잠리·덕천리 일대라고 볼 수 있다. 초대형의 봉산리·용잠리·덕천리 지석묘 상석(표 1참조)을 이동하기 위해서는 거의 고 대산만의 주민 전체가 동원되어야 할 규모이다.

대형의 지석묘가 군집되어 있다는 것은 다른 지역보다 조금 더 이른 시기에 사람들이 정착했고 더 많은 주민이 거주하는 大村이었을 가능성이 있다. 봉산리·용잠리 일대에 다수의 주민들이 거주할 수 있는 것은 당시에도 고 대산만에서 가장 넓은 가경지가 있었음을 유추해볼 수 있는데 현재 동읍의 중심지가 용잠리인 것도 그러한 추정을 뒷받침한다. 아울러 고 대산만을 통한 수로 교통을 이용하여 대외적인 교류가 활발히 이루어졌다고 볼 수 있다. 이에 대해서는 4절에서 詳述하겠다.

2) B군(2~4기)

B군은 2~4기 정도의 지석묘가 군집된 경우로, B군의 일부는 A군(母集團)에서 파생된 子集團인 경우도 있을 것이다. A군에 비해 지석묘 수가 적으며, 그 위치가 A군에 비해 낙동강변에 좀 더 가깝다. 일부 지석묘군의 입지는 청동기시대 당시에 섬으로 볼 수 있는 지역도 포함되어 있다.

상의 석곽묘·(석개)토광묘가 확인되었다. 따라서 다른 지석묘군의 경우도 발굴조사가 이루어지면 지표면의 지석묘 이외에 상석이 없는 더 많은 매장주체부가 확인될 것이다.

이처럼 지석묘군의 수가 적고 상석도 상대적으로 소규모인 것은 A군에 비해 권위가 낮은 집단으로 분류되고 촌락의 규모도 작았을 것이다.

인도네시아 지석묘에 대한 인류학적인 조사 성과를 통해 보면, 母集團에서 宗家계열은 남고 종가계열이 아닌 경우, 일정 시기가 지나면 별도의 마을로 이동하여 별도의 지석묘군(子集團)을 조성하는 것으로 파악되고 있다. 그리고, 지석묘 축조시에 모촌에서 자촌에게 인력 동원 요청시에 응해야 하는 의무가 있다고 한다(가종수 외 2009).

상대적으로 밀집도가 높은 A군을 제외한 나머지 B군은 일정한 간격을 보이고 있다. 즉, 1~2km를 거리를 두고 분포하고 있는데, 이는 지석묘 축조 당시의 개별 촌락 위치를 추정케 한다.

3) C군(1기)

C군은 지표상에는 1기의 지석묘에 불과하다. 하지만, 정밀 발굴조사가 이루어지면 지석묘 주변에 석관묘 등 다른 매장주체부가 확인되는 경우가 적지 않으므로 매장주체부 관점에서 보면 소군집인 경우도 있을 것이다. 아무튼, B군보다 더 소규모의 집단으로서 비교적 단기간에 조성된 묘역으로 볼 수 있다.

그런데, 1기의 지석묘 가운데 입지적으로 특이한 경우가 있다. 즉, 고갯마루나 전망이 탁월한 구릉 상부에 입지한 경우이다.

먼저, 고갯마루 입지인데 고 대산만에서는 북면 월백리 지석묘가 대표적이다. 동읍 화양리에서 월백로를 따라 북면 월백리 방향으로 넘어가는 고갯마루에 위치하는데 비교적 대형의 상석(346×123×139cm)에 속한다(창원문화원 2018:54). 고갯마루에 있는 대형의 지석묘는 매장주체부가 없는 경우가 적지 않은데 이러한 경우는 立石과 같이 이정표나 집단 간의 경계의 역할을 하는 거석기념물로 기능했을 가능성이 높다(이동희 2007:14-15).

다음으로, 언급할 수 있는 지석묘는 독립 구릉정상부에 자리하거나 전망이 탁월한 곳에 입지한 경우이다. 용잠 3구 지석묘의 경우, 대형의 지석묘군이 밀집된 봉산리·용잠리 지석묘군의 후면인 서북쪽 구릉 위에 1기가 위치한다. 주변 지형에 비해 상대적인 고지로 전방의 하천과 들판을 멀리 바라볼 수 있는 조망이 탁월한 곳이다. 상석의 길이가 5.5m로서 고 대산만에서 가장 큰 상석 중 하나이고, 바둑판식이어서 돋보인다. 아울러, 넓은 평지의 돌출된 독립구릉 정상부에 자리한 사산리 지식묘도 주목된다. 바둑판식이며 상석의 길이가 4.2m에 달해 대형에 속한다. 상기한 사산리 지석묘와 용잠 3구 지석묘는 고 대산만을 조망하기에 탁월한 입지이다.

중국 요녕지방이나 서북한지역에서 규모가 아주 크고 단독으로 분포하는 탁자식 지석묘는 제단의 기능으로 추정되고 있다. 즉, 이러한 탁자식 지석묘는 주변을 조망할 수 있는 탁월한 입지(구릉이나 산중턱)에 일정한 거리를 두고 1기 정도만 확인된다는 점이다. 이러한 지석묘는 회의·축제·제사 등의 행사를 행하는 집단의 구심점이 되었던 장소에 세웠던 상징물의 성격으로 축조한 것이다(우장문 2013). 한강 이북의 탁자식 지석묘의 기능은 한강 이남으로 오면 바둑판식 지석묘나 立石이 그 기능을 대신한다고 볼 수 있다(이동희 2017:85-91).

요컨대, 사산리나 용잠 3구 지석묘(그림 2 참조)는 모두 고 대산만 최상의 유력세력인 봉산리, 용잠리 집단 주변 0.5-1km이내의 전망이 탁월한 구릉 위에 독립적으로 자리하여 고 대산만이 조망되며 집단 공동의 의례가 행해진 제단이나 기념물로 추정해 볼 수 있다. 이러한 제단을 만든 주체는 봉산리·용잠리 등 고 대산만의 핵심세력으로 보인다.

3. 발굴된 지석묘군의 검토

1) 봉산리 유적(국립김해박물관 2010)

8기의 지석묘 가운데 2호 지석묘만 발굴조사되었다. 2호 지석묘에

[표 2] 발굴된 봉산리 지석묘 및 석관묘 일람표(국립김해박물관 2010)

	상석크기(cm)	굴광규모(cm)	매장주체부크기(cm)	출토유물	비고
2호 지석묘	350×284×75	924×502×403	320×110×130	홍도1, 석검편1, 석촉8	성혈23, 목관 흔적
1호 석관묘	·	133×53×15	·	·	바닥석 외 파괴됨
2호 석관묘	·	폭 100cm	·	·	대부분 파괴됨
3호 석관묘	·	길이 270cm	·	석부편1	대부분 파괴됨

대한 조사 결과, 거대한 규모의 계단식 3단 토광을 시설하고 적석층, 매장주체부(석곽)가 확인되었다. 이러한 형태는 인근의 덕천리, 김해 율하, 마산 진동리, 사천 이금동, 보성 동촌리 등지에서도 발굴조사된 바 있다. 봉산리 2호 지석묘는 그 규모나 구조, 특징으로 보아 동읍 일대에 살고 있었던 유력 수장급 무덤으로 볼 수 있다(국립김해박물관 2010: 58-59). 2호 지석묘 주변지역에 대한 발굴조사 결과, 파괴된 석관(곽)묘 3기를 확인하였다.

2) 용잠리 유적(삼강문화재연구원 2012)

청동기시대 무덤군은 (추정) 묘역식 지석묘를 중심으로 주변에 석개토광묘 5기가 위치하며 서쪽으로는 상석으로 추정되는 석재 3매가 확인된다. 모두 이동된 상석은 길이 100-280cm, 너비 80-120cm, 두께 30-40cm이다. (추정) 묘역식 지석묘는 파괴되어 구획석단과 주구만 남아 있다. 평면형태는 장방형이며, 규모는 잔존길이 25m, 잔존너비 7m이다.

[표 3] 용잠리 석개토광묘 일람표(삼강문화재연구원 2012)

호수	굴광규모(cm)	출토유물	비고
21호 석개토광묘	160×53×10	적색마연호편	삭평으로 잔존깊이가 얕음
22호 석개토광묘	220×66×11	석검1, 적색마연호1	삭평으로 잔존깊이가 얕음
23호 석개토광묘	235×84×43	석검1, 석촉1, 적색마연호1	
24호 석개토광묘	179×88×51	석검1, 석촉편1, 적색마연소형발1	
37호 석개토광묘	224×99×41	적색마연소호1	

3) 덕천리 유적(경남대학교박물관 2013)

(1) 개요

조사결과, 支石墓 5기, 石槨墓 12기, 石蓋土壙墓 5기, 지석묘의 墓域施設 등이 확인되었다. 여러 기의 무덤들이 동서 90m, 남북 300m의 범위 안에만 분포되어 있어 이곳이 당시의 單位墓域으로 파악된다.

1호 지석묘는 8×6m 크기의 구덩이를 3段으로 파고 그 4.5m 아래에 석곽을 축조하였다. 석곽 위에는 네 겹에 걸쳐 모두 17매의 뚜껑돌과 800여개의 돌이 덮여 있었고, 맨 나중에 35톤가량의 상석을 얹은 구조이다(그림 6). 1호 지석묘의 주위를 둘러싼 석축시설은 국내 최초로 확인된 대규모 묘역시설로, 현재 동서 17.5m, 남북 56m의 규모가 남아 있다. 1호 지석묘의 墓壙보다는 적으나, 2호나 5호 지석묘도 2단으로 묘광을 파서 무덤을 만들고 여러 장의 뚜껑돌을 덮고 積石을 한 점은 1호 지석묘와 같다. 1호 주변에 배치되어 있는 석곽묘나 석개토광묘에서 단도마연토기·마제석검·마제석촉 등의 유물이 출토되지만 무덤의 크기 면에서는 지석묘보다 훨씬 소형이다(그림 3).

유적에서는 재가공한 비파형동검(16호)을 비롯하여 마제석검 3점, 마제석촉 36점, 단도마연토기 9점, 관옥 172점이 출토되었는데, 2호 지석묘에서만 165점의 관옥이 출토되었다. 또한 2호 지석묘에서는 목관으로 사용되었던 것으로 여겨지는 나무들과 칠편이 확인되었고, 11·16호에서는 人骨의 일부가 확인된다. 1호 지석묘 외곽의 석축시설 주위 곳곳에서 수많은 무문토기편과 石鑿, 숫돌 등의 유물이 수습되었는데, 이러한 유물들은 무덤을 조영하거나 피장자를 매장할 때 埋葬儀禮를 치르면서 의도적으로 폐기시킨 것으로 추정되지만, 그 이후에도 지속적인 의례행위와 신앙의 대상이 되었음을 의미한다.

한편, 묘역에서 200m 정도 떨어진 건너편 구릉에서 環濠施設이 확인되어 주목된다(그림 2).

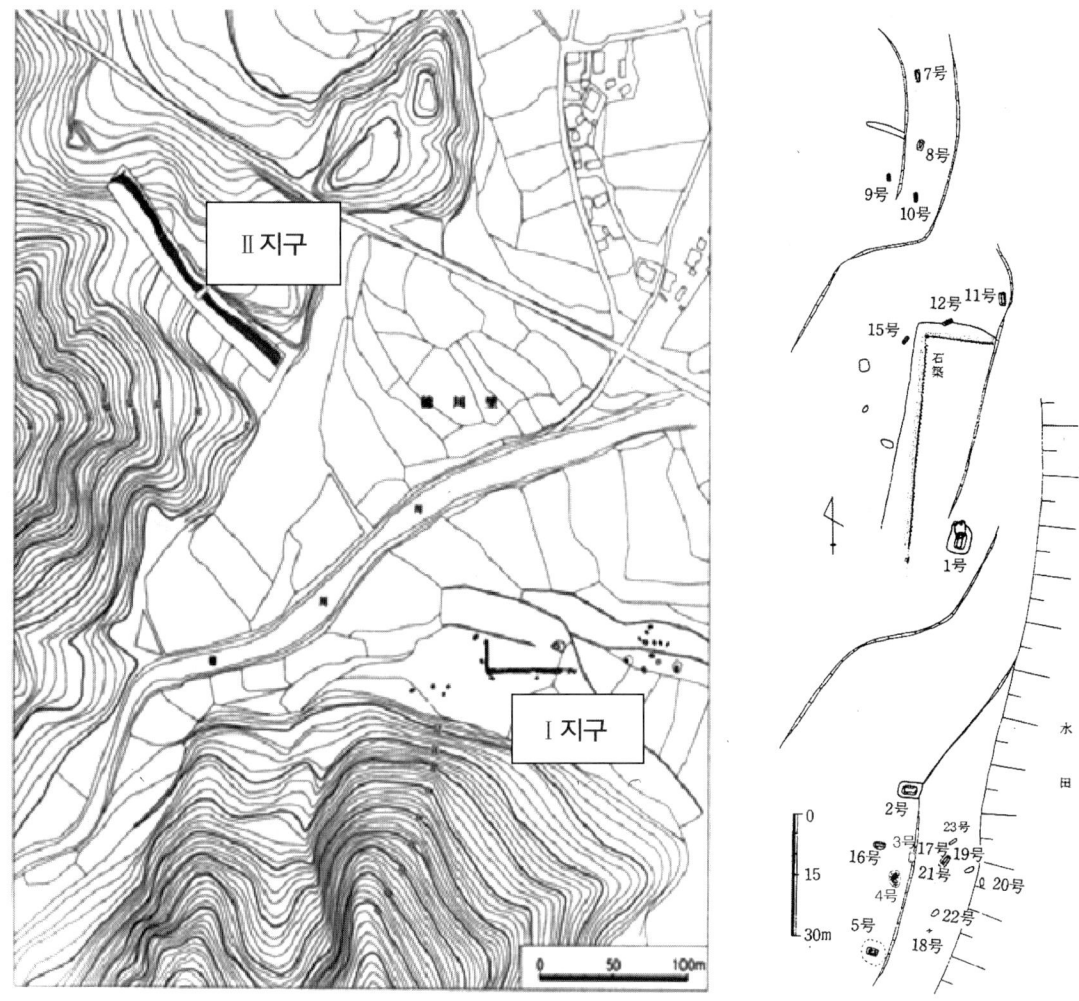

[그림 2] 덕천리 Ⅰ지구(분묘), Ⅱ지구(환호) 위치도(경남대학교박물관 2013)   [그림 3] 창원 덕천리유적의 분묘 배치도 (이상길 1996, 일부 수정)

(2) 구조로 본 덕천리 분묘의 유형 구분

보고자는 덕천리 분묘를 구조적인 측면에서 다음과 같이 3유형으로 구분하고 있다.

1유형- 상석의 존재, 단을 지은 묘광, 여러 겹의 개석, 개석상부 적석, 봉토처럼 덮은 적색토, 지하 깊숙이 조성된 매장주체부: 1, 2, 5호(그림 4)

[표 4] 덕천리 유적 분묘 일람표(경남대학교박물관 2013)

	상석규모(cm)	지석묘 형식	굴광규모(cm)	매장주체부 크기(cm)	매장 주체부 장축	출토유물	비고
1호 지석묘	460×300×190 (35톤)	바둑판식	770×570×450	300×95×135	남-북	관옥5, 석촉22	묘역시설 59×18.2m 3단 묘광과 3중 개석과 적석, 봉토
2호 지석묘	230×190×35	개석식	570×380×170	270×90×90	동-서	관옥 165, 적색마연토기1	2단 묘광과 다중 개석과 적석, 봉토
3호 지석묘	210×120×49	바둑판식	·	·	·		성혈4개
4호 지석묘	450×170×140	바둑판식	·	·	·	삼각형점토대토기1	성혈4개
5호 지석묘	280×160×100	개석식	285×170×100	120×40×50	동-서	적색마연토기1	2단 묘광과 다중 개석과 적석, 봉토
6호 지석묘	226×135×108		·	·			조사자는 지석묘가 아닌 것으로 판단
7호 석곽묘			290×110	240×65×25	남-북	석검1, 석촉4, 적색마연토기1	목관 존재 가능성
8호 석곽묘			230×140	120×40×50	남-북	적색마연토기1	목관 존재 가능성
9호 석곽묘			150×65	110×35×35	남-북		
10호 석곽묘			200×90	165×35×38	남-북	적색마연토기1	
11호 석곽묘			310×160	240×65×70	남-북	석검1, 석촉4, 적색마연토기1	목관 흔적, 인골, 두향 -북쪽
12호 석곽묘			230×114	186×40×35	북동-남서	소형발형토기1	
13호			·	·		무문토기편1	의례 관련 시설?
14호							의례 관련 시설?
15호 석곽묘			225×80×20	·	북동-남서		유구 일부 훼손
16호 석곽묘			290×185	230×70×75	동-서	동검1, 석검1, 적색마연토기1	川石 이용, 인골, 頭向-동쪽
17호 석곽묘			317×177×85	205×50×55	남-북	석검1, 석촉1, 석부1, 적색마연토기1	치아, 頭向 북쪽
18호 석개토광묘			212×54×30	·	북서-남동	·	개석 4매
19호 석개토광묘			243×98×40		북동-남서	적색마연토기1	2단묘광, 개석3매
20호 토광묘			200×80×37		남-북		
21호 석개토광묘			190×85×35		동-서	관옥1, 석촉5, 적색마연토기1	목관 추정, 석촉·관옥은 보강토 내 출토
22호 석개토광묘			215×85	·	북동-남서	소형발형토기 1	목관 추정, 개석 3중
23호 토광묘			215×48×18	·	북동-남서	대부발(컵모양) 1	

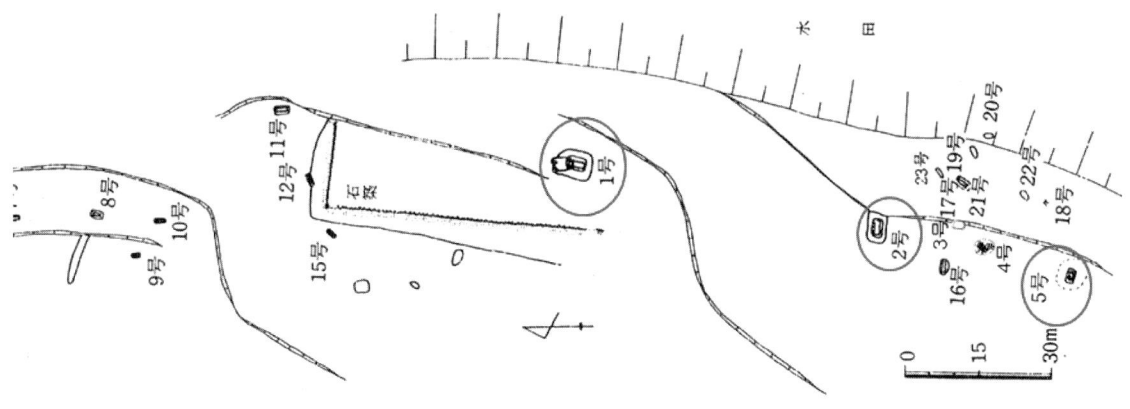

[그림 4] 덕천리 분묘군 내 1유형(1, 2, 5호 지석묘) 배치도(경남대학교박물관 2013 수정)

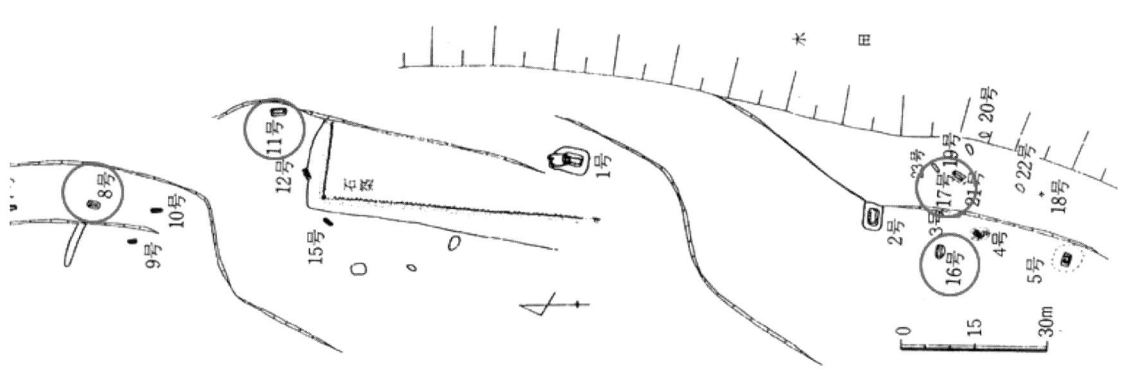

[그림 5] 덕천리 분묘군 내 2유형(8, 11, 16, 17호 석곽묘) 배치도(경남대학교박물관 2013 수정)

    2유형 - 판상석으로 평적 수적 또는 석곽형: 7, 8, 11, 16, 17호(그림 5)
    3유형 - 석개토광형: 19-23호(그림 6)
    5기의 지석묘 상석 중 1, 2, 5호 3기에서만 매장시설이 확인된다(1유형). 비슷한 구조적 특징을 가진 1, 2, 5호는 동일선상에 일렬로 배치되어 주목된다. 특히 1호묘는 한 개인의 분묘가 극단적으로 확대된 예이다. 상석을 갖춘 2, 5호묘는 1호묘에 비해 규모는 작으나 기본적으로 구조에

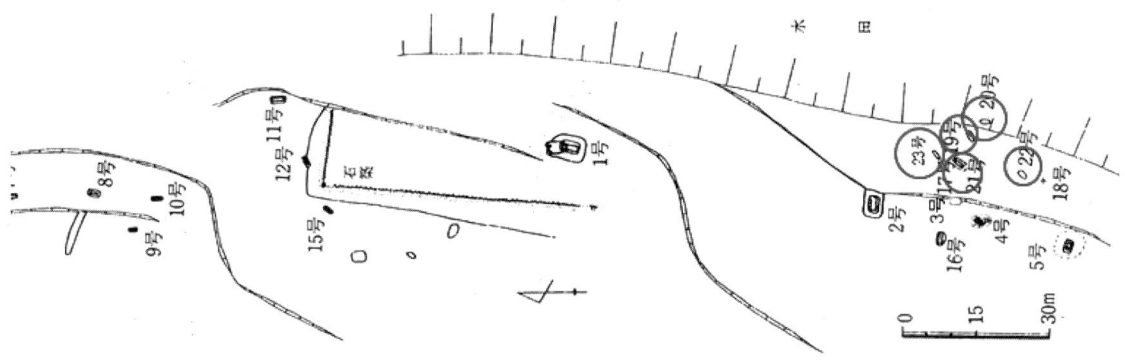

[그림 6] 덕천리 분묘군 내 3유형(19~23호 석개토광묘) 배치도(경남대 박물관 2013 수정)

있어서는 3자가 동일하고 남-북 일렬로 배열되어 있어 상호 밀접한 관계를 보인다. 1, 2, 5호는 구조적인 측면에서 밀접하게 연결시킬 수 있으나 1호와 2·5호 간에는 매장주체부의 장축방향이 서로 다르다(그림 4). 1호 지석묘에 잇댄 북쪽의 분묘들은 석곽형이며 대개 남-북향이고 2·5호 지석묘가 있는 남쪽의 매장주체부는 석개토광형이며 동-서향이 다수이다.(이상길 1996: 101-102, 경남대박물관 2013: 182-183)

　　　　보고자는 이러한 매장주체부의 장축방향을 집단차를 반영하는 것으로 추정하였다. 하지만, 필자는 이러한 차이를 약간의 시기차이로 보고자 한다.

　　　　즉, 유물로 보아서는 큰 시기차이는 없지만 3단계로 세분해 볼 수 있다. 중앙의 1호 지석묘가 가장 이른 것은 주변의 분묘들이 모두 1호 지석묘를 기준으로 분포하기 때문이다. 북쪽의 평적한 석곽묘에 비해 약식화된 석개토광묘가 늦은 것이 일반적인 견해이고 덕천리유적에도 적용된다. 석개토광묘는 매장주체부 규모가 비교적 소형이고 장축방향의 정형성이 북쪽보다 떨어진다는 점에서도 후행한다고 본다. 또한 석개토광묘는 배치상 석곽묘에 잇대어 있다는 점에서도 더 늦은 단계로 파악된다. 따라서 지석묘를 제외한 북쪽의 석곽묘와 남쪽의 석개토광묘를 비교해 보았을 때 북쪽이 먼저 축조되었다는 것이다. 북쪽의 석곽묘들이 1호 지석묘의 묘역장축방향과 동일하다는 점에서도 그러하다. 아울러, 석개토광묘가 많이 확인된 남쪽 군집의 4호 지석묘에서 삼각구연점토대토기가 출토된 점에서도 가장 늦은 단계임을 시사한다.

남쪽 군집의 매장주체부는 동-서 장축이 다수를 차지하고 있어, 유실된 1호 지석묘 남쪽 묘역을 전제로 하여 에워싸는 형상이어서 유기적인 관련성을 암시한다(그림 6). 북쪽 군집은 공간이 좁아 등고선과 나란한 남-북향을 지향하였고 남쪽 군집은 동-서방향의 공간이 상대적으로 넓어 1호 지석묘를 에워싸는 형상으로 매장주체부가 배치된 것으로 보인다.

다만, 북쪽 군집이 모두 끝나고 남쪽 군집으로 옮겨간 것으로 보지는 않는다. 북쪽에 석곽묘가 조영되는 동시에 2호 지석묘와 같은 다단굴광의 지석묘는 동시에 축조된 것으로 추정된다. 그렇게 보는 이유는 북쪽 군집의 석곽묘나 2호 지석묘 등이 공히 벽석을 판상석으로 평적하고 있기 때문이다.

세밀히 따지면, 1호 지석묘 남쪽군집에서는 1호 지석묘의 묘역과 동일축에 있는 2호 지석묘, 북쪽 군집과 동일하게 남-북 장축이고 판상석을 평적한 17호 석곽묘, (변형)비파형동검이 출토되고 매장주체부가 큰 16호 석곽묘(그림 7) 등이 비교적 이른 단계이고, 17호 주변에 자리하면서 규모가 작은 석개토광묘가 가장 늦은 단계로 볼 수 있다. 17호를 에워싸고 있는 18-23호 (석개)토광묘 가운데에서도 17호와 인접한 매장주체부에서 유물이 일부 확인되고 멀어질수록 유물이 확인되지 않는다는 것은 규모가 큰 17호가 먼저 축조되고 17호를 전제로 해서 18-23호가 연동되어 축조되고 있음을 의미한다(그림 5 참조).

이처럼, 지석묘문화의 마지막 단계에는 규모가 작은 석개토광묘가 다수이고 유물이 빈약한 것이 특징이다. 석개토광묘가 가장 늦은 단계로 볼 수 있는 근거 중 또 하나는 석개토광묘 중 가장 외곽에 자리하면서 유물이 없는 20호는 석개(石蓋)도 없는 토광묘라는 점에서 원삼국시대 목관

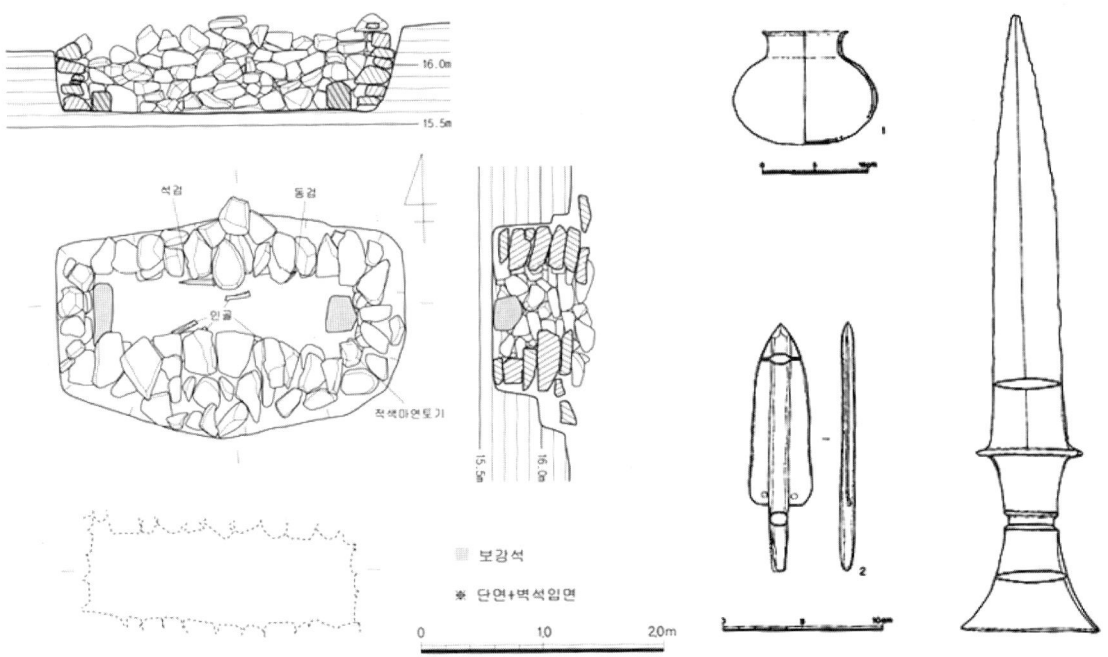

[그림 7] 덕천리 유적 16호 석곽묘 및 출토유물(경남대학교박물관 2013)

묘와 연결된다는 점에서도 그러하다.

가장 늦은 단계에는 유물이 보이지 않거나 토광묘이고, 석개토광묘의 늦은 단계에는 종래 전통적인 부장토기인 홍도가 아니라 발형토기로 변하고 있다. 기존의 적색마연토기를 부장하는 풍습이 변질되었음을 의미한다. 예컨대, 22호 석개토광묘의 소형 발형토기, 23호 토광묘의 대부발, 12호 소형 발형토기 등이다(그림 11). 12호 석곽묘의 소형 발형토기는 내외면 모두 적색을 띠고 있어 홍도의 변형품으로 볼 수 있기에 석곽묘 중에서 늦은 시기로 파악된다.[5]

북쪽 군집에서도 장축이 남-북 방향에서 틀어진 경우(12호)나 벽석의 정형성이 떨어지고 규모가 작고 유물이 빈약한 15호 석곽묘는 늦은

----
5   최말기의 토기에 대해서는 뒤에서 상술하기로 한다.

단계로 보인다. 12·15호는 공히 1호 지석묘 석축 묘역의 북쪽에 인접해 있다(그림 6 참조).

1호 지석묘 묘역 북쪽에 인접되어 있는 12·15호묘가 가장 늦은 단계에 축조되었다는 것은, 초대형 1호 묘역식 지석묘 축조 당시에는 경외의 대상으로 근접할 수 없는 기념물이었지만 점차 그러한 기억이 흐트러진 이후에 12, 15호묘가 1호 지석묘 옆으로 다소 침범한 모습이다.

늦은 단계로 파악한 12호묘를 재검토해보자. 12호묘는 1호 지석묘 석축시설 외부 구(溝)의 북쪽 굴광을 파괴하고 축조되었으며, 장축방향은 동-서향에 가까운 북동-남서향이다. 장축방향의 흐트러짐은 기존 분묘 축조 패턴의 변형으로 볼 수 있다. 토층으로 볼 때 석축의 바깥쪽 구가 완전히 매몰된 이후에 축조된 유구이다. 북쪽 군집 석곽묘들이 대개 남-북 장축이라는 점, 그리고 벽석을 橫平積한 것과 달리 장축방향이 다르고 벽석 하단을 臥垂積한 점이 변형된 후기 단계로 볼 수 있다. 더구나 유구에 사용된 석재의 재질과 형태로 보아 1호 지석묘 주변 석축의 석재 일부를 빼서 분묘 축조에 이용한 것으로 파악된다(경남대박물관 2013:123).

요컨대, 덕천리유적의 늦은 단계 매장주체부는 (석개)토광묘인 경우가 많고 석곽묘의 경우 벽석을 臥垂積하며, 유물상으로는 유물이 빈약하거나 홍도 대신 발형토기나 대부발을 부장한다는 말기적 특징을 보인다. 이러한 점에서 상대적으로 늦은 단계가 많은 남쪽 군집의 4호 지석묘에서 삼각형점토대토기가 출토되는 것은 이해가 되는 바이다.

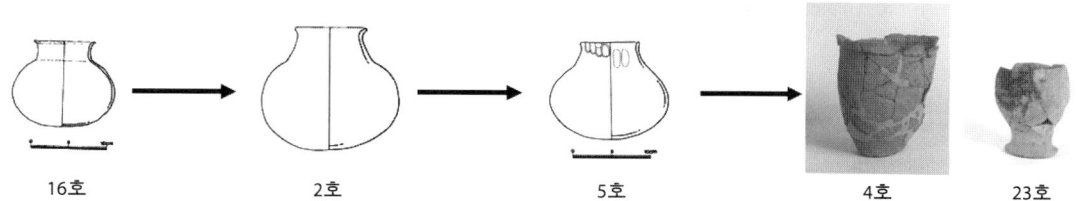

[그림 8] 토기로 본 덕천리 분묘의 상대 편년

이처럼, 덕천리유적에서 가장 늦은 단계인 (석개)토광묘는 다호리 유적으로 대표되는 신문물인 목관묘 문화의 영향이 일정부분 있다고 본다면 기원전 1세기대까지 내려볼 수 있겠다. 지석묘 말기 단계가 희미하게 되는 것은 철기 및 이주민 유입과 맞물려 이데올로기 혼란 양상과 무관하지 않을 것이다.

4. 고 대산만의 지석묘 사회

고 대산만에서 발굴조사된 지석묘 유적은 덕천리, 용잠리, 봉산리 유적 등이다. 이 가운데 덕천리 유적만이 전모가 조사되어 그 유구나 유물을 제대로 파악할 수 있기에 본고에서는 덕천리유적을 중심으로 고 대산만의 지석묘 사회를 심도있게 살펴보고자 한다.

1) 덕천리 지석묘군의 성격
(1) 기존 덕천리 지석묘 피장자에 대한 제견해

발굴 보고자는 덕천리 1·2호 지석묘의 경우, 동시기에 최상위의 수장층과 관련짓고 있다(경남대학교박물관 2013).

한편, 박순발은 세대공동체간에 우열이 생기면서 유력한 세대공동체의 가장의 주도로 일정한 지역을 통합한 농업공동체의 장(長)이 부상할 무렵의 지석묘들 중 대표적인 예로 덕천리 지석묘군을 들고 있다. 지석묘 사회의 마지막단계로서 기원전4세기로 비정한 바 있다.(박순발 1997:21)

이수홍은 창원 덕천리(1호), 김해 구산동(A2-1호), 김해 대성동(1호) 등의 지석묘를 영남지역의 대표적인 수장묘로 보고 유적의 연대를 초기 철기시대까지 내려 보았다. 좀 더 구체적으로, 그 중심연대를 기원전 3세기대로 보고 기원전 2세기대까지 내려올 수 있다고 추정하였다. 이러한 무덤들은 사천 이금동유적·창원 진동유적 등 군집성이 돋보이는 대규모 묘역식 지석묘군과는 차별되는 수장 출현의 현상이며 1인을 위한 단독묘라고 보았다(이수홍 2019:33-41).

(2) 거대 묘역식 지석묘를 지배계층의 정치적 위상으로만 보아야 하는가?

이처럼, 덕천리 1호 지석묘와 같이 1기의 분묘를 조성하는 데에 투입된 노동력을 감안한다면 이 시기 지배계층의 위상으로 보아야 한다는 견해(이상길 1996·2006)가 다수이다.

그런데, 덕천리 1호가 최상위 수장층의 개인 무덤이라면 왜 그 규모와 유물이 일치하지 않는가? 왜 더 소형의 무덤에서 비파형동검이나 석검이 출토되는가? 이는 1호 지석묘와 주변 묘역이 집단의 의례적 기념물이지 단순하게 수장층의 무덤만으로 보기 어렵다는 점을 의미한다. 집단 속의 개인이지 집단에서 개인이 도드라진 상태가 아니다. 더구나 1호 지석묘는 묘역의 한가운데가 아닌 남동쪽으로 치우쳤고 분묘의 북서쪽 묘역시설 내부는 특별한 시설 없이 빈 공간 그대로이다.

또한, 동서 120m, 남북 250m의 덕천리 묘역에서 주거지가 1기도 발견되지 않아 인근의 용잠리유적(120×50m공간)에서 무덤6기와 함께 주거지 15기, 고상건물지 22동 등이 함께 발견된 것과는 차별성이 뚜렷하다. 덕천리 묘역에서 1호 지석묘의 길이가 60m나 되어 전체 묘역의 1/3을 차지하고 있어 덕천리 유적, 특히 1호 지석묘는 특별하고 신성함이 드러난다.

대형 지석묘가 개인 권력을 과시하기 위한 무덤이라고 한다면 그러한 권력이 세습되어 대형지석묘가 누세대적으로 조성되어야 할 것이다. 덕천리지석묘는 오직 1호에서만 대형의 묘역이 갖추어져 있고 거기서 일정한 의례를 행하였다. 지석묘의 조영은 집단에 따라 일정한 차이가 있었을 것이다. 즉, 집단에 따라 특별한 사회적 지위를 가진 개인의 무덤으로 누세대적으로 조성된 곳도 있는 반면에, 집단을 대표하는 조상신의 무덤과 의례의 장소로서 1기 혹은 소수만 조성한 경우도 상정할 수 있다(이재현 2003:29-30).

이러한 견해를 참고하여 고 대산만에 적용해 보기로 한다. 즉, 세속적인 권력을 보여주는 초기 수장층의 묘역으로서의 봉산리 지석묘군과 고 대산만이라는 공동체(초기 읍락) 전체의 안녕을 기원하고 집단을 통합하는 기능으로서 의례의 상징물 겸 그것을 주관하는 제사장의 무덤으로서의 덕천리 지석묘군을 구분하여 살펴보고자 한다.

2) 초기 수장묘로서의 봉산리 지석묘군과 집단 의례의 상징물로서의 덕천리 지석묘군

고 대산만에서 대형 지석묘군은 다음과 같이 두 유형으로 구분해 볼 수 있다.

① 대형 지석묘가 누세대적으로 조성된 초기 수장묘: 봉산리 지석묘군
② 의례의 중심으로서 거대 묘역이 있는 지석묘: 덕천리 지석묘군 (1호)

(1) 봉산리 지석묘군과 덕천리 지석묘군의 비교

덕천리 묘역은 전체가 조사되었고 봉산리 지석묘군은 8기의 지석묘 가운데 1기만 조사되어 상호 비교의 제한성은 있다. 봉산리유적은 지석묘의 군집도가 높은데 비해 기존에 발굴된 2호 지석묘에서는 대규모 묘역은 보이지 않는다. 봉산리유적은 지석묘간의 간격이 10-30m에 불과하여 덕천리 유적과 같은 길이 60m 이상의 대규모 묘역식 지석묘를 조영할 수 있는 공간적 여지는 없다.

〈표 5〉에서처럼 봉산리 2호에서는 정치적 권위를 상징하는 석검이 출토되었지만, 덕천리 1호에서는 의례와 관련시킬 수 있는 관옥류[6]가 다

---

6 목걸이로 사용될 수 있는 옥류가 다수 출토된 무덤은 제의와 관련된 피장자일 가능성이 높다(이양수 2004:52).

수 확인되어 차이를 보인다.

2개 지석묘군의 가장 큰 차이점은 봉산리 지석묘군은 누세대적으로 대형의 지석묘가 군집되어 조영된 데 비해, 덕천리유적의 거대 묘역식 지석묘(1호)는 집단의 상징물로서 단발성이라는 점이다.

[표 5] 발굴된 봉산리 2호 지석묘와 덕천리 1호 지석묘의 비교

	덕천리 1호 지석묘	봉산리 2호 지석묘
입지	교통로상에서 벗어나 외진 곳	고 대산만의 중심 구릉
주변 시설	환호 존재- 소도 추정	고상가옥 밀집- 물류창고 추정
상석 규모	460×300×190cm	311×300×65cm
다중묘광, 개석	3단 계단식	3단 계단식
기단	기단 규모: 59×18.2m	확인되지 않음
유물	관옥 5, 석촉 22	석검(편) 1, 홍도 1, 석촉 8
특징, 피장자	전체 묘역의 중심이고 가장 먼저 축조됨 의례를 주관하는 제사장	집단의 수장

(2) 봉산리유적과 덕천리유적과의 관련성

고 대산만에서의 공간적 위치, 군집도나 상석 크기 등을 고려했을 때, 상기한 봉산리 지석묘군과 함께 용잠리 지석묘군이 핵심취락으로 파악된다. 이에 비해, 덕천리유적은 전자의 유적들에서 파생된 유력 세력으로 파악된다.

즉, 유물상으로 보아도 시기적인 선후관계는 봉산리 일대가 앞서는 것으로 판단된다. 예컨대, 봉산리유적에서는 석관묘 출토품으로 추정되는 이단병식 석검이 수습된 바 있고 함안식 적색마연호(외반 구연에 경부 내경)보다 이른 단계의 적색마연호(외반 구연에 경부 직립)가 봉산리 2호 지석묘에서 출토되었다(그림 9). 덕천리에서 봉산리 2호와 동일한 적색마연호는 이른 단계의 16호 석곽묘에서만 확인되고, 나머지 대부분은 청동기시대 후기 후반의 가장 늦은 단계 함안식 적색마연호이거나 초기철기시대의 유물이 다수를 점한다(그림 8). 덕천리 1호분의 경우에도, 매장주체부

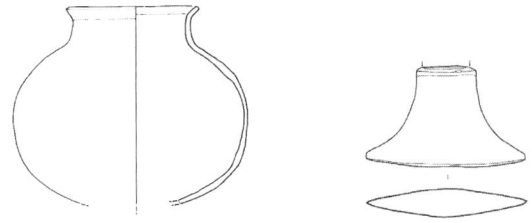

[그림 9] 창원 봉산리 2호 지석묘(좌) 및 석관묘(우) 출토유물

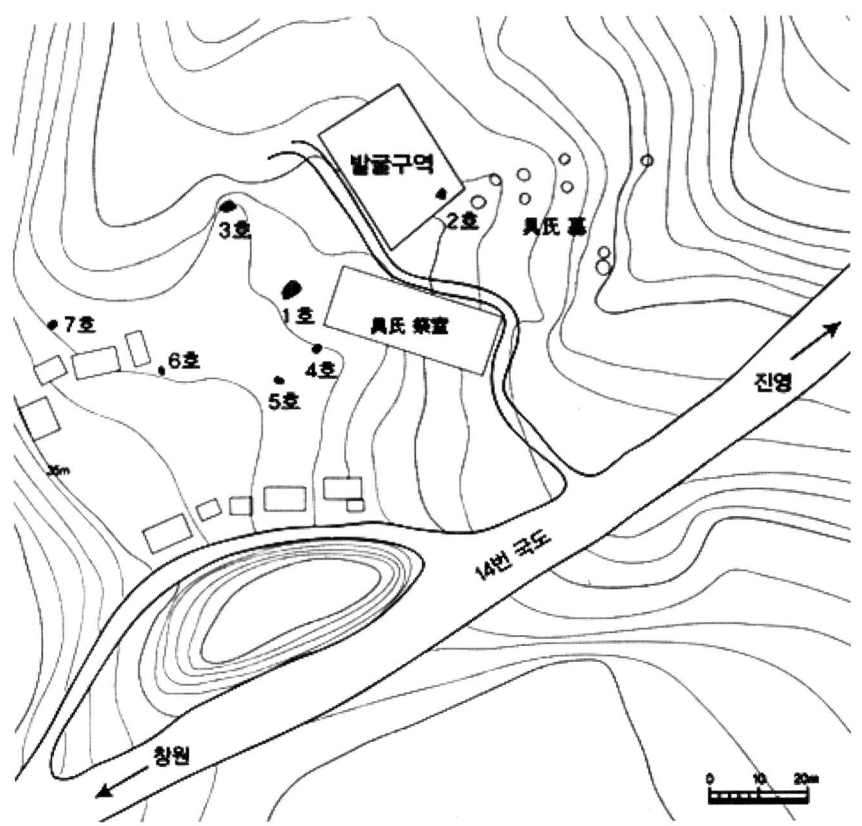

[그림 10] 창원 봉산리 지석묘군 배치도 및 2호 지석묘의 위치(국립김해박물관 2010)

에서의 세장형유경식석촉, 묘역(구 내부 석축부)에서의 두형토기·점토대토기편 등이 확인되어 송국리문화기 가운데에서도 늦은 단계로 보아야 한다.

봉산리유적은 분포도에서 보면 중심부의 거대한 지석묘인 1, 3호 지석묘(길이 5.5-6.2m)가 상대적으로 이른 단계이고, 발굴조사된 2호 지석묘는 가장 자리에 위치하면서 상석의 크기가 중형(길이 3.1m)으로 군집내에서 중후기로 보아야 한다. 이러한 관점은 기존 지석묘군 연구성과에서도 그러하다. 즉, 지석묘군 내에서 대형의 상석들이 먼저 만들어지고 주변부에 중소형 상석들이 나중에 조영된다(이동희 2007·2011).

덕천리에서 가장 이른 단계로 파악되는 1호 지석묘와 16호 석곽묘는 봉산리 지석묘군에서 중간단계에 해당하는 2호 지석묘와 동시기로 추정된다. 봉산리 지석묘군이 끝나고 덕천리 지석묘군이 시작된 것이 아니라 봉산리유적 중간단계의 어느 시점에 덕천리유적이 조성된 것으로 보인다.

이처럼, 덕천리 지석묘군이 봉산리 유적 등에 비해 상대적으로 늦어 봉산리 유적 등에서 덕천리집단이 파생되었다고 보았을 때, 덕천리 지석묘군의 성격에 대해 다음과 같은 2가지 가능성이 제기될 수 있다.

① 기존의 핵심취락이자 모촌이었던 봉산리, 용잠리 지석묘군 등지에서 이동한 핵심엘리트층(수장층)의 별도 묘역
② 대규모 묘역식 지석묘 외에 환호가 인근에 위치한 점에서 봉산리·용잠리 지석묘군의 통괄하의 제의의 공간이자 제사장의 묘역

상기한 2가지 안 가운데 필자는 후자가 더 가능성이 높다고 생각한다.

첫째, 덕천리유적의 특징 중 하나는 용잠리 유적과 달리 묘역에 인접하여 다른 주거지 등 생활유적이 전혀 보이지 않아 신성시했음을 알 수 있다. 덕천리유적은 주 교통로와 어느 정도 이격되어 특별히 한적하고 고립된 곳을 택해 조성했음을 알 수 있다. 덕천리유적은 험준한 구룡산의 동사면의 산간분지에 위치한다. 실제로, 나머지 지석묘 유적들은 현재의 도로를 따라 분포하거나 인접하고 있는데 비해 덕천리는 주 교통로에서 벗어나 있다. 또한 덕천리묘역에서 200m정도 이격된 구릉에 환호시설이

있어 제의행위와 관련지어 볼 수 있다.

둘째, 고 대산만에서 지석묘군 옆에 고분군이 자리하는 규칙성이 일반적이다. 이러한 조합 관계는 (유력) 촌락단위별로 지석묘 뿐만 아니라 고분군을 축조했음을 의미한다. 그런데, 덕천리 지석묘군은 그러한 일반적인 지석묘군-고분군 조합상과 달리 지석묘군만 조영되고 후대의 고분군이 없다는 것이다. 그러한 점에서 덕천리 고분군은 특별한 의미를 갖는다.

봉산리, 용잠리의 핵심취락은 고 대산만의 여러 집단들을 통솔하는 방편으로 의례를 택한 것으로 보인다. 즉, 덕천리 1호 같은 거대묘역식 지석묘를 조성하는데 읍락규모의 인력을 동원하면서 의례과정을 통해 읍락규모의 여러 집단을 통제하는 수단으로 삼았다고 볼 수 있다. 그 과정에 제사장이 중요한 매개체 역할을 한다.

그런데, 필자는 덕천리 1호 지석묘의 경우, 거대 묘역이 먼저 만들어지고 후대에 제사장의 무덤이 조성된 것으로 본다. 무엇보다도, 1호 지석묘가 묘역의 중심이 아니라 한쪽에 치우쳐 자리잡고 있다는 점에서 그러하다. 최근에 조사된 경산 대학리 묘역식 지석묘(동북아문화재연구원 2016) 등의 유적에서도 동일한 양상이다. 이는 제단으로서의 묘역이 먼저 만들어지고 그 이후 단계에 무덤이 축조되었을 가능성이 제기될 수 있다. 혹은 우리가 확인하지 못하였지만, 당시에 제단 중심부에 어떤 시설물이 있었을 가능성도 배제할 수 없다. 만약, 동시기라면 왜 매장주체부가 묘역 중심부에 배치되지 못하였는지에 대한 면밀한 검토가 있어야 한다.

이러한 점에서, 덕천리 1호 묘역지석묘는 공동체의 의례용 제단이 먼저 만들어지고 해당 제사장의 사후에 한쪽 가장자리에 매장된 것으로 보인다. 이러한 추정은 매장주체부의 크기는 1호와 유사하지만 위세품이 더 탁월한 2호 지석묘에 묘역이 전혀 보이지 않는 점에서도 뒷받침된다.

이와 관련하여, 매장주체부가 없이 장방형 제단만 남아 있는 산청 매촌리나 경주 전촌리, 대구 진천동유적을 검토할 필요가 있다. 이러한 예들은 덕천리 묘역 지석묘의 성격을 재고할 수 있는 좋은 자료이다.

한편, 거대한 덕천리 1호 묘역식 지석묘가 축조되는 시점이 점토대토기문화(세형동검문화)의 파급 시기와 무관하지 않다는 점을 검토할 필요가 있다.

3) 점토대토기문화(세형동검문화)의 유입과 덕천리 묘역식 지석묘는 관련성이 있는가?

"새로운 세형동검문화(점토대토기문화)와 유이민의 유입은 지석묘에서와 같이 무덤의 조성에 대규모의 집단 노동력이 동원되는 의례적 현상이 없어지고 대신에 청동제 위신재의 대량생산과 광범위한 유통, 무덤에서 개인 부장물의 현격한 증가 등 개인의 위신이 강조되는 사회성격으로의 변화라고 할 수 있다"(이재현 2003:32).

상기한 견해와 같이 세형동검문화의 영향으로 지석묘사회가 위축된다고 보는 것이 다수의 견해이다. 이러한 견해는 세형동검문화가 상대적으로 일찍 출현하고 그 문화가 비교적 폭넓게 확인되는 호서나 호남서부권은 가능할 수도 있다. 즉, 대전 괴정동유적이나 화순 대곡리, 함평 초포리 등의 유적에서는 청동제 위세품 등이 다량 발견되어 개인의 위신이 강조되는 사회성격을 보인다. 그런데 비교적 늦게 세형동검문화가 나타난 경남지방의 경우, 적용할 수 있을지 의문이다. 예컨대, 창원이나 김해 지역의 경우, 김해 구산동·내동, 창원 덕천리 등의 거대 묘역식 지석묘가 세형동검문화 및 점토대토기문화 영향하에 더욱 더 활성화된다는 점이다. 경남권의 경우는 세형동검문화 유입시에 그 이주민이 호남 호서에 비해 소수여서 토착문화에 동화된 것으로 보인다. 그 증거가 호서, 호남에서 보이는 이주민의 주된 무덤인 적석목관묘가 보이지 않는다는 것이다. 오히려 경남, 특히 창원·김해의 대규모 묘역식 지석묘에 세형동검·점토대토기 관련 유물이 부장된다는 점은 기존 지석묘 축조 세력이 주도가 되어 세형동검문화를 수용하는 셈이다. 기원전 3-2세기대에 대규모 이주민이 유입된 것으로 보이는 전북서부지역에는 지석묘 자체가 희소하다.[7] 이는 전북서부권의 경우, 새로운 문화를 가지고 온 다수 이주민이 지석묘 축조 문화를 쇠퇴·소멸시키는 역할을 했다는 것이다. 이에 비해 이주민의 영향이 미미하다면 반대방향으로 진행될 것이다. 즉 토착문화가 지속되면서 새로운 세형동검문화를 일부 수용하면서, 기존 토착문화를 강화하는 방향이다.

점토대토기(세형동검)문화가 늦게 나타난 영남 동남부지역, 특히 김해·창원 일대는 다른 지역에서 축조가 중단된 기념물적 성격의 지석묘의 축조가 늦은 시기까지 지속된다(이성주 2018:91). 즉, 고김해만의 묘역 지석묘는 이상길 분류 마지막 단계에 속한다. 묘역이 극단적으로 확대되며 매장주체부도 대형화되고 지하화경향이 뚜렷하다. 송국리문화 만기로 이미 점토대토기문화와 접하고 있었던 시기이다. 철기와의 접촉도 상정할 수 있다. 김해 율하유적, 김해 패총D구, 창원 덕천리유적 등이 대표적인 예이다(이상길 2006:74, 이동희 2019:56-57).

이처럼, 청동기시대 최말기와 초기철기시대에 묘역식 지석묘가 대형화하게 된 이유를 살펴볼 필요가 있는데, 이와 관련하여 다음의 견해는 주목된다. 즉, "초기철기시대에 다량의 청동제 위세품과 철기류를 부장한 (적석)목관묘는 호서와 호남 서부권에서 주로 확인되지만, 영남권에서는 거의 보이지 않는다. 그리고, 대형 묘역식 지석묘와 묘역식 제단은 주로 원형점토대토기가 출토된 유적과 근거리에서 발견된다. 지석묘를 축조했던 집단은 새로운 이질적인 문화요소와 조우하게 되는데, 우두머리들은 개인의 능력과 사적소유를 강조하는 새로운 이데올로기를 수용하기

---

[7] 이에 비해, 점토대토기문화의 유입이 적었던 전북동부권은 전북서부권에 비해 지석묘의 수가 많이 확인되고 있다.

보다는 종래 사회구조를 지탱했던 공동체유형을 강화하는 방향을 선택하면서 덕천리 1호와 같은 대규모 제단(묘역식 지석묘)을 축조한 것으로 보인다. 이러한 수장의 권위 강화는 사적인 권력의 출현과는 그다지 상관이 없었을 것이다.[8] 즉, 대규모 묘역식 지석묘의 등장은 차별적 권력을 소유한 지도자의 출현을 의미하는 것이 아니라 개인을 강조하는 새로운 이데올로기의 유입에 대한 기존 질서를 유지하려는 자들의 방어적 기제를 의미했을 가능성이 크다"(박해운 2019:103-121).

요컨대, 고 대산만에서 종래 거점취락인 봉산리·용잠리 일대 세력이 원형점토대토기문화(세형동검문화) 유입기에 덕천리에 별도의 제의공간을 만들고 기존 질서를 유지하려는 전략을 택한 것으로 본다.

전술한 바와 같이, 산청 매촌리·밀양 살내 유적 뿐만 아니라, 삼각구연점토대토기단계의 경주 전촌리 묘역식제단 등 매장주체부가 없는 기념물의 존재는 공동체 유지를 위해 의례를 중시한 것이지 개인 수장의 권력을 보여주는 상징물로 보기는 어렵다. 따라서, 거대 묘역식 제단이 있는 덕천리 1호 지석묘를 수장의 무덤으로 바로 연결시키는 것은 재고되어야 한다.

4) 고 대산만에서의 君長과 天君의 기원

3세기대의 기록인 『삼국지』위서 동이전에서는 國邑에서 '國'을 다스리는 '君長'과 국읍 내 소별읍인 蘇塗에서 제사를 주관하는 '天君'이 구분되고 있다. 전자가 세속적이고 정치적인 우두머리라면, 후자는 司祭인 셈이다.

상기한 군장과 천군에 대한 내용은 3세기대 기록이므로 군장과 천군의 존재의 하한을 의미하는 것이다. 따라서 그 상한에 대해서는 고고학

---

8 덕천리 1호 매장주체부가 아닌 주변 석곽묘에서 최고 위세품인 (변형)비파형동검이 출토된 것에서도 뒷받침된다.

적으로 밝혀야 한다.

다호리 유적과 같이 목관묘의 군집 현상은 삼한 소국이 형성되었음을 의미한다(이희준 2011:71). 기원전 1세기대의 다호리 1호 목관묘의 피장자는 국읍의 최고 우두머리인 君長으로 볼 수 있다(최성락 2008:314).

이러한 관점을 조금 더 상향해 보기로 한다. 이상길(2000:48-49)은 한국식동검문화(점토대토기문화)단계에 祭政의 분리가 이루어졌을 것이라고 추정하였다. 즉, 한국식동검기가 되면 소도와 같은 특정 공간도 형성되어 제사장이 별도로 존재했을 가능성, 즉 제정의 분리가 이루어졌을 것으로 보았다. 이를테면, 신앙적인 측면을 가진 청동기 매납의 대상이 의기류가 아니라 무기가 중심을 이루는 것은 종교적 사제가 아니라 정치적인 성향의 권력자나 지배층에 의해 주도되어 집단의 대표자인 수장에 의한 범 공동체적 차원의 의례였을 것이다. 청동무기의 매납을 주재한 수장은 여러 취락을 포괄하는 읍락 규모 집단의 長이라고 추정하였다. 매납 행위의 주도자가 의기를 소유한 종교 직능자가 아니라 무기를 소유한 지배계층 또는 권력자일 가능성을 제시한 것이다.

이러한 점을 고려하면, 한국식동검문화기에 고 대산만에서의 정치적 권력자인 首長이 통괄하는 읍락 규모의 제의와 그에 따른 제사장이 존재했을 가능성은 높다.

고김해만에서 점토대토기문화기(한국식동검문화기)는 읍락형성기로 보고 있다(이동희 2019a). 다호리 국읍 이전의 고 대산만에서의 읍락형성기에도 미약하지만 군장과 천군의 존재를 상정해 보고자 한다.

지석묘군집에 근거해 보면 고 대산만에는 10여 개의 촌락단위가 존재하는데, 이 가운데 봉산리, 용잠리 집단이 핵심취락이라고 볼 수 있다. 봉산리, 용잠리 일대는 간척되기 전에 고 대산만에서 가장 넓은 가경지가 있는 공간이다. 특히, 최근에 조사된 용잠리유적은 봉산리지석묘군에서 서북쪽으로 300m 떨어져 근거리에 위치하여 밀접한 관계가 있는데, 고상가옥이 다수 발견되어 잉여산물이나 물류 창고시설로 볼 수 있다.

즉, 용잠리유적에서는 비교적 좁은 공간(150×50m)에 대한 조사였지만 밀집된 송국리형주거지(15기)와 고상건물지(22동), 구상유구 등이 확인되었다. 주거지와 고상건물지간에는 중복된 경우가 드물어 거의 동시 공존하였다고 본다. 그리고, 주거지보다 고상건물이 더 많다는 점은 주목되어야 한다. 이는 개별주거에 속한 창고가 아니라 수혈주거에 거주하는 사람들이 고상건물을 관리했을 가능성 높다.

고상건물지의 기능은 장방형 또는 세장방형의 평면형태를 가진 대형 고상건물지는 공공건물로, 규모가 작은 것은 개별주거에 속하는 창고로 보는 경향이 있다. 창고로서 고상건물은 무문토기시대 중기의 취락부터 다수 증가하고 있고 이러한 현상은 송국리문화기에 발달한 농경과 관련되어 용잠리의 고상건물은 핵심 취락의 창고시설로 볼 수 있다. 용잠리 취락은 창고가 많은 것이 특징 거점의 창고군을 관리하는 소취락으로 볼 수 있다(조현정 2012:347-353).

아울러, 창고시설에 바로 연접하여 습지가 확인되어 고대사회에는 수로교통이 용이한 곳이었음을 알 수 있다. 이렇듯 밀집된 송국리형주거지와 고상건물지로 유추해 보면 청동기시대 후기에 용잠리, 봉산리 일대에 거점취락이 자리하고 있었고 덕천리에서 출토된 비파형동검과 같은 위세품도 이러한 수로 교통을 통해서 입수되었을 가능성이 높다. 용잠리·봉산리 일대에 거점취락이 자리하고 있었던 것은 전술한 바와 같이 고 대산만에서 지석묘가 가장 밀집되고 거대한 상석이 분포하는 것에서도 뒷받침된다.

고 대산만에서 교역창구로서의 용잠리의 역할은 기원전 1세기대에는 다호리 세력의 성장과 연계되어 있다고 본다. 다호리에서 확인된 다수의 중국계 유물이 이를 방증한다. 용잠리·봉산리, 다호리 일대의 농업 생산력과 교역 창구로서의 역할은 이 일대에 재화가 집중되었음을 의미하고 그 결과물로 지석묘와 목관묘 군집의 존재로 뒷받침된다.

요컨대, 고 대산만에서 다호리 세력 이전의 봉산리·용잠리 지석묘 축조집단에 대해 초기적이지만 정치적 권력자인 君長 직전단계의 우두머리로 상정해 볼 수 있다. 봉산리·용잠리 일대의 우두머리는 집단지향적인 수장이라는 점에서 다호리 1호묘와 같은 개인지향적인 수장과는 차별성이 있다. 즉, 봉산리·용잠리 지석묘의 외양적 규모는 대형이지만 유물이 빈약하고, 다호리 1호묘는 무덤의 규모는 상대적으로 소형이지만 개인의 위세품이 탁월하다는 점에서 다르다.

한편, 덕천리 지석묘군은 위치상 봉산리·용잠리 지석묘군과 좀 다르다. 즉, 후자는 정병산 북쪽 자락의 넓은 공간에 위치한데 비해, 덕천리 지석묘군은 구룡산의 동쪽 자락에 위치하면서 중앙천과 경계로 후자와 구분되며 1km 정도 떨어져 있다. 그리고, 덕천리는 교통로상에서 좀 벗어난 외진 곳이어서 봉산리·용잠리 일대와는 차별적이고, 후대에 고분군으로도 이어지지 않는다.

발굴조사된 봉산리 2호 지석묘와 비교하여, 다단의 계단식 매장주체부는 동일하지만, 거대 묘역식 지석묘는 덕천리 1호에서만 확인되었다. 그리고, 1, 2, 5호는 규모가 점차 축소되기는 하지만 봉토가 있는 외관상 돋보이는 지석묘로서 타 지석묘군과 차별성을 보인다. 더 주목되는 것은 인접하여 환호가 확인되어 제의공간과 관련지어 볼 수 있다. 즉, 덕천리 묘역에서 200m 이격되어 환호시설이 확인되었지만 주거지가 거의 확인되지 않아 의례공간 즉 蘇塗의 원초적인 모습을 추정해 본다(그림 2). 이러한 점에서 덕천리 1호 지석묘는 단순히 정치적인 首長으로 단정할 것이 아니라, 『삼국지』위서 동이전에 보이는 국읍 내 소별읍인 蘇塗에서 제사를 주관하는 天君과 관련지어 볼 여지가 있다.[9] 환호공간으로 대표되는 소도를 제사장만 출입하는 신성한 공간이라면, 1호 묘역식 지석묘 일대는 공동체 다수가 숭배하는 제의공간으로 구분해 볼 수도 있다.

성역으로서의 소도 관련 유적은 일본 대마도에서도 일부 확인되

---

9 소도를 '별읍'이라 칭한 것은 '天君'이 거주했던 특별한 곳이기 때문이다(문창로 2017:13).

어 한국 고대사회에 적용해 볼 수 있다. 즉, 대마도에는 특수 촌락의 형태로 동반부에는 神社가 있는 聖地가 존재하고, 서반부에는 민가로 구성되어 있는 구역에 주목하여 그것이 別邑과 같은 성격으로 파악된다(문창로 2017:13). 이러한 점을 원용하면, 덕천리유적도 현재 확인된 환호(소도)와 제사장의 묘역 이외에 얼마간의 거리를 두고 취락 공간이 별도로 조성된 소별읍을 상정할 수 있다.

김철준은 소도의 발생 배경을 청동기문화에서 철기문화로의 변천 과정에서 나타나는 신·구 문화의 갈등 양상에서 찾았다. 즉, 소도지역으로 도망한 사람을 잡지 못했던 현상은 당시 철기문화가 성립시키고 있던 새로운 사회질서에 대항하는 반동적인 성격을 내포한 것으로 파악했다. 철기문화를 가진 이주민과 청동기문화의 토착민들 사이에서 예견되는 갈등과 대립을 조절 발산시켜 주는 완충적 역할이라는 것이다(김철준 1975; 문창로 2017). 이러한 견해는 전술한 필자의 해석과 맥락이 통한다.

한국식동검문화기(점토대토기문화기)에 정치적 수장과 제사장을 구분하고, 정치적 수장이 거점취락에서 누세대에 걸쳐 연속적인 분묘군을 축조하는 반면 제사장은 별개 영역권에서 斷續的 신분을 유지한 것으로 본 견해(이양수 2004: 50)는 봉산리지석묘군을 정치적 수장에, 덕천리 1호 지석묘를 제사장으로 보려는 필자의 견해와 유사하다.

정치적 수장과 제사장은 배타적이지 않고 상호 보완적이라고 할 것이다. 즉, 덕천리 1호 지석묘의 거대 묘역은 덕천리 집단이 주체가 되어 만든 것이라 보기보다는 고 대산만의 중심집단인 봉산리·용잠리 집단이 주도가 되어 제의 공간을 조성하여 의례·제사로 대공동체(읍락 규모)를 통괄하는 이데올로기로 활용한 것으로 보인다.

요컨대, 덕천리 지석묘군의 경우, 세습성은 미약하고 거대한 묘역을 가지고 있고 의례 관련유물들이 확인되고 있어 의례의 상징물로 볼 수 있다. 즉, 단순한 수장층의 무덤이 아닌 공동체의 의례용 기념물이면서 동시에 해당 제사장인 '天君'의 무덤이 조영된 경우라고 하겠다. 이는 서양 중세의 종교적 성전인 성당 내에 사제(주교)의 무덤이 있는 경우와도 맥락이 통한다.

5) 제사장의 위상 변화

상기한 바와 같이, 덕천리 1호 지석묘는 의례용 제단이자 제사장의 무덤으로 활용되었다고 보았다. 2단 묘광과 봉토를 가져 1호 지석묘와 맥락이 통하는 2호 지석묘 피장자도 1호 지석묘의 연장선에서 보아야 한다. 즉, 단순한 정치적 수장이라기보다는 집단통합을 도모하는 제사장으로 보는 것이 합리적이다. 1, 2호 지석묘에서 석검이 아니라 관옥이 특징적인 위세품으로 출토된 점을 고려하면 이 관옥이 제사장의 상징적 위세품으로 볼 수 있다. 세속적인 수장을 강조하려면 석검이나 동검이 있어야 하지만 그것이 없다. 1, 2호 지석묘가 배치상 같은 축을 이루는 점에서도 그러하다. 다만, 1 → 2 → 5호로 갈수록 상석 및 매장주체부의 규모가 작아지고 유물이 빈약해지는 것은 제사장의 격이 약화되는 것과 관련될 듯하다. 특히, 5호 지석묘 축조 무렵에는 다호리에 소국을 다스리는 정치적 首長(君長)이 출현하는 점에서도 뒷받침된다.

5호 제사장의 마지막 단계에 매장주체부가 축소되고 일반적인 부장품인 적색마연토기로 끝난것은 제사장의 권위가 매우 약화되었음을 의미한다. 5호의 공간적 위치도 남쪽 가장자리에 치우쳐 가장 늦은 단계로 볼 수 있다. 적색마연토기의 형식도 가장 늦은 단계이다. 즉, 5호 앞단계인 2호 지석묘 출토 적색마연호가 송국리문화 말기의 함안식 적색마연호(배진성 2008)이기에 그보다 변형 형식인 5호 지석묘 출토 적색마연호(그림 8)는 초기철기문화가 들어온 이후의 최말기로 보아야 한다. 이렇듯 5호 제사장의 권위가 약화된 시점이 다호리의 시작단계와 무관하지 않으리라 본다. 새로운 철기와 중국계 문화를 가지고 온 다호리의 세속적인 수장의 등장은 기존 토착민의 의례행위를 약화시켰다고 본다. 그래서 5호 단계는 기원전 1세기대로 보고자 한다. 위치상 2호와 5호 사이에 위치한 4호에서 삼각구연점토대토기가 나온 것은 그 시기를 가늠할 수 있는 중요한 자료이다.

제사장으로 추정되는 5호 피장자는 전통적인 적색마연토기를 사용하지만, 종래 2호 지석묘와 같은 제사장의 위세품인 의례용 목걸이는 사라진다. 이는 새로운 사회구조로 급변했음을 의미한다.

6) 덕천리 유적 동검·석검 부장묘의 특징과 피장자

덕천리 유적 전체에서 석검, 동검이 출토된 무덤은 7, 11, 16, 17호 등 4기이다. 이 무덤들의 특징은 석개토광묘가 아닌 모두 석곽묘라는 점이며, 모두 석곽의 길이가 2m를 초과하는 대형이라는 점이다. 덕천리유적에서 매장주체부의 길이가 2m를 초과한 무덤은 상기한 4기 이외에 1, 2호 지석묘에 한한다[10](표4 참조).

이러한 석곽묘들은 일정한 거리를 두고 분포하며, 다호리세력의 등장시기와 관련지을 수 있는 석개토광묘가 축조된 이후에는 석검이 사라진다. 이는 전통적인 지석묘사회의 문화와 권위에 큰 변동이 있었음을 의미한다.

석검이 출토된 4기의 석곽묘 가운데, 16호 석곽묘는 석검 이외에도 비파형동검이 출토되어 주목받은 무덤이다. 즉, 재가공한 비파형동검, 함안식 적색마연호보다 이른 형식의 적색마연호 등으로 보아 덕천리유적에서는 가장 이른 단계로 볼 수 있지만 비파형동검을 재가공했고 전세기간을 고려하면 타 유적에 비해 이른 단계로 보기도 어렵다.[11]

----

10   1, 2호 지석묘는 상석이나 2·3단 묘광, 봉토 등도 특별하지만 매장주체부의 크기가 각기 300, 270cm에 달한다는 점에서 다른 지석묘와 차원을 달리한다.

11   부여 송국리 석관묘나 여수 일대 지석묘 출토 비파형동검은 원가공품이다. 이에 비해, 재가공품(진동리 출토품)이거나 삼차가공품(短小化되었거나 葉狀을 이룬 것, 사천 이금동 D-4호 출토품이 지표) 혹은 최종 가공품으로서의 산청 매촌리 35호묘 출토품은 더 이상 검으로서의 기능에 종지부를 찍고 소품(촉 혹은 착과 같은)이면서 별도의 용도로 전환된 것이다(최종규 2012:338). 이처럼, 경남의 비파형동검은 2, 3차 가공품이 많아 호서나 호남지방의 비파형동검에 비해 전반

16호가 특별한 것은 일반 석곽묘 가운데에서는 가장 폭이 넓고 깊다는 점이다. 아울러 유일하게 하천석으로 벽석을 축조했다는 점이 주목된다.

석검이나 동검이 1점 정도 부장되는 지석묘와 석관묘의 사례는 초보적인 군사적인 지도자임을 상징한다는 견해(이청규 2019:15)가 제시된 바 있다.

청동기시대의 대표적인 위세품으로 인정되는 동검과 석검이 출토된 무덤이 대형의 지석묘가 아니라 지석묘 주변의 석곽묘라는 점은 모든 연구자들이 궁금해하는 내용이다. 이러한 석검, 동검묘가 관옥이 다수 확인된 제사장을 에워싸는 것은 당시 사회구조를 이해하는데 도움이 된다.

덕천리 묘역에서 16호 피장자가 1호 지석묘와 같은 거대 지석묘에 매장되지 못한 것은 당시 사회가 의례 공동체가 강조된 사회이고 일반 주민들을 통합하는 매개체가 제사장이었음을 의미한다. 그렇다면, 덕천리 1호 지석묘 주변에 상석이 없이 동검 혹은 석검이 출토된 대형 석곽묘는 제사장을 보필하면서 소별읍을 유지·관리하는 우두머리로 볼 수 있다.

Ⅲ. 고 대산만 지석묘집단과 다호리 세력과의 관련성

1. 다호리 유적 개요

다호리유적에서 발굴조사된 목관묘는 지금까지 모두 151기(김양훈 2016:210)에 달하며, 기원전 1세기대부터 기원후 2세기 전반까지 조영된

적으로 늦게 편년되어야 할 것이다.

것으로 추정된다. 弁韓의 1개 소국의 지배층 분묘로 파악되며, 중국계 유물이 다수 확인되는 등 토착 지석묘 집단과 전혀 다른 새로운 원삼국시대의 개시를 알리는 상징적인 유적이다.

특히, 다호리 1호묘는 전통적인 세형동검과 동모를 포함하지만 상당량의 부장유물이 한군현과의 교섭을 통해 입수한 것이고 이전에는 부장된 적이 없었던 철제 농기구와 철제무기가 다량으로 부장되고 있다. 이와 같은 부장양상은 동시기의 다른 지역이나 이후의 시기에도 보기 어렵기에 당대 변진지역 최고위계의 수장묘이며 國邑에 상당할 것으로 추정된다(이청규2002; 이성주 2008).

다호리 목관묘 출토 동경, 오수전, 칠기, 붓, 부채, 목기 등 다양한 유물은 피장자의 신분이나 중국과의 교역을 보여줌과 동시에 문자의 사용 등 이전 시기에 비해 한층 발전된 사회상을 보여주는 증거이다(최성락 2008:312).

2. 다호리 세력의 出自

고 대산만에서 지석묘군 옆에 고분군이 자리하는 규칙성이 일반적이다. 즉, 우암리지석묘-고분군, 봉곡리 지석묘-고분군, 금산리 지석묘-금산리 고분군Ⅰ·Ⅱ, 화양리 지석묘-고분군, 신방리 지석묘-고분군, 봉산리지석묘군-봉산리 고분군 등이다.

이러한 소합 관계는 (유력) 촌락단위별로 지석묘 뿐만 아니라 삼국시대 고분군을 축조했음을 의미한다. 그런데, 다호리고분군의 경우, 근거리에 지석묘군이 확인되지 않는다. 즉, 다호리고분군과 제일 가까운 화양리지석묘군은 1km 이상 이격되어 있다. 또한, 나머지 고분군은 대부분 삼국시대 고분군인데 비해 다호리유적만 삼한-삼국시대 고분군이라는 점이 차별적이다. 원삼국시대, 즉 변한 단계의 목관묘는 일정 공간(읍락

단위)에서 제한적으로 분포하므로 다호리의 군집된 목관묘 유적은 변한 1개 소국의 수장층 묘역으로 보아도 무리가 없다.

이처럼, 다호리유적에는 인접하여 별도의 지석묘군이 없어 이주민의 후예일 가능성이 크다. 즉, 다호리에 전 단계의 지석묘군이 없이 갑자기 이질적인 대규모 목관묘군이 등장함은 새로운 집단이 이동해왔을 가능성을 시사한다.

다호리세력의 출자에 대해서는 이주민설과 토착주민설로 구분된다. 즉, (중국계) 이주민설(이재현 1992; 김양훈 2016), 서북한 주민들이 남하한 후 토착 주민들과 결합했을 것으로 보는 견해(임효택 1992), 주민의 이동보다는 기존 주민들이 기원전 1세기경에 중국과 교역했다고 보는 토착주민설(최성락 2008) 등이 있다.

이와 관련하여, 위만조선에 정권을 빼앗긴 고조선 準王의 남천기사나 『삼국지』위서 동이전에 辰韓이 秦役을 피해 온 사람들로 구성되었다는 기록을 참고할 필요가 있다. 아울러, 기원전 108년에 고조선의 멸망은 다수의 이주민을 양산하였을 것이다. 이처럼 중국이나 서북한에서 정치적 격변은 선진문물을 가진 세력들의 이주를 상정케 한다.

기원전 1세기에 다호리 일원에서 이질적인 무덤인 목관묘와 중국계유물이 갑자기 등장하고, 자체적인 철기·칠기 등의 제작기술을 보유한 집단은 토착세력의 자체적인 성장이나 교류로 보기는 어렵다. 기원전 1세기대를 중심으로 목관묘가 갑자기 등장하기 시작했다면 기원전 108년 서북한에서의 고조선 멸망에 따른 유이민의 이동을 자연스럽게 상정할 수 있다.

다호리유적보다 조금 더 이른 시기에 등장한 낙동강 중류역의 초기 목관묘 피장자도 한반도 서북부지역으로부터의 이주민으로 보는 설이 우세하다. 대표적인 예로 대구 월성동 목관묘유적을 들 수 있다. 19기의 목관묘 상당수에서 철제 단검 1점씩 부장되는데, 기원전 2세기말·1세기초로 추정되는 단검은 서북한 계통으로 파악된다(이청규 2015:335).

다호리 목관묘집단이 밀집한 공간은 기존 토착세력인 지석묘 축조집단을 피해 자리한 것도 그러한 관점을 뒷받침한다. 즉, 다호리유적은 화양리지석묘군과 신방리지석묘군에서 각기 1km 정도 이격된 중간지점에 해당한다.

이처럼, 서북한 이주민계통으로 추정되는 초기 다호리 세력이 중국계 위세품이 다수 확인되면서 급성장하게 된 것은 이주 전에 거주했던 서북한과의 연결고리가 그 배경이었던 것으로 보인다. 즉, 이주민 가운데 일부는 漢 또는 樂浪과 연계된 세력이 있었을 것으로 본다.

변진한에서 가장 이른 시기부터 유력한 세력의 하나였던 다호리 세력이 이주집단만의 힘으로 성장하였을 것인가? 초기 목관묘를 조영한 집단은 이주민이겠지만 점차 토착민과 혼인 관계 등을 통하여 융합했을 것이므로 일정 시기 이후의 다호리 목관묘 집단에는 토착민들이 점차 포함되었을 것이다. 이는 이주민인 수로왕 후손들이 토착의 구간(九干) 세력과 혼인한 기사에서도 유추할 수 있다. 다호리 이주민세력은 혼인관계 등을 통해 토착민들과 우호관계를 맺고 주변으로 세력을 확대한 것으로 보인다. 철제 무기류 등 선진문물을 가진 신진 세력은 고 대산만 일대의 통합의 주체로 성장하였고 주변세력과 분쟁보다는 화합과 회유를 통해 통합을 지향했으리라 판단한다.

다호리 인근의 유력 토착세력은 전술한 바와 같이, 봉산리·용잠리·덕천리 등의 대형 (묘역식)지석묘를 축조하던 집단으로 볼 수 있다. 다호리 이른 단계에 보이는 삼각구연점토대토기가 덕천리 유적에서 확인됨은 이주민세력과 토착세력과의 교류를 보여주는 중요한 자료이다. 즉, 지석묘가 종료된 이후에 다호리 집단이 시작된 것이 아니고 일정 기간의 과도기를 거쳤음을 알 수 있다.

다호리 일대는 토착의 지석묘군이 보이지 않으면서 고 대산만이라는 수로교통에 유리한 지정학적 입지를 갖고 있다. 이것이 한군현과 밀접한 관련성을 가진 다호리 이주민 집단이 이곳에 정착한 배경이기도 하다.

3. 덕천리 지석묘군의 분석을 통해 본 다호리세력과의 관련성

덕천리 지석묘군은 2단계로 구분해 볼 수 있다. 즉, I기는 원형점토대토기문화(세형동검문화기)가 파급되는 시기와 관련될 것이며, II기는 삼각구연점토대토기문화와 관련되며 다호리세력과의 상호 교류가 있었던 것으로 보인다.

1) I기: 기원전 3~2세기

원형점토대토기 및 세형동검 문화가 들어오는 단계이다. 호서나 호남서부지역에서는 중국동북지방으로부터 적지 않은 이주민이 유입되고 관련 묘제인 적석목관묘나 점토대토기문화(세형동검문화)가 빈출된다. 이에 비해 경남지방은 그러한 신문물이나 이주민의 유입이 뚜렷하지 않고 적석목관묘도 거의 보이지 않는다. 오히려, 토착 지석묘세력이 점토대토기문화를 수용하는 정도라고 볼 수 있는데, 김해 내동 지석묘에 세형동검이 부장되는 사례가 대표적이다.

변형 비파형동검이 출토된 덕천리 지석묘 유적의 상한을 기원전 3세기 무렵까지 내려보는 견해를 참고하면[12](이수홍 2019), 경남지방은 호남과 호서지역에 비해 비파형동검이 비교적 늦은 시기까지 사용되었다. 덕천리 I기에 세형동검이 보이지 않는다는 점도 그러하다. 고 대산만 일대에서 세형동검은 철기류와 동반되는 다호리유적에서 주로 보인다는 점에서 비교적 늦게 유입된다. 그만큼 다호리세력이 형성되기 이전에는 경남지역, 특히 고 대산만은 문화적 보수성이 돋보이는 곳이다.

덕천리 7호·21호묘에서 출토된 삼각형 석촉은 점토대토기 단계에

----
12 김해 신문리 유적 3호묘와 창원 진동리 고인돌에서도 변형 비파형동검이 출토되었는데 '진동리식 동검'이라고 불리는 것으로 초기철기시대로 편년된다(이양수 2016; 이수홍 2019).

해당하며(이수홍 2019:37), 덕천리 1호 지석묘 주구 내부나 지석묘군과 관련된 환호유구에서는 두형토기가 출토되었다. 이 두형토기는 나중에 유입되었다기보다는 기존 무문토기가 지속되는 가운데 일부 두형토기가 같이 사용되었다고 보는 것이 전체적인 맥락과 합치될 것이다. 덕천리 Ⅱ기의 늦은 단계(석개토광묘 단계)까지 삼각형점토대토기와 함께 (발형)무문토기가 존속한 점에서도 그러하다.

그리고, 덕천리유적 Ⅰ기에서 주로 보이는 함안식 적색마연호(경부내경 적색마연호)가 송국리형 주거지를 파괴하고 조성된 석관묘에서 빈출하고 송국리형문화가 종말을 고하는 후기후반으로 편년(배진성 2008)되므로, 경부내경 적색마연호의 2차 주변지인 창원 덕천리나 김해 율하리의 경부내경 적색마연호 부장 무덤은 청동기시대 후기후반을 넘어선 단계로 볼 수 있다(김미영 2019 :469).

2) Ⅱ기: 기원전 1세기

삼각구연점토대토기가 성행하는 시기이다. 덕천리 4호 지석묘에서 삼각형점토대토기가 출토되었는데, 이상길(2006)은 덕천리 유적이 이미 초기철기시대와 접점을 이루는 시기에 도달한 것으로 파악한 바 있다(김미영 2019: 469).

고 대산만에서 삼각구연점토대토기가 출토되는 대표적인 유적은 다호리유적인데, 덕천리 늦은 단계에 해당한다. 전술한 바와 같이, 덕천리 지석묘군 내에서 늦은 단계의 석곽묘나 (석개)토광묘 단계와 관련된다. 이 단계에는 4호 지석묘에서 삼각형점토대토기가 확인되기도 하고, 적색마연토기가 거의 사라지고 석곽묘·(석개)토광묘(12, 22, 23호) 등의 무덤에서 다호리의 삼각구연점토대옹의 영향을 받아 발형의 무문토기가 제작되어 부장된 것으로 보인다. 예컨대, 굽의 흔적이 일부 확인된 12, 22호 묘 출토품은 다호리Ⅰ기의 굽이 있는 삼각형점토대옹의 모방품이라고 볼 수 있다(그림 11).

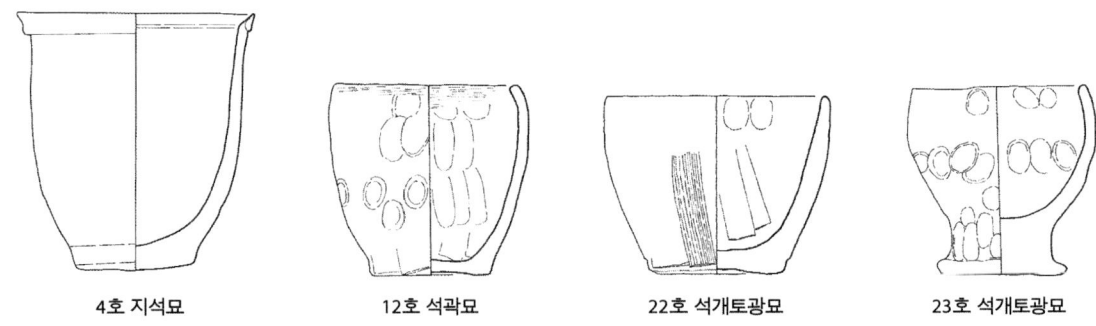

[그림 11] 덕천리 분묘 Ⅱ기 주요 유물(경남대학교박물관 2013)

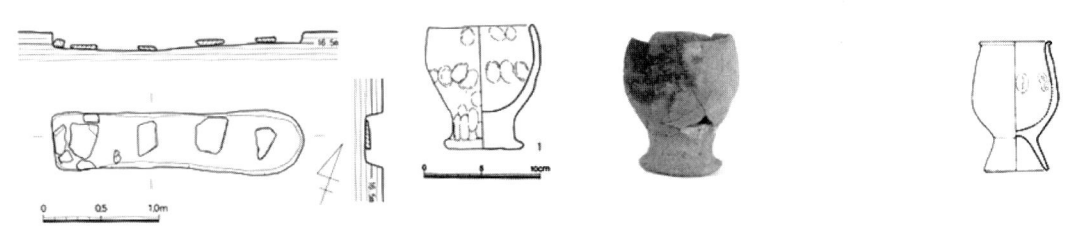

[그림 12] 덕천리23호묘와 유물(左, 경남대박물관2013) 및 다호리9호묘 유물(右, 이건무 외 1989)

특히, 덕천리 23호가 주목되는데, 석개(石蓋)가 없는 순수 토광묘로서 덕천리의 마지막 단계에 해당한다. 23호 출토 대부발형토기는 종래 지석묘의 일반적인 부장용토기였던 적색마연호와 달리 대각이 부착된 새로운 기형으로 높이가 10.6cm이다. 이와 유사한 형식이 다호리 9호분 출토 대부주머니호(대부옹)인데, 높이도 10.5cm로서 거의 같다(그림 12). 다호리 9호 출토품의 소성도는 일반 무문토기와 거의 같고 구연부는 변형(삼각형)점토대가 부가된 것이다(이건무 외 1989:39-40). 안재호는 다호리 9호 출토 대부주머니호(대부옹)를 와질토기 출현기로서 무문토기의 기형에 환원염으로 소성된 것으로 보고 다호리Ⅰ기(기원전 1세기 2/4분기)로 설정한 바 있다(안재호 2000:209-238).

덕천리 23호 출토품은 구연이 부드럽게 내만하여 다호리 9호 출토품과 유사한데 다만 점토띠는 모방하지 못하는 기술적 한계를 보여준다.

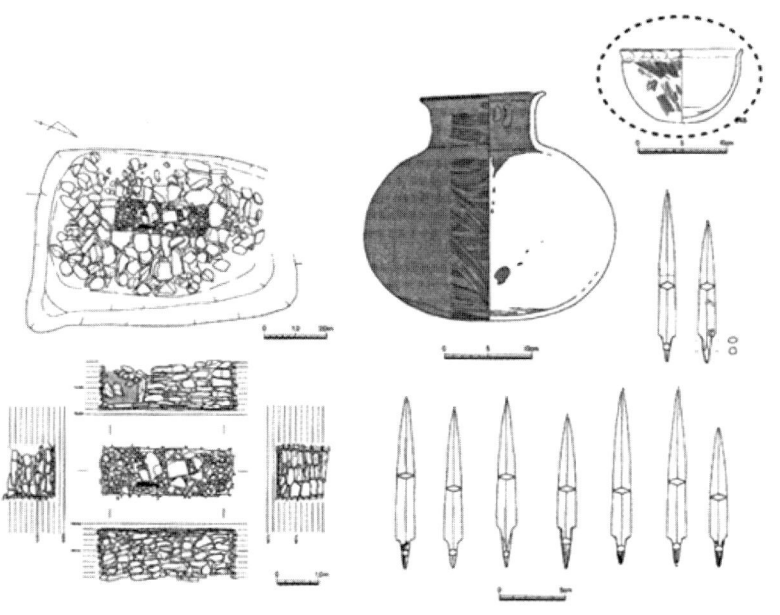

[그림 13] 김해 대성동 1호 지석묘 및 출토유물(이수홍 2019)

덕천리 12호의 발형무문토기도 삼각구연점토대옹을 모방하려했지만 구경부를 살짝 내만하는 것으로 마무리하고 삼각구연은 제대로 처리하지 못한 것으로 보인다(그림 11, 12).

　이와 관련하여, 대성동유적 1호 지석묘 내부 충전석에서 무문토기 완이 출토된 사례를 참고할 필요가 있다. 이 토기는 청동기시대의 일반적인 무문토기와는 이질적이다(그림 13). 기형으로만 보면 와질토기 완과 같은 형태이다(이수홍 2019:33-41). 이러한 사례야말로 청동기시대 말기와 원삼국시대를 이어주는 중요한 자료이다.

　이러한 점에서 덕천리 Ⅱ기는 다호리 초기(1기) 이주민집단과의 교류가 있었다고 판단되며, 그 중심시기는 기원전 1세기대로 보인다.

　덕천리 지석묘 묘역의 남쪽에 위치한 4호 지석묘 상석 하부에서 삼각형점토대토기 1점이 출토되었다. 다호리 세력과 연계되어 있고 신문물의 상징물 중 하나인 삼각형점토대토기가 거의 완형으로 출토됨은 이주민과의 접촉을 상징적으로 보여주는 지석묘 마지막 단계의 모습이라고 하겠다. 덕천리 묘역에서 지석묘와 매장주체부가 북쪽에서 남쪽으로 이동하는 점을 고려하면, 남쪽에 치우쳐 있는 4호 지석묘는 늦은 단계로 파악된다(그림 3 참조).

벽석을 와수적하여 늦은 단계의 석곽묘인 12호에서 출토된 소형의 발형 무문토기는 내외면 모두 석색을 띠고 있어 적색마연토기의 대용품으로 부장되었다고 보아도 무리가 없다(그림 11). 부장품이 희소하거나 없는 후기 단계의 석곽묘나 석개토광묘도 이 부류에 포함할 수 있다.

전술한 바와 같이, 덕천리 유적 5기의 지석묘 가운데 상석의 존재, 단을 지은 묘광, 여러 겹의 개석, 개석상부 적석, 봉토처럼 덮은 적색토, 지하 깊숙이 조성된 매장주체부가 확인된 경우는 1, 2, 5호에 한한다. 1호 → 2호 → 5호 순으로 축조되는데, 마지막 단계인 5호 지석묘에서는 1, 2호 단계에서 다량으로 보이던 의례적인 용도의 관옥이 보이지 않고 적색마연토기 1점만 출토되었다. 그리고 5호 지석묘는 매장주체부의 규모가 1, 2호 지석묘에 비해 절반 이하로 소형화되면서 종전의 제사장의 권위가 약화되었는데, 그 배경에는 다호리세력의 출현과 그 영향이 있었다고 하겠다.

4. 다호리 세력의 성장 배경과 그 기원

다호리는 주남저수지 남쪽 구릉지대로서, 이곳의 지명유래 중 주목되는 것은 '짝지'와 '분지등'인데 각기 '나루터'와 '물물교환 장소'라고 한다. 이러한 점에서 다호리 일대는 남북으로 연결된 낙동강 교통로의 중간 기착지 중 하나였을 것이다(김양훈 2016:219).

수로교통의 중요성이 사라진 지금도 고 대산만의 중심인 동읍은 철로와 고속도로가 모두 통과하는 교통의 요지이다. 이러한 교통의 결절점으로서의 장점은 고대사회까지 소급될 수 있어 고대사회의 거점지역이었다고 하겠다.

이처럼, 고 대산만의 동읍 일대세력의 성장은 고 대산만을 통한 교역과 연계해 볼 수 있다. 즉, 동읍 일대는 낙동강 뱃길의 주요관문으로 낙동강 중·하류역을 연결하는 중간지점으로 함안 등의 경남 내륙으로도 쉽게 접근할 수 있는 교통의 결절점이다. 기원전후한 시기에 다호리 일대는 내륙의 변·진한 집단, 한군현(낙랑군), 일본 등 여러 지역 세력들이 모여 들었던 한반도 남부 교역과 중계무역의 중심지였을 것이다(안홍좌 2016:149·154).

이러한 교역의 중심지로서의 역할은 고 대산만의 중심인 동읍일대에 집중된 거대 지석묘가 축조되는 시기까지도 소급할 수 있을 것이다. 즉, 동읍 일대에서 지석묘가 가장 밀집된 봉산리·용잠리 일대가 본격적으로 조사되지 않아 단언할 수는 없지만 덕천리유적 조사 결과, 다량의 관옥이나 비파형동검은 외래계 위세품이라는 점에서 다호리유적 이전단계에도 이 일대가 교역의 중심지였음을 추정해 볼 수 있다.

낙동강유역에서 출토된 세형동검, 철기, 전한경과 방제경, 주조철부와 판상철부 등으로 보아 기원전 2세기대의 고고자료는 대구-경주지역에 주로 분포하지만 기원전 1세기경에는 낙동강유역 전체로 확대되고 기원후 2세기부터는 낙동강하류인 김해지역이 대외교류의 중심지가 된다. 이러한 전후 맥락을 통해 보면, 다호리유적은 서남해안을 거쳐 해로를 통해 유입되는 문화의 영향보다는 육로를 거쳐 들어온 문화의 영향을 더 많이 받았을 것이다.(최성락 2008:315)

실제로, 낙동강중류역인 대구 월성동·팔달동 유적에서는 기원전 2세기대까지 올라가는 초기 목관묘유적이 확인되고 있어(박진일 2013:129-137), 한반도 서북부지방에서의 이주민이 낙동강 중류역을 거쳐 창원 다호리 일대로 남하한 것으로 보인다. 전한경이 경남 남해안이 아니라 경북내륙지역과 다호리일대에서 주로 출토되는 점도 그러한 가능성을 높여준다. 동경 이외에도 동검·동모·동전·장신구 등 청동기가 대구·경산 등 낙동강 중류역 분묘 출토품과 유사하다는 점(이청규 2008)에서도 뒷받침된다.

변한의 1개소국 내 국읍의 핵심취락[13]과 관련된 것으로 추정되는 다호리 세력은 철생산과 교역으로 성장하였을 것이다. 조금 더 후대이지만 고 대산만의 여래리와 하계리에는 제철유적 뿐만 아니라 도로·유통시설까지 확인되어 주목된다(안홍좌 2016:151-154).

외부세력과의 교섭을 주도하여 확보된 물자를 독점하거나 다른 읍락 수장들에게 재분배함으로서 주변 읍락을 통제했을 것이다. 국읍의 수장인 주수는 최상위 계층으로 청동기와 철기 사용을 통해 경제적 부를 확보하고 정치적·제의적 권위를 과시하였을 것이다. 특히, 다호리 1호 피장자는 동시기 변한의 제세력에 비해 한군현과의 대외교섭을 독점하여 경제적 부를 쌓으면서 부각된 것으로 파악된다. 이는 다호리 일대가 한군현 및 진한과의 교섭이 쉬운 지정학적 입지조건, 한군현의 수입물품인 철 공급이 가능한 점 등에서 유추할 수 있다(김양훈 2016:223-224).

요컨대, 고 대산만의 다호리세력의 성장배경은 낙동강 중하류역을 연결하는 수로교통의 요지라는 지정학적 조건이 가장 큰 장점이라고 할 수 있는데, 이를 바탕으로 진한, 한군현, 왜 등과의 대외교섭 및 철생산과 유통 등을 함께 거론할 수 있다. 아울러, 남강유역을 통해 경남 서부 내륙까지 통하는 수로교통의 결절점이라는 이점은 청동기시대 후기의 지석묘 사회까지 소급될 수 있을 것이다. 용잠리 지석묘유적에서 함께 발견된 다수의 고상가옥을 물류 창고로 볼 수 있다는 점에서도 그러하다.

---

[13] 國邑은 지금의 1개 시·군 단위의 공간적 범위 내의 여러 邑落 중 대읍락이며, 주변 읍락을 통괄할 수 있는 삼한 小國의 정치·경제·군사·종교적 중심지라고 볼 수 있다(권오영 1996).

Ⅳ. 맺음말

상기한 내용을 정리해 보면 다음과 같다.

본고에서 다루는 공간적 범위는 창원시 동읍·대산면 및 김해시 진영읍 일원이다. 이 지역은 고대사회에 고 대산만(古大山灣)으로, 동일한 소문화권을 형성하였다. 필자는 고 대산만을 대상으로 덕천리 유적 등의 지석묘 축조사회와 변한(弁韓) 소국(小國)의 수장층(首長) 무덤으로 추정되는 다호리 목관묘(木棺墓) 축조집단과의 유기적인 연결고리를 찾고자 하였다. 고 대산만은 지석묘 축조를 위해 인력이 동원되는 실질적인 범위인 1-2개 읍락(邑落) 규모의 공간이고, 이 규모는 변한(弁韓)·가야(加耶)사회의 1개 소국과도 연결된다.

고 대산만에서 지석묘의 밀집도가 가장 높고 대외 교류의 거점인 봉산리·용잠리 집단이 중심 취락으로 추정되며 초대형 지석묘인 덕천리 1호의 피장자는 거점취락과 연계되어 제사를 주관한 사제(司祭)로 보았다. 즉, 봉산리·용잠리 일대의 우두머리는 정치적인 수장(首長)이고 덕천리 1호로 대표되는 피장자는 공동체의 제의를 주관하는 제사장으로 추정하였다. 봉산리·용잠리 일대의 우두머리는 집단지향적인 수장이라는 점에서 다호리 1호묘와 같은 개인지향적인 수장과는 차별성이 있다.

점토대토기(세형동검)문화가 늦게 나타난 영남 동남부지역, 특히 창원·김해 일대에 거대한 묘역을 갖춘 지석묘는 초기철기시대로 편년되고 있다. 이 시기에 지석묘를 축조했던 집단은 새로운 이질적인 문화요소와 만나게 되는데 우두머리들은 개인의 능력과 사적 소유를 강조하는 새로운 이데올로기를 수용하기보다는 종래 사회구조를 지탱했던 공동체유형을 강화하는 방향을 선택하면서 덕천리 1호와 같은 대규모 묘역식 지석묘를 축조한 것으로 보인다. 즉, 고 대산만에서 종래 거점취락인 봉산리·용산리 일대 중심세력이 점토대토기문화 유입기에 덕천리에 별도의 제의공간을 만들고 기존 질서를 유지하려는 전략을 택한 것으로 파악된다.

한편, 다호리 집단의 주축 세력을 기원전 1세기(전반)대에 고조선 멸망 후 남하한 서북한계 유이민으로 보았다. 초기 목관묘를 조영한 집단은 이주민이겠지만 점차 토착 유력세력과의 혼인관계 등 화합을 통해 통합을 지향했으리라 본다. 덕천리 지석묘군의 늦은 단계(기원전 1세기대)의 매장주체부 및 유물과의 비교를 통하여 다호리세력과 덕천리 세력 간의 교류가 있었음을 알 수 있었다. 고 대산만의 거점 지석묘 집단과 다호리 세력은 모두 낙동강 수로를 통한 교역의 중심지로서 성장하였을 것이다.

향후, 다호리 세력 직전 단계의 고 대산만의 핵심 토착 집단인 봉산리·용잠리 일대의 지석묘가 전면적으로 발굴조사되어 당시 사회가 정치하게 복원되기를 기대한다. 아울러, 고 대산만의 변한·가야 소국으로 추정되는 주조마국(?)·탁기탄국(?)의 실체가 드러나기를 간절히 바란다.

참고문헌

가종수 외, 2009, 『지금도 살아 숨쉬는 숨바섬의 지석묘 사회』, 북코리아
경남대학교박물관, 2013, 『덕천리』
국립김해박물관, 2010, 『창원 봉산리유적』
국립김해박물관·두류문화연구원 2020, 『박물관 브랜드화 프로젝트 '가야 선주민 연구'를 위한 창원지역 지석묘 조사보고서』
권오영, 1996, 「三韓의 '國'에 대한 硏究」, 서울대학교 대학원 박사학위논문
김미영, 2019, 「제6장. 함안지역 청동기시대 문화의 특징」, 『함안 선사유적 현황조사』, 함안군
김양훈, 2016, 「변한 '國'의 형성과 발전-다호리유적을 중심으로-」, 『역사와 경계』100, 부산경남사학회
김철준, 1975, 『한국고대사회연구』, 지식산업사
동북아문화재연구원, 2016, 「경산지식산업지구 개발사업부지(대학리51-5번지)내 유

적 현장설명회 자료」
문창로, 2000, 『삼한시대의 읍락과 사회』, 신서원
문창로, 2017, 「문헌으로 보는 삼한의 소도와 제의」, 『마한의 소도와 의례공간』, 제28회 백제학회 정기학술회의
박순발, 1997, 「한강유역의 기층문화와 백제의 성장과정」, 『한국고고학보』36, 한국고고학회
박진일, 2013, 『한반도 점토대토기문화 연구』, 부산대학교 대학원 박사학위논문
박해운, 2019, 「청동기사회에서 철기사회로의 진행과정-집단지향적인 사회구조에서 개인지향적인 사회구조로의 변화과정과 이데올로기의 전환-」, 『사림』69, 수선사학회
배진성 2008, 「함안식 적색마연호의 분석」, 『한국민족문화』32, 부산대학교 한국민족문화연구소
삼강문화재연구원, 2012 『창원 용잠리 송국리문화 유적』
안재호, 2000, 「창원 다호리유적의 편년」, 『한국고대사와 고고학』(학산김정학박사 송수기념논총), 학연문화사
안재호, 2012, 「묘역식 지석묘의 출현과 사회상」, 『호서고고학』26, 호서고고학회
안홍좌, 2016, 「변진주조마국의 형성과 변천」, 『지역과 역사』제38호, 부경역사연구소
우장문, 2013, 『우리나라와 인도네시아의 고인돌 연구』, 학연문화사
이건무·이영훈·윤광진·신대곤, 1989, 「의창 다호리유적 발굴진전보고(Ⅰ)」, 『고고학지』제1집, 한국고고미술연구소
이동희, 2007, 「지석묘 축조집단의 단위와 집단의 영역」, 『호남고고학보』26, 호남고고학회
이동희, 2011, 「인도네시아 숨바섬과 한국 지석묘 사회의 비교 연구」, 『호남고고학보』 38, 호남고고학회
이동희, 2017, 「분묘의 분포·입지·군집」, 『청동기시대의 고고학4-분묘와 의례』, 서경문화사
이동희, 2018, 「고고학을 통해 본 안라국의 형성과정과 영역 변화」, 『지역과 역사』제42호, 부경역사연구소
이동희, 2019a, 「고김해만 정치체의 형성과정과 수장층의 출현」, 『영남지역 수장층의 출현과 전개』, 제28회 영남고고학회 정기학술발표회
이동희, 2019b, 「고고자료로 본 창원지역 가야의 성장과정과 대외관계」, 『창원의 고대사회, 가야』, 2019 창원시·창원대 경남학연구센터 가야사 학술심포지엄
이상길, 1996, 「청동기시대 무덤에 대한 일시각」, 『석오윤용진교수정년퇴임기념논총』
이상길, 2000, 「청동기 매납의 성격과 의미-마산 가포동유적 보고를 겸하여」, 『한국고고학보』42, 한국고고학회
이상길, 2006, 「구획묘와 그 사회」, 『금강:송국리형문화의 형성과 발전』, 호남·호서고고학회 합동 학술대회 발표요지

이성주, 2008, 「다호리유적과 변진사회의 성장」, 『다호리유적 발굴성과와 과제』, 창원 다호리유적 발굴 20주년 국제학술심포지엄, 국립중앙박물관

이성주, 2018, 「국읍으로서의 봉황동유적」, 『김해 봉황동유적과 고대 동아시아-가야왕성을 탐구하다.-』(제24회 가야사국제학술회의), 김해시·인제대학교 가야문화연구소

이수홍, 2019, 「영남지방 무덤자료를 통해 본 계층화와 수장의 등장」, 『영남지역 수장층의 출현과 전개』, 제28회 영남고고학회 정기학술발표회

이양수, 2004, 「다뉴세문경으로 본 한국과 일본」, 『영남고고학』35, 영남고고학회

이양수, 2016, 「김해 회현동 D지구 옹관묘에 대하여」, 『고고광장』18, 부산고고학연구회

이영식, 2016, 『가야제국사 연구』, 생각과 종이

이재현, 1992, 「삼한시대 목관묘에 관한 고찰-특히 중국 유이민의 등장과 관련하여-」, 부산고고학연구회 발표요지

이재현, 2003, 『변·진한사회의 고고학적 연구』, 부산대학교 대학원 박사학위논문

이재현·김옥순·이승일, 2012, 『가야 탄생의 서막 김해의 고인돌』, 대성동고분박물관

이청규, 2002, 「영남지역의 청동기에 대한 논의와 해석」, 『영남고고학』30

이청규, 2008, 「다호리유적의 청동기와 진변한」, 『다호리유적 발굴성과와 과제』, 창원 다호리유적 발굴 20주년 국제학술심포지엄, 국립중앙박물관

이청규, 2015, 「청동기~원삼국시대 사회적 변천」, 『금호강유역 초기사회의 형성』, 학연문화사

이청규, 2019, 「수장의 개념과 변천:영남지역을 중심으로」, 『영남지역 수장층의 출현과 전개』, 제28회 영남고고학회 정기학술발표회

이희준, 2011, 「한반도 남부 청동기~원삼국시대 수장의 권력 기반과 그 변천」, 『영남고고학』58, 영남고고학회

임학종, 2007, 「낙동강 하·지류역의 패총문화에 대한 재인식」, 『대동고고』창간호, 대동문화재연구원

임효택, 1992, 「낙동강하류역 가야묘제의 계통」, 『가야사의 제문제』, 한국고대학회

임효택, 1993, 「낙동강하류역 가야의 토광목관묘 연구」, 한양대학교 대학원 박사학위논문

조현정, 2012, 「고찰2. 용잠리 송국리문화 집락의 구조」, 『창원 용잠리 송국리문화 유적』, 삼강문화재연구원

창원문화원 2018, 『창원의 고인돌』

최성락, 2008, 「동아시아에서의 다호리유적」, 『다호리유적 발굴성과와 과제』, 창원 다호리유적 발굴 20주년 국제학술심포지엄, 국립중앙박물관

최종규, 2012, 「고찰1. 용잠리의 파괴된 무덤을 이해하기 위한 추상」, 『창원 용잠리 송국리문화 유적』, 삼강문화재연구원

都出比呂志, 1998, 『古代國家の胎動』

王成生, 2010, 「遼寧海城折木城石棚的性質與年代初探」, 『遼寧考古文集(2)』, 遼寧省文物考古研究所編, 科學出版社

「古大山灣 支石墓 社會와 茶戶里 集團」 토론문

박진일 국립중앙박물관

경남 일대에서 지석묘를 만들었던 청동기시대 사람들과 군집 목관묘를 만들었던 변한 사람들의 관계에 대해서는 토론자도 예전부터 관심을 가지고 살피던 주제다. 단선론적 문화 변동의 관점에서는 '송국리문화 단계(청동기시대 중기) → 점토대토기문화 단계(청동기시대 후기) → 목관묘문화 단계(변한)'로의 변화는 대부분의 연구자가 동의한다. 그렇지만 늑도 동쪽의 경남 남부지역처럼 점토대토기문화가 잘 관찰되지 않는 곳은 송국리문화가 늦게까지 잔존하고 있었던 증거는 충분하고 대표적으로 김해 구산동 유적에서 명확하게 확인 가능하다. 이런 관점에서 송국리문화(즉 지석묘문화)와 목관묘문화의 접점 역시 예상 가능한 범주 안이다.

이동희선생님의 발표문은 이런 시각을 구체적으로 논술한 것인데, 토론자와 의견을 달리하는 부분이 있어 이를 중심으로 살피겠다.

1. 지석묘의 군집과 규모에 대한 견해

지석묘의 군집을 대군집, 중군집, 소군집으로 분류하였다. 이 중 중군집은 2~4기 정도로 母集團에서 파생된 子集團으로 설정하였는데, 지석묘의 군집수만으로 母子關係로 규정하는 것은 설득력이 떨어진다. 모자관계라면 최소한 시기적인 선후 정도라도 규명 내지 추정되어야 할 것인데 이에 대한 발표자의 견해는 무엇인지? 더불어 소군집은 지석묘가 1기만 확인되는 것이라 하였는데 이것은 군집이라 부를 수 없는 것 아닌가?

나아가서는 지석묘집단의 규모를 지석묘의 수로만 파악하는 것이 적절한 것인지 의문스럽다. 도면1에서도 보듯이 용잠리 일대에는 석관묘가 많으며 이것은 덕천리 지석묘 역시 마찬가지이다. 따라서 지석묘+석관묘의 수와 부장품의 질로 집단의 규모를 추정하는 것이 합당하지 않은가?

2. 봉산리 유적과 덕천리 유적의 관련성

유물로 보아 봉산리 유적이 앞서기 때문에 덕천리 유적이 봉산리 유적에서 파생되었다고 보았는데, 이런 관점이라면 고대산만 일대의 모든 지석묘는 가장 이른 시기의 지석묘에서 모두 파생되었다는 논지가 성립 가능하다. 실제로 그렇게 생각하는지? 시기적 선후 관계를 제외하고 두 집단의 관련성을 유추할 수 있는 논거가 있는지?

한편 봉산리 유적에서 채집된 유절병식석검은 대개 중기로 편년하는 석검인데, 덕천리 16호 출토품과 같은 형식이다. 또 봉산리 2호에서 출토된 석촉과 단도마연토기 역시 덕천리 11호, 16호 출토품과 같은 형식이라 덕천리 유적의 조성 연대를 봉산리 유적보다 늦게 볼 이유가 없지 않는지?

3. 덕천리 유적의 성격

발표문에서 덕천리 지석묘군을 봉산리·용잠리 지석묘군의 제의의 공간이자 제사장의 묘역이라 평가하였는데 두 유적의 선후 관계가 인정된다고 하는 표현과 모순처럼 보인다. 즉 발표문에서 시기적으로 늦다고 평가한 덕천리 지석묘군이 봉산리·용잠리 지석묘군의 제의의 공간이 되는 것이 가능한가?

만약 덕천리 지석묘군을 제사장의 묘역이라고 한다면 봉산리·용잠리 지석묘군은 정치적 지배자의 무덤인가?

4. 덕천리 묘역식 지석묘의 축조 시기

덕천리 유적에서는 묘역식 거대 지석묘가 가장 먼저 만들어졌다고 하였는데, 이 시점이 왜 점토대토기문화의 파급시기와 관련된다는 것인가? 묘역식 지석묘보다 늦은 16호에서 재가공한 요령식동검이 출토되었다는 점, 16호 출토 유절병식석검과 단도마연토기를 고려한다면 적어도 청동기시대 중기(송국리문화단계)에는 묘역식 거대 지석묘를 조성하였다고 볼 여지가 충분한 것이 아닌가?

한편 창원이나 김해 일대는 점토대토기문화의 영향이 약한 곳인데 묘역식 지석묘가 점토대토기문화의 영향 하에서 더욱 활성화되는 이유가 무엇인가?

5. 덕천리 요령식동검의 입수 경위

본문에서 덕천리 주변에서 습지가 확인되어 수로교통이 용이하며 이 루트로 동검이 입수되었을 것이라 하였다. 그런데 이와 비슷한 형식의 동검이 여수 월내동, 순천 우산리, 사천 이금동에 출토되었고 사천 본촌리에서는 암각화로도 확인되었다. 만약 이런 동검이 서남해안에서 동남해안을 거쳐 낙동강을 거슬러 동읍일대로 왔다면 동남해안 일대의 고성, 마산, 창원, 김해나 밀양강 하구 일대에 이런 증거가 있을 것이다. 아직까지 발견되지 않았는데 이것은 어떻게 이해할 수 있는가?

6. 교역창구로서의 용잠리의 역할이 다호리 세력의 성장과 연계

김해 일대의 사례로만 보면 지석묘 집단과 목관묘 집단은 같은 권역에 분포하는데, 일정 기간 공존하면서 목관묘 집단이 지석묘 집단의 교역 대상과 방식을 승계 내지 이용하였다고 볼 근거가 박약하다. 즉 내동 지석묘나 율하리 석관묘 등지에서 한국식동검이, 구산동 송국리형주거지에서 점토대토기가 출토되었는데 이것은 구지로 목관묘가 등장하기 이전의 상황이다. 목관묘 집단의 교역 대상 지역은 지석묘 집단과 달라 지

석묘 집단의 교역 방식을 이용했다고 볼 수는 없다.

고대산만의 사례로 살펴보면 용잠리 지석묘는 아직 조사가 이루어지지 않아 다른 지역과의 교역 방식 확인이 불가능하다. 봉산리 지석묘 역시 주변 지역과의 교류를 적극적으로 상정할 만한 증거가 없다. 덕천리 16호에서 서남해안에서 출토한 것과 같은 형식의 동검이, 11호에서는 함안식 단도마연토기가 출토되었다.

이에 비해 다호리 유적은 대구 일대의 월성동이나 팔달동, 밀양 교동, 김해 구지로, 김해 대성동, 나주 구기촌 등 여러 목관묘 세력과의 교류가 확인되며 그것이 가장 극적으로 표현된 것이 전한경·칠기와 왜계 유물일 것이다. 교류 대상지역이 지석묘 사회와 비교되지 않을 정도로 넓어졌으며 규모 역시 커진 것이라 교역창구로서의 용잠리의 역할과 방식을 승계했다고 하기는 무리가 아닌가?

7. 지석묘 사회에서 군장과 천군의 존재

군장과 천군의 기록은 발표자도 언급하였듯이 서기 3세기대의 기록이다. 고고학적 맥락에서는 김해 양동리나 울산 하대 같은 군집 목곽묘에 후기 와질토기가 출토되는 단계이다. 그런데 지석묘 사회는 군집 목관묘에 전기 와질토기가 출토되는 다호리보다 한 단계 또는 두 단계 앞선다. 이 단계까지 군장과 천군의 개념을 확대시켜 보는 것이 타당한가?

만약 발표자의 주장대로 군장과 천군을 청동기시대 후기(점토대토기단계)나 중기(송국리문화단계)까지 소급시켜 볼 수 있다면 삼국지의 편찬시기인 3세기까지 600년 이상 같은 양태로 지속되는 것인가?

8. 봉산리·용잠리 지석묘 축조집단이 군장 직전단계의 우두머리인가?

다호리 유적의 등장을 정치적 권력자인 군장으로 상정하고 다호리 직전 단계이기 때문에 봉산리·용잠리 지석묘 집단을 그 직전 우두머리로 상정하였는데, 등장기(토론자의 편년으로는 서기전 2세기 후반)의 다호리 목관묘 중에는 우두머리(발표문에서는 군장)의 무덤으로 볼 만한 탁월한 부장품을 가진 무덤이 없다. 흔히 생각하듯이 다호리를 변한의 國으로 상정했을 때 우두머리의 무덤으로 볼 만한 무덤은 다호리 1호묘뿐이다. 토론자는 서기전 1세기 후엽 정도로 보는 무덤인데 이보다 50년 정도 이르게 보는 연구자도 있다. 봉산리·용잠리 지석묘 중 일부를 아무리 늦게 보더라도 다호리 1호묘 직전으로 보기에는 무리가 아닌가?

9. 새로운 철기와 중국계 문화와 다호리 수장 등장의 동시기성

다호리 유적의 철기 등장과 중국계 유물의 유입은 시기가 다르다. 단조철기와 목관묘는 대구 월성동 유적 등 금호강 하류역에서 영향을 받은 것인데, 등장기의 다호리유적에서 중국계 유물의 출토 사례는 없다. 다호리 유적에서 중국계 유물은 이보다 늦은 1호 단계에나 등장한다. 따라서 철기와 중국계 유물, 다호리 수장묘의 등장 시기는 달리 보아야 하지 않는지?

10. 다호리 유적의 조영 주체를 이주민의 후예로 보는 입장

다호리 유적 조영자가 이주민이었고 일부는 한이나 낙랑과 연계되었다고 하였다. 이에 대한 논거로 서기전 1세기대에 목관묘와 중국계 유물이 갑자기 등장하였음을 들고 있다. 더불어 대구 월성동 목관묘에서 철제 단검이 부장된 것 역시 서북한 계통이기 때문에 서기전 2세기 서북한의 정치적 상황과 다호리 유적의 등장을 연계하였다.

그런데 다호리 유적에서 한계 유물이 대거 등장하는 다호리 1호 단계는 토론자의 편년으로는 서기전 1세기 후엽 정도이고 이르게 보는 연구자는 서기전 1세기 전엽 정도이다. 이 단계는 한계 유물과 함께 와질토기가 등장하는 시기이도 하다. 토론자의 의견을 차치하고 다호리 1호 무덤을 서기전 1세기 전엽으로 보는 입장에서 다호리 1호를 곧 유적의 등장연대로 이해하면 발표자의 논지가 타당하다. 하지만 다호리 1호 단계는 다호리 편년 8단계 중 4번째 단계에 해당하며(국립김해박물관, 2011) 1호에 앞서는 3개의 단계가 더 존재한다. 그런데 다호리 1호 단계의 유물 조합은 앞 단계와 단절적인 양상을 보이지 않고 자연스레 이어지는 모습을 보인다. 즉 1호 단계 무렵부터 시작된 와질토기는 특정 기종이 갑자기 등장한 것이 아니라 앞 단계의 여러 무문토기들(주머니호, 조합우각형파수부호, 삼각형점토대옹)이 순차적으로 와질화되는 것(박진일, 2016)으로 철제 무기나 청동기의 구성에서도 앞선 단계와 다호리 1호 단계를 구분할 아무런 이유가 없다. 철검 역시 청동검에서 재질이 변했다고 보는 편이 일반적이다. 더불어 발표자가 인용한 월성동 목관묘의 부장품은 마한 군집 목관묘의 부장품과 종류가 비슷하고 형태 역시 계보를 찾을 수 있다. 따라서 월성동과 다호리 군집 목관묘의 등장을 서북한계 유이민의 정착으로 보는 것은 무리이다. 토론자는 목관묘의 조영 방식, 부장 토기와 청동기, 철기 등을 보아 '마한 군집 목관묘(완주 갈동유적) → 진변한 초기 군집 목관묘(대구 월성동유적) → 진한 & 변한 군집 목관묘(팔달동, 다호리유적)'의 순으로 군집 목관묘가 파급되었다고 생각(박진일, 2019)하며, 다호리 유적의 조영 주체 역시 유이민의 영향이 거의 없는 韓人이라 생각한다.

이에 대한 발표자의 의견을 구한다.

참고문헌

국립김해박물관, 2011, 『昌原 茶戶里 遺蹟』.
박진일, 2016, 「大邱 八達洞 遺蹟 無文土器의 瓦質化와 그 意味」, 『八達洞遺蹟과 初期 鐵器~原三國時代의 大邱』, 嶺南文化財研究29.
박진일, 2019, 「전기 와질토기의 변한 지역 출현과 확산 과정」, 『철기시대 토기와 토기문화의 변동』, 한국학중앙연구원출판부.

편집 후기

역사는 단절적인 것이 아니듯 가야사 복원과 연구 역시 가야 이전부터 가야 이후까지 폭넓게 다루어져야만 올바르게 이해될 수 있다. 가야 선주민 연구는 이러한 노력의 일환으로 가야 건국 이전 선주민의 사상과 문화, 풍습, 고고자료 등을 폭넓게 다루는 연구 프로젝트이다. 지난해에는 "삼한의 신앙과 의례"라는 주제로 가야 선주민의 사상과 관념을 살펴보면서 가야 건국과 성립을 다각도로 이해하고자 하였다.

올해는 범위를 분묘로 한정하여 분묘에서 나타난 가야 선주민의 사회와 문화상을 살피고자 하였다. 분묘는 고고발굴에서 가장 많은 유물이 출토되는 유구로 당시의 물질자료와 사회, 나아가 이를 조성한 집단의 매장풍습까지도 살펴볼 수 있는 중요한 연구 대상이다. 더욱이 분묘는 시대에 따라서 쉽게 바뀌지 않는 보수성으로 인해 분묘의 변화는 곧 지배집단의 전환 혹은 사회변혁의 분기점으로 평가받기도 한다.

가야 건국 이전 청동기시대 가야 선주민이 남겼던 분묘로는 지석묘, 석관묘, 목관묘 등이 있다. 이 가운데 지석묘는 거대한 외형으로 인해 이를 축조한 집단은 누구였는지, 지석묘가 축조될 당시에 사회는 어떤 발전 단계를 거쳤는지에 대한 다양한 논의를 촉발시킨 주제였다. 하지만 기존 연구에서는 지석묘 자체가 주목적이었기 때문에 가야 선주민이나 가야로의 전환 과정 속에서 다루어진 것은 아니었다.

그런 점에서 영남의 지석묘 사회를 가야 선주민 사회와 접목하여 살펴보는 것은 가야 선주민의 문화와 사회 발전 과정을 살피는데 매우 의미 있는 작업이라고 할 수 있다. 또한 지석묘에서 목관묘로의 전환은 가야 건국 과정을 여러 모습에서 살펴볼 수 있는 시사점을 제공할 통로이기도 하다.

이번 학술심포지엄은 이러한 이유로 청동기시대 영남지역의 지석묘 사회를 중점적으로 다루고자 기획되었다. 이 책은 학술심포지엄에서 논의되었던 다양한 내용을 발표자들이 다듬고 보완하여 얻어진 결과물이다. 책은 크게 4개의 논고로 구성되었다.

첫 번째 논고인 "영남지역 지석묘의 기원과 출현"은 기존의 연구현황과 성과를 정리하면서 영남지역 지석묘가 한반도 북부지역에서 확산되어 유입된 것으로 보았다. 두 번째 논고인 "영남지역 지석묘문화의 변화와 사회상"에서는 시기에 따라 지석묘문화가 어떠한 사회적 변화 과정을 거쳤는지를 살피면서 청동기시대 후기의 공동체적 성경이 강한 족장에서 초기철기시대에 1인을 위한 수장묘가 등장한 것으로 이해하였다. 세 번째 논고인 "김해지역 지석묘 축조의 지속과 사회적 의미"에서는 김해지역 초기철기시대까지 축조된 대형 묘역식 지석묘를 새로운 철기집단에 맞서는 기존 지석묘 집단의 저항의 산물로 살펴보았고, 당시 구간들을 초보적인 수장들로 파악하였다. 네 번째 논고인 "고 대산만 지석묘 사회와 다호리 집단"에서는 창원 덕천리 지석묘를 공동체의 제의를 주관하는 제사장의 무덤으로 추정하면서 점토대토기문화가 유입되면서 기존 집단이 기존 질서를 유지하는 전략으로 조성한 것으로 이해하였다.

이 책에 실린 4개의 논고만으로 영남지역 지석묘 사회의 다양한 주제를 모두 다룰 수 없었으며, 지석묘 문화와 가야 선주민 문화의 대응관계를 바로 연결시키기도 어려웠다. 연구자에 따라 이견이 있는 부분도 존재할 것이다. 그럼에도 불구하고 가야사를 폭넓게 이해하기 위해서는 분명 지석묘 사회에서 목관묘 사회로의 변화와 그 연결고리를 찾으려는 노력이 지속되어야 할 것으로 생각된다. 향후 가야 선주민의 분묘 연구가 분묘 자체에 대한 연구만이 아니라 가야와의 연결선상에서 논의되는 장이 마련되기를 기대한다. 이 책이 부족하나마 이러한 연구가 지속되는데 도움이 되기를 바란다. (이제현)